NO 복잡한 코딩! **NO 어려운 수학 공식!**

오렌지로 배우는

머신러닝과
데이터 분석

장원두·황순욱·진예지 지음

위젯으로 시각화하여
데이터를 분석한다!

생능출판

오렌지로 쉽게 배우는
머신러닝과 데이터 분석

초판인쇄 2024년 1월 31일
제1판2쇄 2024년 8월 19일

지은이 ǀ 장원두, 황순욱, 진예지
펴낸이 ǀ 김승기, 김민수
펴낸곳 ǀ ㈜생능출판사 / **주소** 경기도 파주시 광인사길 143
출판사 등록일 ǀ 2005년 1월 21일 / **신고번호** 제406-2005-000002호
대표전화 ǀ (031) 955-0761 / **팩스** (031) 955-0768
홈페이지 ǀ www.booksr.co.kr

책임편집 ǀ 이종무 / **편집** 신성민, 최동진 / **디자인** 유준범, 노유안
마케팅 ǀ 최복락, 심수경, 차종필, 백수정, 송성환, 최태웅, 명하나, 김민정
인쇄 ǀ 새한문화사 / **제본** 일진제책사

ISBN 979-11-92932-51-4 93000
값 27,000원

머리말

인공지능은 어느새 우리의 삶에 매우 밀접하게 자리 잡았습니다. 학생들은 복습과 과제 준비에 ChatGPT의 도움을 받고 있으며, 생성 AI로 만든 이미지와 영상들이 각종 미디어를 통해 우리의 눈을 사로잡습니다. 많은 학생들이 인공지능 모델을 만들고 일상 속 다양한 데이터를 분석하고 싶어 하지만, 대부분의 AI 모델이 파이썬과 같은 프로그래밍 언어로 개발된다는 것은 학생들이 인공지능을 배우기로 결심하는 데에 큰 걸림돌이 되곤 합니다. 파이썬, R 등을 사용하는 기존의 학습 과정에서는 텍스트 기반의 코딩 언어에 적응하기 위한 시간이 제법 필요합니다. 특히, 컴퓨터 관련 전공이 아닌 학생들에게는 텍스트 기반의 코딩을 익히는 것 자체도 어려운 일이 될 수 있습니다.

이 책에서 소개하는 오렌지는 위젯을 드래그 앤 드롭하는 비주얼 코딩 방식을 가지고 있어, 이를 활용하면 복잡한 텍스트 코딩 없이도 머신러닝 기법을 활용하여 데이터를 쉽게 분석할 수 있습니다. 파이썬의 머신러닝 패키지인 scikit-learn 라이브러리를 내부적으로 사용하기 때문에 다른 데이터 분석 소프트웨어에 비해 자유도도 매우 높은 편입니다.

하지만 기존의 오렌지 관련 책들은 주로 프로그램의 기능을 익히는 데 집중하거나 몇 개의 실습을 수행하는 정도에 그쳐, 머신러닝과 데이터 분석을 하고자 하는 연구자나 학생들에게는 다소 아쉬운 부분이 있었습니다. 반면, 이 책은 코딩을 전혀 모르는 상태에서도 15주간의 짧은 시간 동안 머신러닝과 데이터 분석을 전반적으로 학습할 수 있다는 큰 장점이 있습니다. 시간이 많이 소요되는 코딩 과정이 생략되기 때문에, 머신러닝 모델을 활용하는 방법에 좀 더 집중하여 공부할 수 있습니다. 다양한 예제를 통해 머신러닝의 주요 개념과 데이터를 실제로 분석해 가는 과정을 차근차근 경험할 수 있으며, 스스로의 힘으로 다양한 데이터들을 쉽고 빠르게 분석하는 능력을 갖출 수 있습니다.

머리말을 쓰며 미래의 코딩 도구가 어떤 모습을 가지게 될지 상상의 나래를 펼쳐 봅니다. 많은 것이 점차 자동화되고 있는 시대의 흐름 속에서, 언젠가 텍스트 기반의 코딩이 구시대의 유물로 인식되는 날도 오게 되지 않을까요?

이 책을 통해 다양한 전공의 학생들이 머신러닝과 데이터 분석에 쉽게 접근할 수 있게 되길 바랍니다. 여러분의 여정을 응원합니다.

2024년 1월
저자 일동

📖 이 책의 특징

| 비주얼 코딩을 통한 직관적 분석 |

통상적으로 사용되는 텍스트 코딩이 아니라, 아이콘의 드래그 앤 드롭으로 이루어지는 비주얼 코딩 기법으로 데이터를 쉽게 분석하고 인공지능을 활용할 수 있게 하였다.

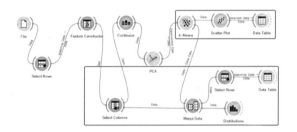

| 다양한 종류의 머신러닝 모델을 간단히 구성 |

위젯을 추가하고 연결시키는 간단한 방법을 통해 새로운 인공지능 모델을 구성할 수 있으므로 짧은 시간 동안 다양한 인공지능 모델을 공부하고 여러 문제에 적용해 볼 수 있다.

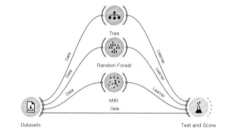

| 그림을 통한 인공지능 기초 개념의 쉬운 설명 |

복잡한 인공지능의 개념을 그림을 통해 쉽고 간결하게 설명하여 데이터 분석 등에 필요한 기초 지식을 직관적으로 이해할 수 있도록 구성하였다.

〈그림 6.2〉 지도 학습에서의 모델 학습과 테스트 과정

| [더 알아보기]를 통한 인공지능 기법 설명 |

복잡한 인공지능 이론을 그림과 함께 한 페이지로 간결하게 설명하여 인공지능 이론을 개념적으로 이해할 수 있도록 하였다.

| 실제 데이터 기반의 다양한 데이터 분석 실습 |

음주운전 단속 현황, 세계의 기대수명 변화 등 다양한 실제 데이터를 가져와서 실습하고 분석하며, 데이터 분석 능력을 향상할 수 있도록 구성하였다.

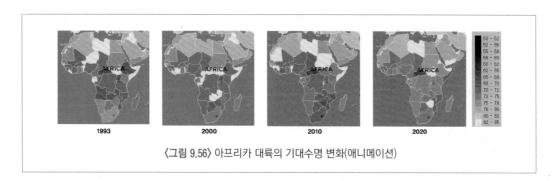

〈그림 9.56〉 아프리카 대륙의 기대수명 변화(애니메이션)

| 연습문제 |

인공지능 이론과 데이터 분석 시에 필요한 실무적인 지식들을 얼마나 이해하고 있는지를 확인할 수 있도록 연습문제를 제공한다. 학습한 인공지능 기술을 적용해 볼 수 있는 새로운 데이터도 함께 제시해서 배운 것을 스스로 응용해 볼 수 있도록 구성하였다.

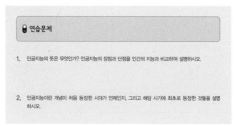

🔒 연습문제

1. 인공지능의 뜻은 무엇인가? 인공지능의 장점과 단점을 인간의 지능과 비교하여 설명하시오.

2. 인공지능이란 개념이 처음 등장한 시대가 언제인지, 그리고 해당 시기에 최초로 등장한 것들을 설명하시오.

📖 강의 계획안

이 책은 비전공자 또는 관련 전공 1~2학년 학생들이 머신러닝과 데이터 분석의 개념을 실습과 함께 익힐 수 있도록 설계했다. 이를 위해, 인공지능 모델을 자세히 다루기보다는 실습 위주로 구성하여, 여러 인공지능 모델들을 다양한 데이터에 실제로 적용하여 볼 수 있도록 하였다. 책에서 다루고 있는 실습의 양을 고려해 볼 때, 중간고사까지는 오렌지의 기본 사용법과 기초적인 데이터 전처리, 비지도 학습을 다루고, 후반기에는 지도 학습, 딥러닝, 자연어 처리 등을 다루는 것이 좋을 것으로 생각된다.

만약 전공 고학년을 대상으로 강의를 진행한다면, 각 장 중간에 삽입된 '더 알아보기'의 내용을 조금 더 자세히 설명할 필요가 있다. 이런 경우에는 (주)생능출판사의 홈페이지 등을 통해 지원되는 추가 강의 자료를 활용할 수 있다. 인공지능 기초에 관한 1장의 내용을 생략하고, 4장의 데이터 전처리 부분의 학습을 1주일 기간으로 마친 후, 5장과 6장의 지도 학습, 비지도 학습 부분을 각각 2주에 걸쳐 강의하는 방법을 제안한다.

주	주제	학습/활용 이론	해당 장
1	강의 소개		1장
2	인공지능의 개념과 오렌지의 설치	인공지능 전반	1장
3	오렌지의 기초와 기초 통계 분석	기초 데이터 통계	2장
4	데이터 시각화	히스토그램, 막대그래프, 박스 플롯, 산점도, 상관계수, 모자이크 디스플레이 등	3장
5	데이터 전처리 1	결측치 처리, 형태 변환	4.1~4.2장
6	데이터 전처리 2	특징 생성, 데이터 병합	4.3~4.4장
7	비지도 학습	계층적 군집분류, K-평균, 자기조직화 지도, 주성분 분석	5장
8	중간고사		
9	지도 학습 1	회귀분석, 로지스틱 회귀분석, 나이브 베이즈	6.1~6.3장
10	지도 학습 2	의사결정트리, 랜덤포레스트, 서포트 벡터 머신, 인공신경망	6.4~6.5장
11	딥러닝과 이미지 분류	딥러닝의 개념, 합성곱 신경망	7장
12	자연어 처리 1	자연어 처리의 개념, 워드클라우드, 정규표현식, 백 오브 워즈, 텍스트 전처리, 머신러닝 응용	8.1~8.2장
13	자연어 처리 2	감성 분석, 감성사전, 동시 출현 네트워크	8.3~8.5장
14	시계열 데이터 분석	시계열 데이터의 개념, ARIMA 모델, 시계열 데이터 애니메이션, 지도 시각화	9장
15	기말고사		

차례

CHAPTER 01   오렌지, 노코딩, 머신러닝

CHAPTER 02   오렌지 기초와 기초 통계 분석

CHAPTER 03   데이터 시각화

01

오렌지, 노코딩, 머신러닝

contents

01 오렌지, 노코딩, 머신러닝

오렌지가 무엇인지 살펴보고 오렌지를 설치하여 데이터 분석을 준비하자.

1.1 노코딩 데이터 분석과 오렌지

오렌지는 다양한 형태의 데이터를 손쉽게 분석할 수 있게 해주는 데이터 분석 도구다. 복잡한 코드 없이 간단한 마우스 조작만으로도 각종 인공지능 모델을 활용할 수 있어 매우 편리하다.

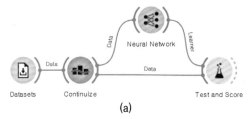

(a)

```
from keras import layers
from keras import optimizers

#실행을 위한 코드 추가
import pandas as pd

data_train = pd.read_csv('./gdrive/MyDrive/Colab Notebooks/titanic_data/train.csv')
data_test = pd.read_csv('./gdrive/MyDrive/Colab Notebooks/titanic_data/test.csv')

import numpy as np
from tensorflow.keras.utils import to_categorical
data_train_np = np.zeros([891,8])
data_train_np = np.zeros([data_train.shape[0], 8])
data_train_np[:, 2:5] = to_categorical(data_train['Pclass'].to_numpy()-1)
data_train_np[:,5] = data_train['Age']/80
data_train_np[:,6] = data_train['SibSp']/10
data_train_np[:,7] = data_train['Parch']/10
data_train_np[np.isnan(data_train_np)] = 30/80

data_train_np_y = to_categorical(data_train['Survived'])

model = Sequential()
model.add(layers.Dense(units=64, activation='relu'))
model.add(layers.Dense(units=2, activation='softmax'))

model.compile(loss='categorical_crossentropy', optimizers=optimizers.
RMSprop(lr=0.001), metrics=['accuracy'])
hist = model.fit(data_train_np, data_train_np_y, epochs=400,
batch_size=128, validation_split=0.3)
```

(b)

〈그림 1.1〉 (a) 오렌지를 사용하는 데이터 분석과 (b) 파이썬 코드를 사용하는 데이터 분석

〈그림 1.1〉은 주어진 데이터를 사용하여 정보를 예측하는 데 사용되는 파이썬 코드와 오렌지 프로그램이다. 보통 데이터를 분석/예측할 때에는 파이썬이나 R 등으로 작성한 코드를 사용하는데, 간단한 데이터를 분석할 때에도 〈그림 1.1(b)〉와 같은 제법 긴 코드가 필요하다. 이 때문에 코딩을 전문적으로 공부하지 않았다면 데이터 분석에 도전하기가 쉽지 않았다.

오렌지는 복잡한 코딩 기술 없이도, 마치 포토샵과 같은 사진 편집 프로그램을 다루듯 데이터를 다룰 수 있게 해주는 노코딩(No-Coding) 도구다. 다양한 인공지능 모델과 시각화 도구가 위젯으로 제공되며, 위젯들을 연결하는 것만으로 데이터 분석 결과를 볼 수 있다.

오렌지에서는 〈그림 1.1(a)〉처럼 4개의 위젯과 4개의 연결선만으로 간단하게 데이터 분석을 수행할 수 있다. 데이터 분석과 관련된 약간의 지식만 있다면, 오렌지를 통해 마우스의 드래그 앤 드롭 몇 번으로 데이터를 분석하고 예측할 수 있다. 텍스트 기반의 코드 작업 없이 한눈에 전체 분석 과정의 흐름을 담을 수 있어, 이를 "시각적 프로그래밍(Visual Programming)"이란 용어로 설명하기도 한다.

자, 그럼 이제 본격적인 인공지능과 데이터 분석의 세계로 들어가 보자.

1.2 인공지능 개념 잡기[1)]

Step 1 **인공지능이란 무엇인가?**

인공지능(人工知能)이란 말을 풀어 보면 "사람(人)이 만든(工) 지능(知能)"이다. 즉, 인공지능이란 사람이나 동물의 '지능'과 유사하게 동작하는 무엇(Thing)이라고 할 수 있다.

인류는 탄생 이후 많은 것들을 만들어 왔는데, 그중 많은 것들이 자연에 존재하는 기능을 본뜨고 확장하여 동작하도록 한 것들이었다〈표 1.1〉. 눈의 기능을 확장하여 망원경을 만들고 새의 날개를 본떠 비행기의 날개를 만들었다. 인공적인 것은 전체적인 밸런스 측면에서는 자연의 것들을 따라가기 힘들지만, 특정 기능에 한정한다면 자연의 기능을 능가하는 경우가 많다. 로봇 팔을 예로 들어 본다면, 부드럽고 약한 물건을 집는 세밀함, 무거운 물건을 들어 올리는 힘 등을 골고루 갖춘 로봇 팔을 만드는 것은 매우 어렵지만, 힘이 센 로봇 팔, 단순한 작업을 수없이 반복하는 로봇 팔 등은 이미 인간이나 동물의 한계를 뛰어넘은 지 오래다.

---

1) 이 소챕터의 내용은 저자가 집필한 《딥러닝 입문 with Kaggle》의 내용을 발췌, 수정 및 요약한 것임을 알린다.

인공지능은 사람이나 동물이 가지고 있는 '지능'을 본떠 만들어졌다. 자연을 본떠 만들어진 다른 발명품처럼 인공지능도 인간 '지능'의 모든 기능을 가지고 있는 것은 아니지만, 대용량의 계산이나 정보의 취합, 정형화된 데이터의 예측과 분류라는 측면에서는 이미 인간을 추월하여 발전하고 있다.

〈표 1.1〉 자연물과 그를 본떠서 만들어진 인공물

자연물	인공물	인공물의 강점	인공물의 약점
눈	망원경	멀리 있는 물체를 선명하게 보여줌	초점의 조정 등이 필요함
새	비행기	• 무거운 짐, 사람 등을 운반할 수 있음 • 속도가 매우 빠름	• 이착륙이 까다로움 • 화석연료의 소비가 필요함
팔	로봇팔	• 반복 작업에 용이함 • 일부 부품의 교체로 수리 가능함 • 고중량 물체의 운반이 가능함	• 세밀하고 부드러운 움직임이 어려움 • 다양한 각도의 움직임이 어려움 • 범용으로 사용하기 어려움
두뇌	인공지능	• 반복 작업을 정확하게 할 수 있음 • 대용량 정보의 취합에 뛰어남 • 정형화된 데이터의 예측과 분류에서 높은 성능을 보임	• 스스로 성장하는 능력이 부족함 • 예측하지 못한 상황에 대응 어려움 • 소규모 데이터의 분석이 어려움

Step 2 빅데이터와 인공지능

데이터의 크기가 점점 커지며 이 데이터를 인력으로 분류 및 분석하는 것은 매우 어려운 일이 되었고, 전통적인 통계 분석적 방법은 데이터의 피상적인 이해에 그칠 뿐, 데이터의 핵심에 접근하기가 어려워졌다. 인공지능은 이와 같은 빅데이터를 원하는 방식으로 가공하고 분석 및 분류하며, 이를 바탕으로 새로운 데이터를 생성하거나 미래를 예측하는 것에 매우 적합하다.

데이터는 크게 정형 데이터와 비정형 데이터로 나누어 생각해 볼 수 있다〈그림 1.2〉. 먼저 **정형 데이터**는 표(Table) 형태로 나타낼 수 있는 데이터로, 성별, 주택 소유 여부, 승하차 역, 출생 월, 병명 등이 포함된 데이터를 말한다. **비정형 데이터**는 표 형태가 아닌 모든 데이터를 포괄해서 지칭하는 용어다. 이미지 데이터, 사운드 데이터, 웹 페이지에서 수집된 글 뭉치, 일정 시간 간격으로 센서를 통해 측정된 시계열 데이터 등이 모두 비정형 데이터로 분류된다.

시도	시군구	사고유형대분류	사고유형중분류	사고건수	사망자수	중상자수	경상자수
서울	종로구	차대사람	횡단중	98	1	50	44
서울	종로구	차대사람	차도통행중	62	1	19	39
서울	종로구	차대사람	길가장자리구역통행중	23	0	3	19
서울	종로구	차대사람	보도통행중	16	0	6	12
서울	종로구	차대사람	기타	106	1	30	64
서울	종로구	차대차	정면충돌	30	0	14	42

(a) 정형(범주형) 데이터   (b) 정형(수치형) 데이터

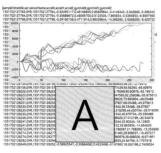

(c) 비정형(이미지) 데이터

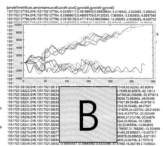

(d) 비정형(시계열) 데이터

〈그림 1.2〉 데이터별 형태. 비정형 이미지 데이터[2]

Step 3 인공지능의 역사

알파고, ChatGPT 등을 통해 인공지능 기술에 대한 관심이 급격히 늘어나고 있지만, 그렇다고 인공지능기술이 최근에 만들어진 것은 아니다. 최근 인기를 끌고 있는 딥러닝의 원시 형태인 퍼셉트론은 1957년에, 기계학습에 사용되고 있는 역전파 알고리즘은 1980년대 중반에 캘리포니아 대학의 데이비드 럼멜하트, 로널드 윌리엄스, 그리고 제프리 힌튼에 의해 발표되었으며, 최근에도 널리 사용되고 있는 합성곱 신경망(Convolutional Neural Network)은 1979년에 NHK연구소 연구원인 후쿠시마 쿠니히코가 네오코그니트론(Neocognitron)이란 이름으로 발표한 바 있다.

이와 같이 오랜 역사 속에서 발전해 온 인공지능에는 다양한 종류의 이론이 존재한다. 특히, 1980년대 중반부터 2010년 중반까지는 다양한 인공지능 모델들이 새롭게 발표되었다. 이 시기에 개발된 이론들에는 인공신경망의 한 종류인 볼츠만 머신(Bolzman Machine), 데이터의 분포를 바탕으로 최적 초평면을 찾아주는 서포트 벡터 머신(Support Vector Machine), 체스와 같

---

2) http://mmlab.ie.cuhk.edu.hk/projects/CelebA.html. 정형 데이터는 도로교통공단 시도 시군구별 교통사고 데이터(2019년. 공공데이터포털)의 일부임

은 보드게임에서 가능한 경우의 수를 체크하여 최선의 수를 찾는 게임 트리(Game Tree), 주어진 데이터에서 추출되는 각종 특징들의 경우의 수를 활용하여 분석하는 의사결정 트리(Decision Tree), 솔루션의 각종 특징들을 자르고 이어 붙이며 솔루션을 자동으로 개선하게 만드는 진화 알고리즘(Evolutionary Algorithm), 의사결정 트리의 과적합 문제를 해결할 수 있는 랜덤 포레스트(Random Forest) 등이 있으며, 이 모델들은 지금도 여전히 다양한 분야에서 활용되고 있다.

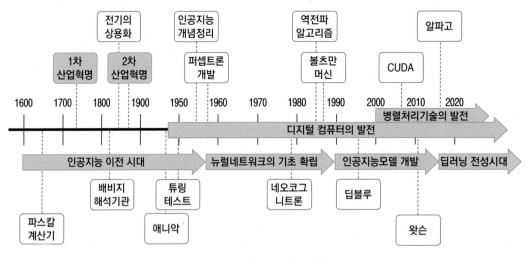

〈그림 1.3〉 인공지능의 간략사

Step 4 목적에 따른 인공지능 모델의 분류

인공지능은 그 목적과 기능에 따라 인식, 예측, 생성, 정책(의사결정)의 4가지 모델로 나누어 볼 수 있다. **데이터 인식**은 주어진 데이터의 카테고리를 자동으로 알아내는 모델을 생성하는 것이다. 이미지, 이산, 연속, 시계열 데이터 등의 다양한 데이터가 입력으로 사용될 수 있으며, 입력된 데이터가 어떤 카테고리에 속하는지를 추정한다. 사진의 인물이 누구인지, 스캔한 문서의 글자가 무엇인지를 인식하는 소프트웨어 등이 여기에 속한다.

예측 모델은 주어진 데이터의 미래 데이터를 알아내는 모델이다. 보통 시계열 데이터를 입력으로 받아 미래 특정 시점의 데이터나 연속적인 미래의 시계열 데이터를 출력으로 산출한다. 주가 예측, 날씨 예측 등이 이에 해당한다.

생성 모델은 사진, 비디오, 음성 등을 생성하는 모델이다. 한때, 윤리적 비판으로 인해 주춤했으나, 긍정적인 효과가 강조되며 예술, 컴퓨터 그래픽스 등의 영역에서 활발히 이용되고 있다. 최근에는 문장과 문서를 생성하는 ChatGPT와 같은 모델이 사람들의 관심을 끌고 있다.

정책 모델은 주어진 환경에서 수행할 행동을 결정하는 인공지능 모델이다. 자동차, 비행기 선박의 자율 운행, 게임 인공지능의 게임 컨트롤 등이 대표적인 예다. 정책 모델은 강화학습이라고 하는 이론의 발전과 더불어 바둑, 전투기의 공중전 시뮬레이션 등에 빠르게 활용되고 있다.

〈표 1.2〉 각종 인공지능 기술과 설명

인공지능 기술		설명
인식	데이터 분류	주어진 데이터가 의미하는 바를 알아내는 기능(한정된 카테고리 안에서 분류)
	음성 인식	사람의 목소리를 분석하고 이를 텍스트로 바꾸는 기능
	글자 인식	활자체/필기체로 작성된 글자가 어떤 글자인지 알아내는 기능
	서명 검증	필기된 서명이 본인의 서명인지 확인하는 기능
	자연어 처리	인식된 음성이나 글자가 의미하는 바를 알아내는 기능
	영상분류/인식	사진이나 동영상에서 나타나는 물체/얼굴 등을 확인하고 그 종류/신원을 알아내는 기능
	생체신호 인식	뇌파, 근전도, 심전도, 안구전도 등 몸에서 발생하는 신호를 분석하고 그 의미를 알아내는 기능
예측	데이터 예측	주어진 데이터를 바탕으로 미래의 데이터를 예측(날씨 예측, 주가 예측 등)
생성	데이터 생성	주어진 데이터를 바탕으로 기존 데이터와 유사한 새로운 데이터를 만듦(얼굴 생성, 문장 생성, 그림 생성 등)
정책	의사결정	주어진 환경에서 취할 최적의 행동을 찾는 기능(게임, 자율주행, 전투기 조종 등)

Step 5 전통적인 인공지능과 딥러닝

최근 딥러닝(인공신경망)이 많은 인기를 끌고 있지만, 그렇다고 딥러닝이 항상 가장 좋은 성능을 보장하는 것은 아니다. 데이터의 양과 문제의 복잡도 등에 따라서 다양한 알고리즘이 대안으로 제시될 수 있으며, 특별히 정형 데이터의 경우에는 여전히 전통적인 방식의 인공지능이 강세를 보이고 있다.

〈그림 1.4〉는 과학기술정책연구원에서 여러 알고리즘들을 데이터의 종류, 알고리즘의 분류, 분석 목적에 따라 정리한 것이다. 연구자에 따라 알고리즘의 분류는 조금씩 달라질 수 있음을 참고하기 바란다.

Level 1		2. 분석								
Level 2		분류 (classification)			군집화 (clustering)			생성 및 의사결정 (generation/decision-making)		
		非 기계 학습	기계학습		非 기계 학습	기계학습		非 기계 학습	기계학습	
			非 신경망	신경망 (딥러닝)		非 신경망	신경망 (딥러닝)		非 신경망	신경망 (딥러닝)
2. 인식	이미지 영상	SIFT, SURF	Linear Regression, SVM, HMM, GMM, NNC	CNN, CNN+(a), GAN	Rule-based model	K-means, Fuzzy-C means, GMM, CRF	CNN, GAN	Wiener filter	GMM, CRF	CNN, RNN, DQN, DRQN, A3C, TRPO, DDPG, GAN
	신호	DTW, VQ, Quantization	Linear Regression, GPR, SVM, HMM, Random Forest	RNN, RNN+(a), DBN	N-gram model, Rule-based model	K-means, GMM, HMM, Kalman filter	RNN (LSTM), VAE, GAN	Time-series model	ADP, TD-learning, Kalman filter, Particle filter	DQN, DRQN, A3C, TRPO, DDPG,, CNN, RNN
	텍스트 언어	Dictionary-based model	HMM, LDA, MNB	CNN, RNN, RNN+(a), RNNLM	Rule-based model	LSA, PLSa	CNN, RNN, GAN	LP, GA	Q-learning	RNN, GAN, VAE

〈그림 1.4〉 알고리즘 관점 인공지능 기술 분류체계[3]

1.3 설치 방법

오렌지 프로그램을 설치해 사용해 보자. 검색 사이트에서 orange3를 검색〈그림 1.5〉하면 오렌지의 공식 홈페이지에 방문할 수 있다.[4] 검색이 번거롭다면, 인터넷 주소창에 직접 주소(https://orangedatamining.com/download/)를 입력해도 된다.

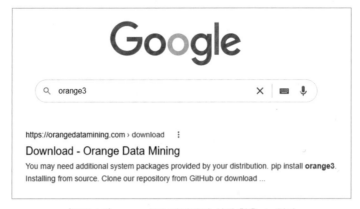

〈그림 1.5〉 orange3로 검색하면 쉽게 찾을 수 있다

---

3) 양희태 등. 인공지능 기술 전망과 혁신정책 방향, 과학기술정책연구원, 2018.

4) Orange가 워낙 보편적인 단어라서, 오렌지의 최신 버전 숫자인 3을 같이 넣어 검색한다.

오렌지의 홈페이지에서 다운로드 메뉴를 선택하고 Windows, macOS, Linux/Source 중 자신의 운영체제를 선택한 후 다운로드 버튼을 눌러 파일을 내려 받자. 버튼에 적혀 있는 숫자는 버전을 의미하며, 항상 최신 버전을 다운로드하도록 되어 있으므로 숫자는 자주 바뀐다. 만약, 이전 버전을 다운로드하고 싶다면 아래쪽에 Download archive로 이동하여 원하는 버전을 찾아서 다운로드하면 된다. 다운로드가 완료되면 파일을 클릭하여 설치하자.

〈그림 1.6〉 오렌지 설치 파일의 다운로드

〈그림 1.7〉 계정 이름 확인

오렌지를 설치하기에 앞서 자신의 계정 이름이 영어로 되어 있는지 확인하자. 화면 좌측 하단의 윈도우 아이콘(▦)을 누르면 계정 이름을 확인할 수 있다〈그림 1.7〉. 만약 계정 이름이 한글이나 다른 언어로 되어 있다면, 다음의 설치 과정 중(❺, ⓫) 오렌지가 설치되는 경로를 다른 위치로 변경하거나, 계정 이름을 영어로 바꾼 후 설치를 진행해야 한다.

오렌지의 설치는 다음 그림의 순서를 따라가면서 계속 Next, I Agree 등을 클릭하면 된다. ❺와 ⓫ 화면에서 프로그램이 설치되는 경로는 본인의 컴퓨터 경로에 맞게 지정되어 있다. 경로 위치에 한글이 포함되어 있다면 설치가 올바로 진행되지 않을 수 있으므로, 새로운 폴더를 만들어 프로그램을 설치하도록 하자. 설치 경로를 바꾸고 싶다면 Browse... 버튼을 클릭하여 설치할 폴더를 선택하자. ❺ C:\Orange, ⓫ C:\miniconda 등을 선택하면 된다. ⓮번 화면에서는 체크박스의 체크 표시를 해제하고 Finish 버튼을 클릭한다. ⓰번 화면에서 Finish 버튼을 클릭하면 자동으로 오렌지 프로그램이 실행된다.

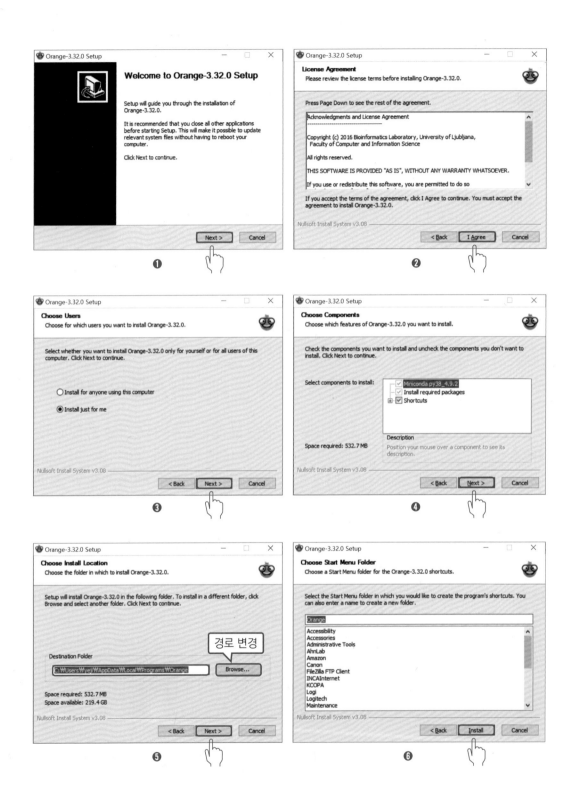

오렌지로 쉽게 배우는 머신러닝과 데이터 분석

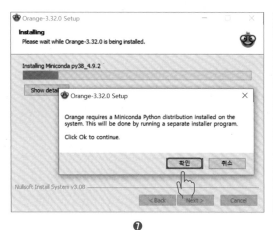

❼

❽

❾

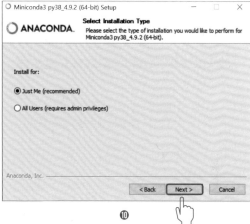

❿

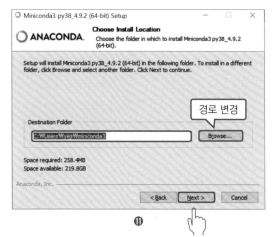

⓫

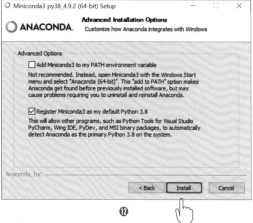

⓬

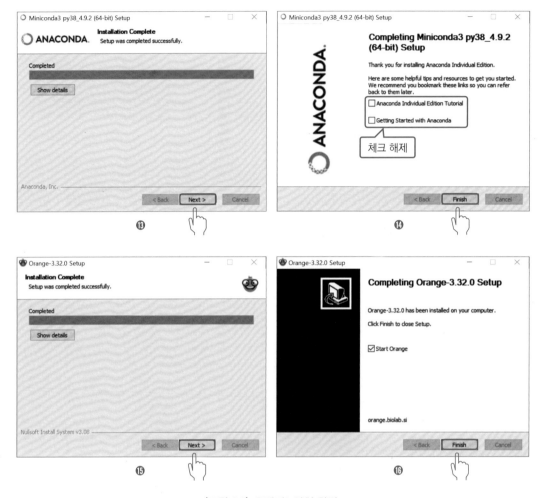

〈그림 1.8〉 오렌지3 설치 화면

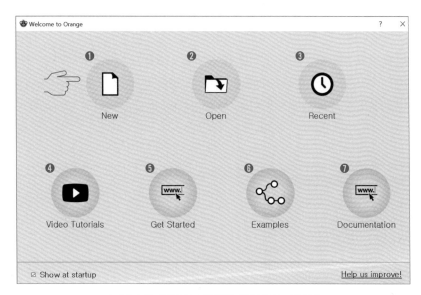

〈그림 1.9〉 오렌지를 실행시키면 나오는 팝업창

오렌지 프로그램을 실행시키면 〈그림 1.9〉와 같은 팝업창이 뜬다. 각 메뉴의 기능은 다음과 같다.

❶ New: 파일 새로 만들기

❷ Open: 기존 파일 열기

❸ Recent: 최근 파일 열기

❹ Video Tutorials: YouTube에서 튜토리얼 보기

❺ Get Started: 오렌지 홈페이지의 시작하는 법 문서 보기

❻ Examples: 예제와 예제에 대한 설명 보기

❼ Documentation: 오렌지 홈페이지의 설명서 보기

7가지 옵션이 있는데 이 책에서 실습할 때는 새로운 화면으로 시작하는 'New'를 클릭하면 된다. 실습이 진행되면서 오렌지 파일을 저장하고 불러올 때는 'Open'을 클릭하여 파일을 불러오면 된다.

이제 실습을 시작하기 위해 'New' 아이콘을 클릭하여 새로운 화면을 불러오자.

1.4 화면 구성

이번에는 오렌지 프로그램 화면의 구성 요소를 살펴보자〈그림 1.10〉. 오렌지 화면은 크게 5개의 영역으로 나눠져 있다. 왼쪽에는 메뉴, 위젯, 설명, 도구 영역 등이 있고 오른쪽에는 위젯을 연결하여 데이터를 처리하도록 하는 캔버스가 있다. 각 구성 항목에 대해 하나씩 알아보자.

〈그림 1.10〉 오렌지 프로그램 화면

❶ 메뉴

메뉴는 File, Edit, View, Widget, Options, Help로 총 6가지 항목이 있다. 〈표 1.3〉에 각 메뉴의 기능을 간단히 정리하였다.

〈표 1.3〉 오렌지의 메뉴

메뉴 항목	설명
File	오렌지 파일의 저장, 읽기 등
Edit	오렌지 위젯의 복사, 삭제, 편집 되돌리기 등
View	리포트 보기, 워크플로우의 확대/축소 등
Widget	오렌지에서 사용하는 위젯의 이름 변경, 삭제 등
Options	각종 옵션 설정, 애드온 관리 등
Help	튜토리얼, 도움말, 예제 파일 등

오렌지로 쉽게 배우는 머신러닝과 데이터 분석

❷ 위젯

오렌지에서 위젯은 특정 기능을 수행하는 일종의 함수와 같이 동작한다. 위젯은 여러 개의 카테고리로 분류되어 있으며, 'Data', 'Transform', 'Visualize', 'Model', 'Evaluate', 'Unsupervised'는 오렌지의 기본 카테고리다. 각 카테고리 안에 어떤 위젯이 있는지 확인해 보자.

Data 카테고리에는 데이터의 입출력 및 데이터의 기본 정보를 확인하는 위젯들이 포함되어 있다. 이 위젯들을 통해, 데이터의 기초 분석을 수행할 수 있다.

〈그림 1.11〉 Data 카테고리 위젯

Transform 카테고리는 기존의 데이터를 변형시키거나 일부를 추출하여 다른 형태의 데이터를 만드는 데이터 처리 관련 위젯들로 구성되었다. 데이터를 인공지능 모델에 넣기 전에 필요한 전처리 등을 하는 데에 활용된다.

〈그림 1.12〉 Transform 카테고리 위젯

Visualize 카테고리는 데이터를 여러 형태로 시각화하는 위젯들로 구성되었다. 오렌지에서는 다양한 그래프들을 사용하여 눈으로 보기 쉽도록 데이터를 정리할 수 있다.

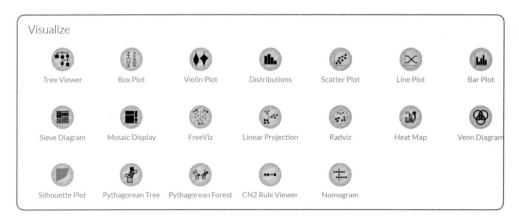

〈그림 1.13〉 Visualize 카테고리 위젯

Model 카테고리는 인공지능 모델 위젯들로 구성되어 있으며, 학습된 모델을 저장하거나 불러오는 위젯도 있다.

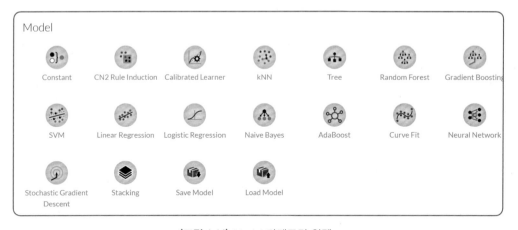

〈그림 1.14〉 Model 카테고리 위젯

Evaluate 카테고리는 학습된 인공지능 모델의 성능을 평가하는 위젯들로 구성되어 있다.

오렌지로 쉽게 배우는 머신러닝과 데이터 분석

〈그림 1.15〉 Evaluate 카테고리 위젯

Unsupervised 카테고리는 비지도 학습과 관련된 위젯들로 구성되었다.

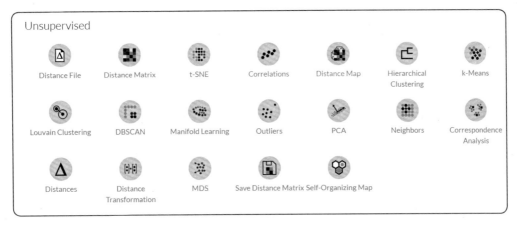

〈그림 1.16〉 Unsupervised 카테고리 위젯

❸ 설명

위젯에 대해 설명해 주는 영역이다. 오렌지에는 위젯의 종류가 매우 많은데, 위젯 위에 마우스를 올리면 해당 위젯에 대한 설명이 나타나 사용법을 확인할 수 있다.

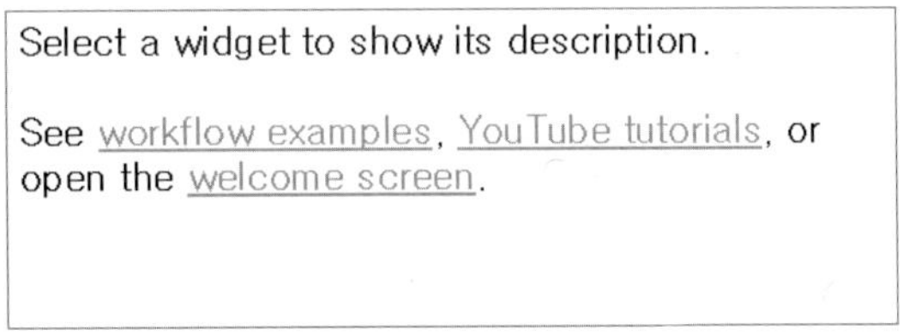

Select a widget to show its description.

See workflow examples, YouTube tutorials, or open the welcome screen.

〈그림 1.17〉 설명 영역

❹ 도구

데이터의 처리와 직접적인 관련이 없는 기능들을 모아 놓은 영역이다.

〈표 1.4〉 도구 설명

도구	설명
i	• 워크플로우의 정보를 작성할 수 있다. • 도구를 클릭하면 제목과 설명을 작성할 수 있는 창이 나타난다.
#	• 캔버스에 위젯들이 여러 개 있을 때 눈에 보이지 않는 가상의 격자를 둔다. • 위젯들을 격자 모양으로 정렬해 준다.
T	• 캔버스에 글자를 작성할 수 있다. • 해당 도구를 클릭한 후, 캔버스에 마우스 왼쪽 버튼을 클릭하면 텍스트 상자가 생긴다. • 주석을 적어야 할 때 주로 사용한다.
↘	• 캔버스에 화살표를 추가할 수 있다. • 해당 도구를 클릭하고 캔버스에서 드래그 앤 드롭으로 화살표의 방향과 길이를 설정할 수 있다.
II	• 캔버스에서 작업이 진행 중일 때 일시정지 기능을 한다.
? ?	• 위젯 설명 영역을 보이게 하거나 숨기는 역할을 한다. • 해당 도구가 주황색이면 위젯 설명 영역이 활성화됨을, 회색이면 비활성화됨을 의미한다.

❺ 캔버스

캔버스는 위젯들을 배치하고 연결하여 데이터를 처리하는 공간이다. 연결된 위젯들의 집합을 워크플로우(workflow)라고 한다. 이를 사용하여 머신러닝, 통계, 데이터 시각화 등의 실습을 할 수 있다.

1.5 위젯

1. 위젯의 추가와 편집

위젯은 오렌지 프로그램에서 필수적인 구성요소다. 오렌지에서 위젯의 종류는 매우 다양하며, 목적에 맞는 위젯을 사용하여 데이터를 분석할 수 있다.

오렌지 프로그램을 실행하면 창의 왼편에서 위젯 도구를 볼 수 있다. 카테고리별로 위젯이 분류되어 있어 사용하고자 하는 위젯을 찾기 쉽다. 총 17가지 이상의 카테고리가 있으나, 오렌지 프로그램을 처음 실

〈그림 1.18〉 기본 위젯 카테고리

행하면 〈그림 1.18〉처럼 6가지 기본 카테고리(Data, Transform, Visualize, Model, Evaluate, Unsupervised)만을 볼 수 있다. 다른 카테고리의 위젯들은 메뉴 [Options] – [Add-ons...]에서 추가할 수 있다.

카테고리를 클릭하면 칸이 확장되면서 카테고리에 해당하는 위젯들을 보여준다. 확장된 카테고리를 축소하려면 해당 카테고리를 다시 클릭하면 된다. ❶처럼 여러 카테고리 중에서 Data 카테고리를 클릭해 보자〈그림 1.19〉. 영역이 확장되면서 Data 카테고리의 위젯들이 나타난다.

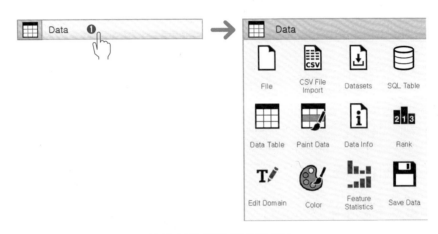

〈그림 1.19〉 카테고리 위젯 확장

각 위젯의 기능을 알아보려면 위젯 위에 마우스를 올리면 된다. 위젯에 대한 간단한 설명이 오버레이 창으로 나타나 확인할 수 있다〈그림 1.20〉.

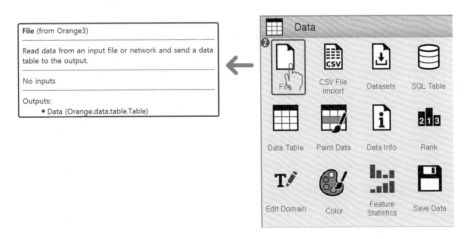

〈그림 1.20〉 File 위젯 설명

위젯을 사용하려면 캔버스에 위젯을 추가해야 한다. File 위젯(🗅)을 추가해보자. File 위젯은 Data 카테고리에 있다. 위젯을 추가하는 방법에는 여러 가지가 있는데, 위젯 간 연결 없이 단독으로 추가하는 방법들은 다음과 같다〈그림 1.21〉.

1) 카테고리에서 위젯을 클릭하면 자동으로 캔버스에 추가된다.

2) 카테고리에서 위젯을 캔버스의 원하는 위치로 드래그 앤 드롭한다.

3) 캔버스에서 오른쪽 마우스를 클릭하면 나오는 위젯 목록에서 선택한다. 키워드를 입력하여 원하는 위젯을 검색할 수도 있다.

〈그림 1.21〉 위젯 추가

❸ 캔버스에 올려진 위젯에 마우스 포인터를 가져다 두고 마우스 오른쪽 버튼을 클릭하면 서브 메뉴가 나온다. 위젯 창을 열려면 Open, 위젯의 이름을 변경하고 싶으면 Rename, 삭제하고 싶으면 Remove, 복제하고 싶으면 Duplicate, 클립보드에 복사하고 싶으면 Copy 옵션을 클릭하면 된다. 복사(Copy)한 후에 캔버스의 빈 공간에서 마우스 오른쪽 버튼을 누르고 서브 메뉴에서 Paste(붙여넣기)를 선택하면, 복사한 위젯이 추가로 생긴다. Duplicate는 Copy와 Paste를 한 번

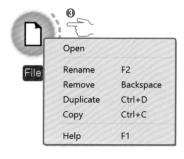

〈그림 1.22〉 위젯 서브 메뉴

오렌지로 쉽게 배우는 머신러닝과 데이터 분석

에 수행하는 것이다.

서브 메뉴는 단축키가 함께 표시되어 있다. 위젯을 클릭한 후 단축키를 누르면 빠르게 작업을 수행할 수 있으므로, 익숙해질 수 있도록 해보자. Open의 단축키는 위젯을 더블클릭하는 것이다.

2. 위젯의 연결 영역과 위젯의 종류

위젯은 다른 위젯과 서로 연결되어 데이터를 주고받는다. 위젯의 원형 아이콘 주변에는 '점선으로 표시된 곡선'이 있는데, 왼쪽에 있는 점선은 위젯에 들어오는 입력을, 오른쪽에 있는 점선은 위젯의 처리 결과로 나오는 출력을 의미한다. 위젯과 위젯을 연결할 때는 이 점선들이 서로 연결되므로 이 영역을 위젯의 "연결 영역"이라고 한다.

〈그림 1.23〉 위젯 입출력 유형 3가지

오렌지에는 ❶ 출력만 연결 가능한 위젯, ❷ 입력만 연결 가능한 위젯, 그리고 ❸ 입력과 출력이 모두 존재하는 위젯이 있다〈그림 1.23〉. 위젯의 출력은 사용하지 않아도 무방하지만, ❷, ❸과 같이 입력이 존재하는 위젯의 경우에는 입력을 연결해야만 위젯이 올바로 동작한다.

3. 위젯의 연결

위젯은 캔버스에 위젯들을 추가한 후 두 위젯의 연결 영역 간에 마우스로 선을 그어 연결할 수 있다〈그림 1.24〉. 다음과 같은 방법으로 위젯을 연결해 보자.

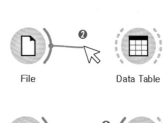

❶ 위젯의 연결 영역(점선)을 누르면 점선이 실선으로 바뀐다.

❷ 점선을 드래그하면 선이 생긴다.

❸ 연결할 위젯의 연결 영역으로 마우스를 이동하면 위젯의

〈그림 1.24〉 위젯 연결 방법

연결 영역이 실선으로 변경된다. 마우스 버튼에서 손을 떼면 두 위젯이 연결된다.

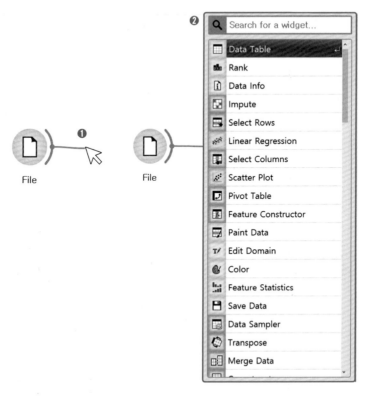

〈그림 1.25〉 위젯 목록을 사용하여 위젯 연결

오렌지에서는 위젯의 추가와 연결을 한꺼번에 하는 방법도 제공한다. 이미 추가된 위젯의 출력 영역에서 ❶ 위젯의 연결 영역을 마우스로 누르고 새로운 지점으로 커서를 이동한 후, ❷ 누르고 있던 마우스 왼쪽 버튼을 놓으면 연결 가능한 위젯 목록이 나온다. 여기서 연결할 위젯을 찾아 클릭하면 새로운 위젯이 연결된 상태로 추가된다.

4. 위젯들의 복잡한 연결

하나의 위젯과 둘 이상의 위젯을 서로 연결할 수도 있다. 〈그림 1.26〉에서는 ❶ File 위젯과 ❷ Data Table, ❸ Data Info 위젯을 연결했다. 파일 위젯에서 나온 출력이 Data Table과 Data Info 위젯에 똑같이 전달되는 구조다.

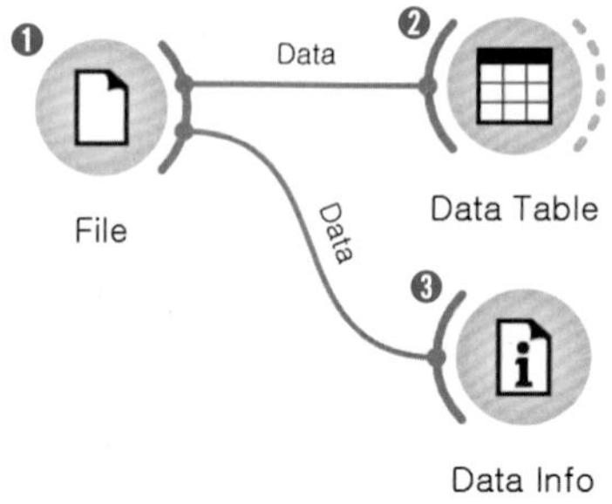

〈그림 1.26〉 여러 위젯의 연결

위젯의 입력이나 출력이 2개 이상일 때는 위젯을 정확하게 연결하기 위해, 약간의 작업을 더 해 주어야 한다〈그림 1.27〉. Data Table 위젯의 출력은 Selected Data와 Data의 2개인데, 그냥 연결하면 Selected Data 출력만 연결된다. Data 출력을 연결하려면, 위젯을 먼저 연결한 후 ❹ 연결선을 더블클릭하여 Edit Links(연결 편집) 창을 열어보자. ❺ Data Table 위젯의 Selected Data 출력과 Data Info 위젯의 Data 입력 사이의 연결선을 더블클릭하면 두 위젯 사이의 연결선이 사라진다. ❻ Data Table 위젯의 Data 출력에서 마우스를 드래그하여 Data Info 위젯의 Data 입력까지 마우스 커서를 가져다 놓으면, ❼ 두 위젯 사이의 연결 작업이 마무리된다.

❽ Data Table 위젯의 Data 출력은 Data Info의 Data 입력과 연결되었는데, 입력과 출력의 이름이 같으므로 연결선 위에 Data만 표기되고 ❾ 출력과 입력의 이름이 다른 경우에는 화살표를 사용하여 출력과 입력의 쌍이 연결선 위에 표시된 것을 볼 수 있다.

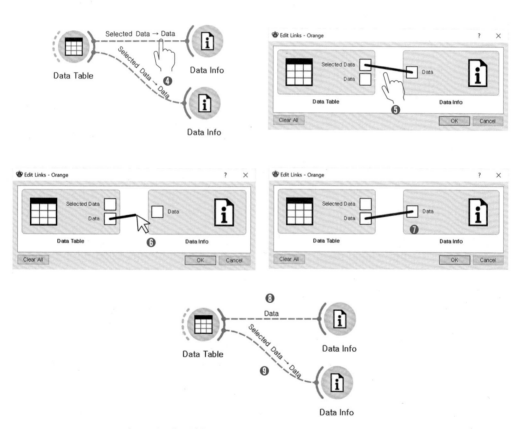

〈그림 1.27〉 입/출력이 2개 이상일 때 위젯을 연결하는 방법

🔘 연습문제

1. 인공지능의 뜻은 무엇인가? 인공지능의 장점과 단점을 인간의 지능과 비교하여 설명하시오.

2. 인공지능이란 개념이 처음 등장한 시대가 언제인지, 그리고 해당 시기에 최초로 등장한 것들을 설명하시오.

3. 알파고의 등장 이후, 딥러닝 기술에 대한 사회의 관심이 급증하였으며, 기술의 발전 속도가 더욱 가속되었다. 알파고의 발전 과정과 사용된 주요 알고리즘에 대해 조사하시오.

4. 정형 데이터는 표 형태로 나타낼 수 있는 데이터다. 다음 중 정형 데이터를 고르시오.
   ① 제주 여행에서 찍은 사진 100장
   ② 각 지방의 사투리로 녹음된 인사말
   ③ 최근 10년간 교통사고 사망 통계
   ④ 스마트워치로 기록된 맥박 수(BPM) 데이터

5. 인공지능 챗봇은 다음 중 어느 모델에 속하는지 답하시오.
   ① 인식   ② 예측   ③ 생성   ④ 정책

6. 전통적인 인공지능이 딥러닝에 비해 강세를 보이는 분야는 어떤 분야인가? 그 이유를 추측하여 답하시오.

7. 이 책에서는 인공지능의 데이터 인식 기술을 7가지 카테고리로 분류하였다. "MNIST" 데이터셋에 대해 조사하여 설명하고 해당 데이터셋을 7가지 기술 중 어떤 기술에 활용할 수 있는지 답하시오.

8. 노코딩(No-coding) 기법 및 오렌지 소프트웨어의 장점과 단점에 대해 설명하시오.

9. 오렌지 이외에도 노코딩 툴들이 존재한다. AWS SageMaker 캔버스, 구글의 티처블 머신, NVIDIA의 Unified Compute Framework 등에 대해 조사하고 장단점을 정리하시오.

10. 위젯의 원형 아이콘 주변에는 점선으로 표시된 곡선이 있다. 이 점선을 지칭하는 용어와 ①~③ 위젯에서의 차이점을 설명하시오.

① Datasets   ② ROC Analysis   ③ Distributions

02

오렌지 기초와 기초 통계 분석

contents

02 오렌지 기초와 기초 통계 분석

데이터셋을 가져와 간단한 기초 통계 분석 실습을 해보자.

2.1 꽃의 종류별 특징 조사(오렌지의 기초 통계 위젯)

 Step 1 데이터 준비

길을 걷다 보면 다양한 꽃들을 마주치게 되는데, 어떤 꽃들은 너무 비슷해서 구분하기 어려운 경우가 많다. 이번 장에서는 3종의 붓꽃 데이터를 정리한 데이터셋을 가져와 꽃의 종류별 특징을 조사해 보도록 하자.

〈그림 2.1〉 붓꽃의 종류(※ 출처: 위키피디아)

붓꽃(Iris) 데이터셋은 통계학자이자 생물학자인 로널드 피셔가 1936년에 소개한 것으로, 꽃잎과 꽃받침의 길이/너비 정보에 따라 붓꽃의 종류(Iris Setosa, Iris Versicolor, Iris Virginica)를 예측하는 인공지능 모델을 만드는 것이 목표다. 붓꽃의 종류별로 50개씩, 총 150개 꽃에 대한 데이터가 정리되어 있다. 붓꽃의 특징을 분석하여 붓꽃의 종류를 구분할 수 있는지 알아보자.

앞 장에서 학습한 대로, 오렌지 프로그램을 실행시키고 'Welcome to Orange'라는 팝업창이 뜨면 'New' 옵션을 클릭하여 새로운 캔버스를 열자.

〈그림 2.2〉 Datasets 위젯을 캔버스에 추가하고 열기

Datasets 위젯은 오렌지의 온라인 저장소에 있는 데이터셋을 불러오는 위젯이다. 인공지능 분야에서 유명한 데이터셋이 많이 포함되어 있어 다양한 실습을 하는 데에 편리하다. 다음과 같이 Datasets 위젯을 캔버스에 추가해 보자〈그림 2.2〉.

❶ Datasets 위젯은 Data 카테고리에 있다. Data 카테고리를 클릭하여 확장시킨다.
❷ Datasets 위젯을 클릭하면 캔버스에 자동으로 추가된다. 또는 위젯을 드래그 앤 드롭으로 캔버스의 원하는 위치에 이동시킬 수 있다.
❸ 캔버스에 추가된 위젯을 더블클릭하면 창이 열린다. 또는 위젯에 마우스 오른쪽 버튼을 클릭하면 서브 메뉴가 나타나는데, 'Open' 옵션을 클릭하면 된다.

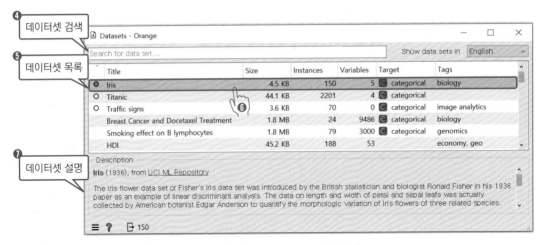

〈그림 2.3〉 Datasets 위젯 화면

〈그림 2.3〉은 Datasets 위젯 화면이다. ❹ 화면의 위쪽에는 데이터셋을 검색할 수 있는 검색창이, ❺ 화면의 중앙에는 온라인 저장소에서 불러올 수 있는 데이터셋의 목록이 있다. ❻ 데이터셋을 클릭하면 ❼ 창 아래쪽에 데이터셋에 대한 설명이 나온다.

이번 장에서 우리가 사용할 데이터셋은 Iris 데이터셋이다. ❹ 검색창에 Iris를 검색하고, ❺ 데이터셋 목록에서 ❻ Iris를 더블클릭하면 데이터셋을 내려 받을 수 있다. 내려 받은 데이터셋은 ● 로 표시된다.

Step 3 데이터셋 확인하기

Data Table 위젯은 스프레드시트 형식으로 데이터를 보여주는 위젯이다. 이 위젯도 Data 카테고리에 있으므로 찾아서 캔버스에 추가한 후 위젯을 열어보자.

〈그림 2.4〉는 연결된 위젯 없이 Data Table 위젯을 열어본 화면이다. 입력으로 연결된 위젯이 없다면 화면에는 아무 것도 나타나지 않는다.

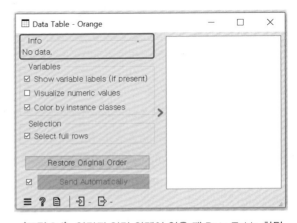

〈그림 2.4〉 연결된 입력 위젯이 없을 때 Data Table 화면

오렌지로 쉽게 배우는 머신러닝과 데이터 분석

앞서 추가한 Datasets 위젯과 Data Table 위젯을 연결하여 데이터를 확인해 보자. Data Table 위젯을 추가하는 데는 두 가지 방법이 있다.

1) 왼쪽 위젯 카테고리 영역에서 위젯을 클릭하거나, 원하는 위치로 드래그 앤 드롭하여 캔버스에 추가한다.

〈그림 2.5〉 선으로 위젯 연결

2) Datasets 위젯의 오른쪽 점선 위에서 마우스 왼쪽 버튼을 누른다. 마우스 버튼을 놓지 말고 Data Table 위젯의 왼쪽 점선까지 마우스를 드래그한 후 마우스 버튼을 놓는다.

〈그림 2.6〉 연결된 위젯 모습

〈그림 2.6〉은 Datasets 위젯과 Data Table 위젯이 연결된 모습이다. 위젯이 연결되면 점선이 실선으로 변경된다. Data Table 위젯을 열어 내용을 확인해 보자.

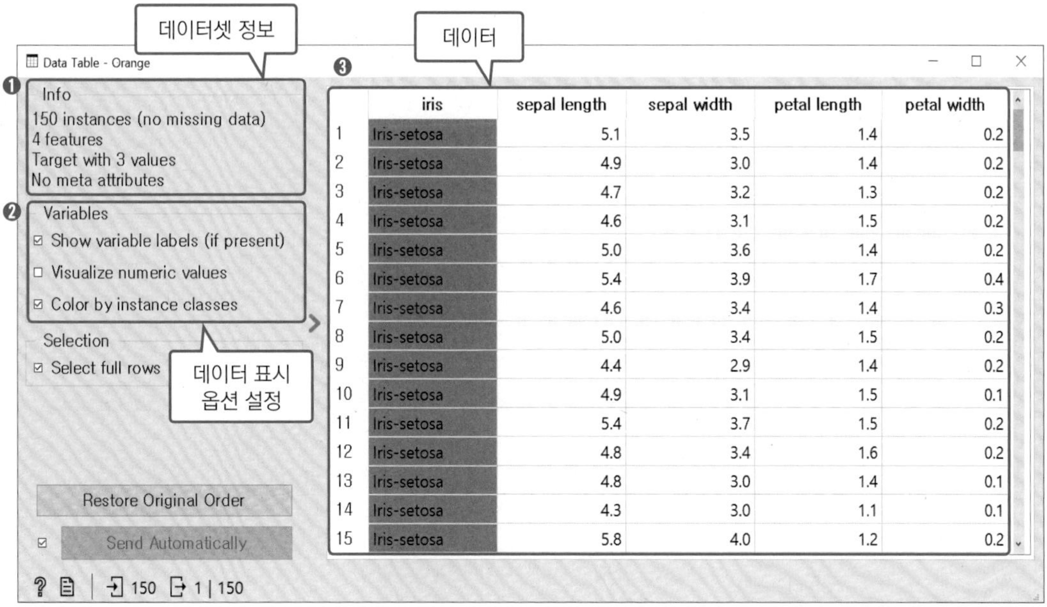

〈그림 2.7〉 Data Table 위젯 화면

연결이 정상적으로 되었다면, 〈그림 2.7〉과 같이 입력으로 연결된 위젯의 데이터셋에 대한 정보와 값들을 표 형식으로 볼 수 있다.

❶ Info 영역에서는 데이터 샘플 수 등 데이터 정보를 알 수 있으며, 인스턴스의 개수, 변수의 종류 등에 대한 정보를 알 수 있다. 인스턴스, 변수의 종류 등 각종 용어에 대한 설명은 [더 알아보기]를 참고하기 바란다.

❷ Variables 영역에서는 변수별로 데이터를 표시하는 옵션을 설정할 수 있다. Visualize numeric values 옵션은 수치형 변수의 상대적인 크기를 막대 모양으로 표시해 주며, Color by instance classes 옵션은 인스턴스의 클래스(Class)별로 색상을 부여한다.

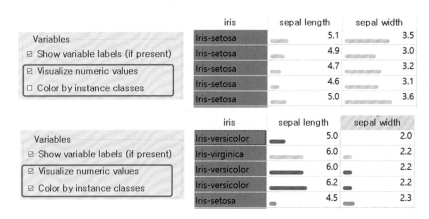

〈그림 2.8〉 Data Table 위젯의 Variables 옵션에 따른 변화

❸ 데이터 영역에서는 각 인스턴스의 정보를 확인할 수 있다. 〈그림 2.7〉에서 확인할 수 있는 붓꽃 데이터셋의 변수는 〈표 2.1〉과 같다.

〈표 2.1〉 붓꽃(Iris) 데이터셋의 변수

변수	설명
iris	붓꽃의 종류
sepal length	꽃받침 길이
sepal width	꽃받침 너비
petal length	꽃잎 길이
petal width	꽃잎 너비

더 알아보기!

데이터셋 관련 용어 정리

데이터는 사람들이 수집하거나 측정한 자료다. 사진, 동영상과 같이 용량이 큰 데이터도 있지만, 어떤 학생의 성적처럼 숫자 몇 개로 표시될 수 있는 데이터도 있다. 많은 데이터들 중 관련성이 있는 데이터를 모아 놓은 것을 **데이터셋**이라고 한다.

다음 그림은 데이터셋의 한 예로, 학생 5명의 성적 데이터를 나타내는 표다. 표에서 한 학생의 정보, 즉 하나의 행은 **인스턴스/사례(Instance)**, **행(Row)**, **관측치(Observation)**, 또는 **데이터 샘플(Data Sample)**이라고 하며, 데이터셋에서 제공하는 정보(학번, 이름, 결석 횟수, 중간고사/리포트/기말고사 성적)는 **변수(Variables)** 또는 **열(Columns)**이라고 한다.

오렌지에서 변수들은 사용 목적에 따라 세 가지 역할(role)로 나누어 관리된다. 옆 그림의 데이터가 결석 횟수, 중간고사/리포트 성적으로부터 기말고사 성적을 예측할 수 있는지 알아보기 위한 목적으로 사용된다고 가정해 보자. 이때, 결석 횟수, 중간고사/기말고사 성적은

변수/열

메타 변수		특징			타겟
학번	이름	결석 횟수	중간고사 성적	리포트 성적	기말고사성적
23001	김소망	1	95	95	100
23002	이태양	2	70	65	73
23003	장사랑	0	75	80	81
23004	최구름	1	82	85	80
23005	한미소	5	30	80	50

인스턴스/데이터 샘플

〈그림 2.9〉 학생 정보 데이터셋과 관련 용어

특징(Features) 또는 **독립변수(Independent Variable)**가 되고 기말고사 성적은 **타겟(Target)** 또는 **종속변수(Dependent Variable)**가 된다. **메타(Meta)**는 텍스트 데이터이거나 인스턴스를 특정하기 위해 사용되는 변수를 지칭한다.

〈표 2.2〉 데이터셋 관련 용어

용어	설명
데이터	수집된 자료
데이터 샘플, 사례, 인스턴스, 관측치	표에서 하나의 행을 가리킴
변수	표에서 각 열의 이름을 가리킴
메타 변수	인스턴스의 이름. 데이터 분석의 대상이 아님
특징	원인이 되는 변수
타겟	특징 변수의 값에 따라 변화할 것으로 추정되는 변수

Step 4 기초 통계 분석

Data 카테고리의 Feature Statistics 위젯을 사용하면 데이터 셋에 대한 기초 통계 조사를 수행할 수 있다. 먼저, ❶ Datasets 위젯에 Feature Statistics 위젯을 연결하자〈그림 2.10〉.

〈그림 2.10〉 Feature Statistics 위젯 연결

〈그림 2.11〉 위젯 창 열기

❷ Feature Statistics 위젯을 더블클릭하거나, 마우스 오른쪽 버튼을 누를 때 나오는 서브 메뉴에서 Open 을 클릭하면, 위젯 창을 열어 확인할 수 있다.

❸ Feature Statistics 위젯의 화면〈그림 2.12〉에는 각 특징별로 분포, 평균, 중앙값, 분산, 최솟값, 최댓값, 결측치가 표기되어 있다. 기초 통계량에 대한 설명은 〈표 2.3〉을 참조하라.

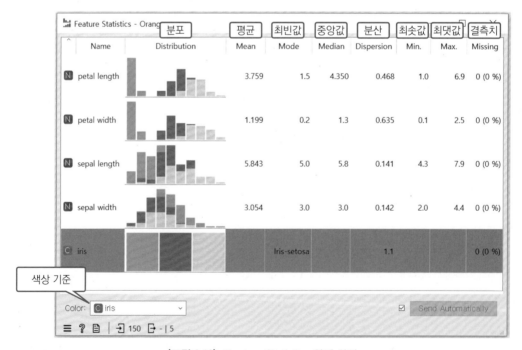

〈그림 2.12〉 Feature Statistics 위젯 화면

종류	설명
분포(Distribution)	값의 범위를 일정한 크기의 구간별로 나누어 빈도수를 나타낸 그래프
평균(Mean)	데이터의 모든 값의 총합을 데이터의 개수로 나눈 값
중앙값(Median)	데이터의 값을 정렬한 후, 전체 데이터 중 가운데에 있는 수
분산(Dispersion)	값들이 평균값에 밀집되어 있는지 퍼져 있는지를 나타내는 척도
최솟값(Min)	데이터 중 제일 작은 값
최댓값(Max)	데이터 중 제일 큰 값
결측치(Missing)	데이터에 값이 없음, 누락된 데이터

❹ 위젯 창 좌측 하단에는 분포(Distribution)의 색상(Color) 옵션을 선택하는 부분이 있다. Iris를 선택하면 각 꽃들의 특징별 분포가 나타난다. 이를 통해 꽃받침의 길이, 꽃잎의 너비 등 모든 특징에서 세 붓꽃의 분포가 조금씩 차이가 나는 것을 확인할 수 있다.

Step 5 타겟에 따른 통계 분석

이번에는 Data Table 위젯과 Feature Statistics 위젯을 이용하여 기초 통계 분석을 타겟별로 수행하는 방법을 알아보자.

Datasets 위젯, ❶ Data Table 위젯, ❷ Feature Statistics 위젯을 차례로 연결하자〈그림 2.13〉. Data Table 위젯과 Feature

〈그림 2.13〉 타겟별 통계 분석을 위한 위젯 구성

Statistics 위젯은 Selected Data 출력에서 Data 입력으로 연결되어 있음에 주의하자.

iris		sepal length	sepal width	petal length	petal width
1	Iris-setosa	5.1	3.5	1.4	0.2
2	Iris-setosa	4.9	3.0	1.4	0.2
3	Iris-setosa	4.7	3.2	1.3	0.2
4	Iris-setosa	4.6	3.1	1.5	0.2
5	Iris-setosa	5.0	3.6	1.4	0.2
6	Iris-setosa	5.4	3.9	1.7	0.4
7	Iris-setosa	4.6	3.4	1.4	0.3
8	Iris-setosa	5.0	3.4	1.5	0.2
9	Iris-setosa	4.4	2.9	1.4	0.2
10	Iris-setosa	4.9	3.1	1.5	0.1
11	Iris-setosa	5.4	3.7	1.5	0.2
12	Iris-setosa	4.8	3.4	1.6	0.2
13	Iris-setosa	4.8	3.0	1.4	0.1

❸ 클릭

iris		sepal length	sepal width	petal length	petal width
43	Iris-setosa	4.4	3.2	1.3	0.2
44	Iris-setosa	5.0	3.5	1.6	0.6
45	Iris-setosa	5.1	3.8	1.9	0.4
46	Iris-setosa	4.8	3.0	1.4	0.3
47	Iris-setosa	5.1	3.8	1.6	0.2
48	Iris-setosa	4.6	3.2	1.4	0.2
49	Iris-setosa	5.3	3.7	1.5	0.2
50	Iris-setosa	5.0	3.3	1.4	0.2
51	Iris-versicolor	7.0	3.2	4.7	1.4
52	Iris-versicolor	6.4	3.2	4.5	1.5
53	Iris-versicolor	6.9	3.1	4.9	1.5
54	Iris-versicolor	5.5	2.3	4.0	1.3
55	Iris-versicolor	6.5	2.8	4.6	1.5

❹ shift + 클릭

〈그림 2.14〉 Data Table 위젯에서 데이터 선택

Data Table 위젯을 열어서 타겟이 Iris-setosa인 데이터만 선택하자〈그림 2.14〉. 붓꽃 데이터셋에는 1행부터 50행까지가 Iris-setosa이다. ❸ 1행을 클릭한 후, 마우스를 스크롤하여 50번째 행이 보이도록 하자. ❹ shift 키를 누른 상태로 50번째 행을 누르면 1행에서 50행까지의 인스턴스가 모두 선택된다. 선택된 행들의 색상이 바뀌므로 데이터가 올바로 선택되었는지는 쉽게 확인할 수 있다〈그림 2.15〉. 데이터가 잘 선택되었다면, 이 상태 그대로 창을 닫으면 된다.

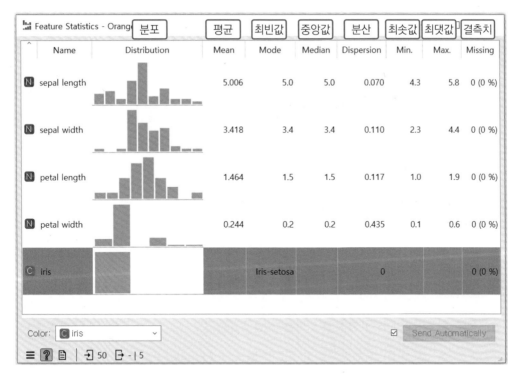

〈그림 2.15〉 타겟이 iris-setosa인 붓꽃 데이터에 대한 기초 통계 분석

❹ Feature Statistics 위젯을 더블클릭하면, Data Table 위젯에서 선택한 Iris-setosa 붓꽃들에 대한 통계가 나타난다. 이와 같은 방법으로 다른 인스턴스들에 대한 통계도 확인할 수 있다.

2.2 수강 학생들의 분포를 분석해 보자(피벗 테이블)

Step 1 데이터 준비

대학교의 교양 수업에는 다양한 학과의 학생들이 함께 수강하는 경우가 많다. 수강생들의 리스트가 데이터셋으로 존재할 때, 학과별 학생들의 수를 분석해 볼 수 있을까? 이번 장에서는 엑셀로 간단한 데이터셋을 만들고 피벗 테이블 등의 위젯을 사용하여 데이터를 분석하는 방법을 살펴보도록 한다.

엑셀이나 구글 스프레드시트 등의 프로그램을 사용하여 〈그림 2.16〉과 같은 데이터셋을 만들어 보자. 9가지 변수(학번, 이름, 학과, 나이, 성별, 생년월일, 출석 횟수, 총점, 성적)에 대한 학생 5명의 데이터다. 엑셀 프로그램을 실행하여 〈그림 2.16〉처럼 파일을 작성한 후 파일명을 '학생 성적 데이터셋.xlsx'로 저장하자. 파일은 컴퓨터의 아무 곳에나 저장해도 무방하지만, 파일 저장 위치를 기억해 두어야 한다.

	A	B	C	D	E	F	G	H	I
1	학번	이름	학과	나이	성별	생년월일	출석횟수	총점	성적
2	23456	김소망	컴퓨터공학	21	여성	2002-05-25	15	135	A
3	22334	이태양	컴퓨터공학	22	남성	2001-10-01	14	125.8	B
4	22443	장사랑	건축공학	22	여성	2001-12-31	13	110.7	C
5	23334	최구름	경영학	21	여성	2002-02-02	10	100.1	D
6	21442	한미남	건축공학	23	남성	2000-07-07	15	134.3	A

〈그림 2.16〉 학생 성적 데이터셋

Step 2 　데이터셋 불러오기

File 위젯을 이용하여 데이터셋을 불러오자. Data 카테고리에 있는 위젯을 마우스로 끌어다 파일 위젯을 캔버스에 추가하자. 추가된 File 위젯을 더블클릭하면 〈그림 2.17〉과 같은 화면이 나타난다. ❶ 　...　 버튼을 누르고 앞서 작성한 파일을 선택하여 데이터를 불러오자.

파일이 선택되면, ❷ 선택된 파일의 이름과 ❸ 데이터에서 사용할 수 있는 변수들의 목록이 보여진다. 각 변수들은 이름(Name), 타입(Type), 역할(Role), 값(Values)의 4개 속성을 가지고 있는데, 이 중 이름, 타입, 역할은 File 위젯에서 수정할 수 있다.

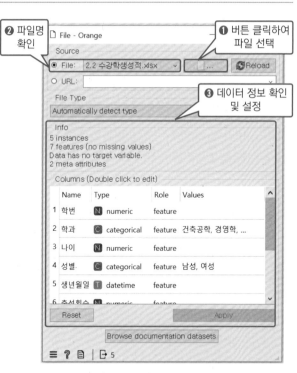

〈그림 2.17〉 File 위젯 설정

오렌지에서 사용하는 데이터 타입은 수치형(Numeric), 날짜형(Datetime), 텍스트형(Text), 범주형(Categorical)의 4가지다. 데이터의 종류에 맞게 타입을 설정해야 데이터를 올바르게 분석할 수 있다. 각 타입별 설명은 〈표 2.4〉와 같다.

〈표 2.4〉 데이터 타입의 종류

데이터 타입	설명	예
수치형(Numeric)	숫자로 표시되는 대부분의 데이터	나이, 체중, 출석 횟수 등
날짜(Datetime)	날짜	생년월일 등
텍스트(Text)	문자열, 문장, 문단	이름, 학번 등
범주형(Categorical)	정해진 개수의 범주(카테고리)로 나타나는 값	출생 월[1], 학점(A~F), 학과, 성별 등

이 중 범주형은 다른 타입과 혼동하기 쉬우나, 해당 변수에 할당될 수 있는 값이 제한되어 있는지를 확인하면 비교적 쉽게 구분할 수 있다. 이름은 무한히 많으므로 텍스트형 타입으로 간주하지만, 학과, 성별, 성적은 제한된 개수의 값만 존재하므로 범주형 타입으로 지정할 수 있다.

File 위젯은 불러들인 데이터의 타입을 자동으로 지정해 주지만, 잘못 지정되는 경우도 있으므로 지정된 타입을 꼭 확인해 주어야 한다. 수정이 필요한 변수가 있다면, 해당 변수의 타입을 클릭한 후 새로운 타입을 선택하면 된다. 변경된 항목은 굵은 글씨로 표시되므로 쉽게 확인할 수 있다〈그림 2.18〉.

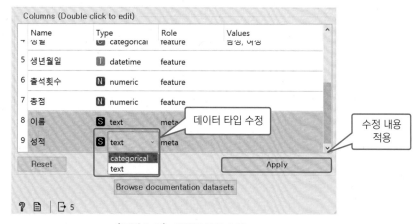

〈그림 2.18〉 데이터 타입 수정

---

1) 출생월은 1~12의 숫자로 나타나지만, 각 숫자 간의 상관관계가 분명하지 않으므로 범주형 데이터로 보는 것이 일반적이다.

학번과 성적의 데이터 타입을 변경해 보자. 학번은 현재 numeric(수치형) 타입이다. ❶ numeric을 클릭하면 드롭다운 메뉴가 나온다. 데이터 값이 숫자 형식이므로 선택 가능한 옵션이 4가지(categorical, numeric, text, datetime)가 있다. ❷ 학번을 문자열로 사용하기 위하여 text를 클릭하자.

〈그림 2.19〉 데이터 타입을 text로 수정

성적은 데이터 값이 ❸ 텍스트(text) 형식으로 되어 있으므로 드롭다운 메뉴에서 categorical, text 중에서 선택 가능하다. 성적은 A에서 F까지의 5개 그룹으로 분류되므로 ❹ categorical 타입으로 변경하면 된다.

〈그림 2.20〉 데이터 타입을 categorical로 수정

❺ meta로 되어있는 성적 데이터의 역할(role)은 ❻ feature로 바꾸어 데이터를 분석할 수 있도록 하자.

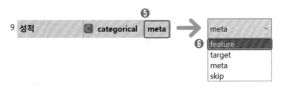

〈그림 2.21〉 데이터 Role을 feature로 수정

〈그림 2.17〉과 〈그림 2.22〉에서 학번의 Role을 보면 데이터의 역할이 feature에서 meta로 변경된 것을 볼 수 있다. 데이터 타입을 변경할 때, 데이터 역할도 같이 변경될 수 있으니 확인하기 바란다.

Type과 Role을 모두 선택하였다면 버튼을 눌러 사항을 변경사항을 적용하자. 변경된 항목을 원래대로 돌리려면 Reset 버튼을 클릭하면 된다.

	Name	Type		Role	Values
1	학번	S	text	meta	
2	학과	C	categorical	feature	건축공학, 경역학, 컴퓨터공학
3	나이	N	numeric	feature	
4	성별	C	categorical	feature	남성, 여성
5	생년월일	T	datetime	feature	
6	출석횟수	N	numeric	feature	
7	총점	N	numeric	feature	
8	이름	S	text	meta	
9	성적	C	categorical	feature	

〈그림 2.22〉 변경된 데이터 타입

Step 4 Pivot Table

Pivot Table 위젯은 열을 기준으로 데이터 테이블 모양을 변경하는 위젯이다. 합계, 카운트, 최빈값 등의 통계량도 볼 수 있다. ❶ Transform 카테고리에서 Pivot Table 위젯을 가져와 File 위젯과 연결해 보자.

오렌지로 쉽게 배우는 머신러닝과 데이터 분석

위젯을 열면 왼편에 행, 열, 값 그리고 기초 통계량을 선택할 수 있는 영역이 있다. 오른쪽은 설정에 따라 데이터 테이블이 표시되는 영역이다.

〈그림 2.23〉 Pivot Table 위젯 연결

위젯 창의 왼쪽 영역에서 Rows, Columns, Values를 클릭하면 드롭다운으로 선택할 수 있는 특징들이 나온다〈그림 2.24〉. ❷ Rows에는 학과, ❸ Columns에는 성별, ❹ Values에는 None을 선택한다.

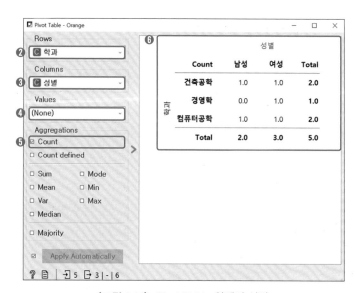

〈그림 2.24〉 Pivot Table 위젯의 설정

Rows에는 텍스트 형식을 제외한 데이터를 선택할 수 있다. Columns에는 범주형 데이터만 선택할 수 있다. 그러므로 숫자형 데이터만 있는 데이터셋은 Pivot Table 위젯을 사용할 수 없다.

Aggregations는 집계 함수를 선택하는 옵션이다. ❺ 지금은 Count에만 체크를 하자. Count는 인스턴스의 수를 집계하는 옵션이며, 데이터 타입에 상관없이 사용할 수 있다. Sum, Mean, Var, Median, Mode, Min, Max는 각 통계값을 계산하며, 숫자형 데이터에만 사용할 수 있다. Mode와 Majority는 최빈값을 의미하며, Mode는 숫자형 데이터, Majority는 범주형 데이터에 사용한다. ❻ Pivot Table의 결과는 위젯 창 우측에 표시된다.

❼ Data Table 위젯을 Pivot Table 위젯과 연결하면 Pivot Table 위젯에서 집계한 데이터를 표 형태로 정리하여 살펴볼 수 있다〈그림 2.25〉. 표 형태로 바꾸면 Save Data 등의 위젯을 사용하여 csv 파일 등으로도 저장할 수 있으므로 유용하게 활용 가능하다.

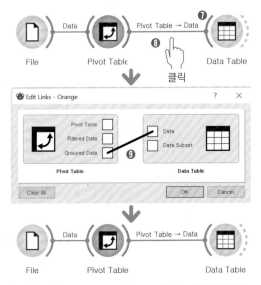

〈그림 2.25〉 Pivot Table과 Data Table 위젯의 연결

이때, 두 위젯의 연결 방법에 따라 Data Table 위젯의 결과가 달라질 수 있다. ❽ 연결선을 더블 클릭하여 Edit Links 창을 연 뒤, ❾ Grouped Data와 Data를 서로 연결하고 OK 버튼을 누르자. Pivot Table 위젯의 연결이 수정된 것을 볼 수 있다〈그림 2.25〉.

	학과	성별	(count)
1	건축공학	남성	1
2	건축공학	여성	1
3	경영학	남성	0
4	경영학	여성	1
5	컴퓨터공학	남성	1
6	컴퓨터공학	여성	1

〈그림 2.26〉 연결선을 수정한 후의 Data Table 위젯 화면

	학과	Aggregate	남성	여성
1	건축공학	Count	1.0	1.0
2	경영학	Count	0.0	1.0
3	컴퓨터공학	Count	1.0	1.0

〈그림 2.27〉 연결선을 수정하기 전의 Data Table 위젯 화면

연결이 완성되었다면 Data Table 위젯을 더블클릭하여 위젯 창을 열어보자〈그림 2.26〉. 학생들의 학과별, 성별 통계를 확인할 수 있다. 연결선을 수정하기 전의 결과 〈그림 2.27〉와 비교해 보자.

정형 vs 비정형 데이터

데이터는 정형 데이터(Structured Data)와 비정형 데이터(Unstructured Data)로 분류한다.

정형 데이터는 정해진 형식과 구조에 맞게 구성된 데이터이다. 앞에서 사용한 Iris 데이터셋과 학생 성적 데이터셋은 표 형태로 이루어져 있다. 이런 데이터를 정형 데이터라고 한다.

	iris	sepal length	sepal width	petal length	petal width
1	Iris-setosa	5.1	3.5	1.4	0.2
2	Iris-setosa	4.9	3.0	1.4	0.2
3	Iris-setosa	4.7	3.2	1.3	0.2
4	Iris-setosa	4.6	3.1	1.5	0.2
5	Iris-setosa	5.0	3.6	1.4	0.2

	A	B	C	D	E	F	G	H	I
1	학번	이름	학과	나이	성별	생년월일	출석횟수	총점	성적
2	23456	김소망	컴퓨터공학	21	여성	2002-05-25	15	135	A
3	22334	이태양	컴퓨터공학	22	남성	2001-10-01	14	125.8	B
4	22443	장사랑	건축공학	22	여성	2001-12-31	13	110.7	C
5	23334	최구름	경영학	21	여성	2002-02-02	10	100.1	D
6	21442	한미남	건축공학	23	남성	2000-07-07	15	134.3	A

〈그림 2.28〉 정형 데이터

비정형 데이터는 정해진 형식과 구조가 없이 저장된 데이터를 말한다. 비정형 데이터에는 이미지, 음성, 비디오, SNS 대화 등이 있다. 예를 들어, 카카오톡의 대화 내용은 정해진 형식이 없으므로 비정형 데이터다. 이러한 비정형 데이터는 특징 추출이 어려워서 정형 데이터로 변환하는 전처리(preprocessing) 과정이 필요하다.

〈표 2.5〉 정형 데이터와 비정형 데이터 비교

	정형 데이터	비정형 데이터
구조	정해진 구조	정해진 구조 없음
의미 파악	쉬움	어려움
연산	가능	불가능
데이터 형식	표, csv 파일, 스프레드시트	이미지, 음성, 비디오, SNS 대화

🔘 연습문제

1. 오렌지는 데이터 타입을 4가지로 구분하여 사용한다. 4가지 타입에 대해 설명하시오.

2. 다음 데이터가 어떤 타입에 속하는지를 근거를 들어 답하시오.
   1) 한국에 거주하는 20대 남녀의 체중

   2) 서울대학교에 재학 중인 학생들의 생일

   3) 유엔에 정회원으로 가입한 193개국 국가 명

   4) 13자리의 주민등록번호

   5) 핸드폰 번호

3. 아래에 제시된 위젯은 Data 카테고리에 속해 있다. 각 위젯의 이름과 기능을 비교하여 설명하시오.

4. 아래에 제시된 위젯은 Transform 카테고리에 속해 있다. 이 위젯의 이름과 기능을 설명하시오.

5. 오렌지에서 Feature Statistics 위젯을 사용하면 데이터셋에 대해 7가지 종류의 기초 통계량을 확인할 수 있다. 7가지 기초 통계량의 종류에 대해 설명하시오.

6. 다음에 제시된 그림은 2.2장에서 사용한 학생 성적 데이터셋이다. 이 그림에서 1) 데이터 샘플, 2) 변수, 3) 메타 변수, 4) 특징, 5) 타겟을 찾고 각 용어에 대해 설명하시오.

	A	B	C	D	E	F	G	H	I
1	학번	이름	학과	나이	성별	생년월일	출석횟수	총점	성적
2	23456	김소망	컴퓨터공학	21	여성	2002-05-25	15	135	A
3	22334	이태양	컴퓨터공학	22	남성	2001-10-01	14	125.8	B
4	22443	장사랑	건축공학	22	여성	2001-12-31	13	110.7	C
5	23334	최구름	경영학	21	여성	2002-02-02	10	100.1	D
6	21442	한미남	건축공학	23	남성	2000-07-07	15	134.3	A

7. 2.1장에서 사용한 Iris 데이터셋은 인공지능 분야에서 오랫동안 활용되어 온 유명 데이터셋이다. 해당 데이터셋에 대해 설명하고 1) 데이터 샘플, 2) 변수, 3) 특징, 4) 타겟에 대해 설명하시오.

8. 2.1장의 Step 4에서 Iris-setosa 데이터를 선택하여 기초 통계량을 확인하였다. Iris-versicolor와 Iris-virginica 데이터 각각의 기초 통계량을 확인하시오.

9. 오렌지의 Dataset 위젯을 이용하여 Course Grades 데이터셋을 불러올 수 있다. Data Table 위젯을 이용하여 이 데이터셋의 정보 1)~3)을 설명하시오.

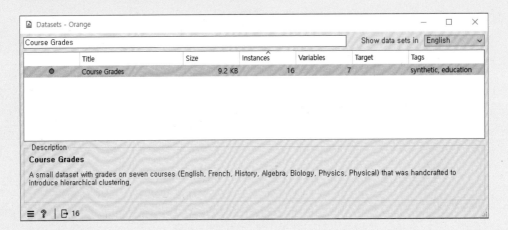

1) 데이터 샘플

2) 변수

3) 메타 변수

10. 9번 문제에서 Course Grades 데이터셋을 불러온 후, Data Table 위젯을 이용하여 해당 데이터셋의 정보를 파악해 보았다. 이번에는 Feature Statistics 위젯을 이용하여 각 과목의 기초 통계량을 분석하시오.

03

데이터 시각화

contents

CHAPTER 03 데이터 시각화

플로렌스 나이팅게일은 간호사인 동시에 데이터 시각화의 선
구자로서 널리 알려져 있다. 나이팅게일은 전장에서 위생 때
문에 죽어가는 병사가 전투의 부상 때문에 사망하는 병사보
다 더 많다는 것을 알게 되면서, 이를 사람들에게 알리려 했
다. 처음에는 사람들을 설득하는 것이 쉽지 않았으나, 그래프
를 사용하여 시각화된 데이터를 제시함으로 예산을 마련할
수 있었다는 일화는 유명하다.[1]

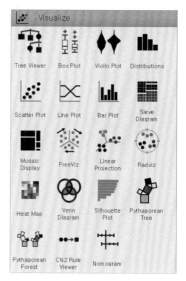

〈그림 3.1〉 오렌지의 시각화 위젯

〈표 3.1〉 오렌지의 데이터 시각화 위젯

위젯 이름	한글 이름	기능
Distribution	히스토그램	데이터의 분포를 막대그래프로 표현
Bar Plot	막대그래프	데이터를 막대 형태로 표현
Scatter Plot	산점도	데이터를 2차원 공간상에 점으로 표시
Mosaic Display	모자이크 차트	데이터의 구성비를 백분율, 값의 크기를 직사각형 면적으로 표현

복잡한 표 안에 존재하는 숫자를 이해하긴 어렵지만, 시각화된 데이터는 직관적으로 알 수 있어
정보 전달에 매우 유용하다. 오렌지에서 제공하는 위젯들을 사용하여 데이터를 시각화하는 실습
을 진행해 보자. 이번 장에서는 여러 시각화 위젯들 중 비교적 간단하고 활용성이 높은 위젯들
위주로 학습하고 나머지는 이후 장에서 다루려고 한다.

---

1) https://www.sciencenews.org/article/florence-nightingale-birthday-power-visualizing-science

3.1 음주운전을 가장 많이 하는 시간대는 언제일까?(히스토그램)

Step 1 데이터 준비

음주운전은 큰 사고의 원인이 되며, 자신뿐 아니라 타인의 신체를 심각하게 상해하여 생명을 위험하게 할 수 있으므로 절대 해서는 안 되는 일이다. 음주운전으로 인한 사망률이 일반 교통사고 사망률보다 7배나 높다는 것은 잘 알려져 있음에도, 음주운전으로 인한 사망사고의 기사가 끊이지 않는다는 것은 참으로 안타까운 일이다.

〈그림 3.2〉 음주운전의 예시

경찰청에 보고된 음주운전 적발 기록 현황을 가져와 시각화하여 분석해 보자. 데이터는 공공데이터포털(https://www.data.go.kr)에서 다운로드 받을 수 있다. 공공데이터포털은 국가에서 보유하고 있는 다양한 공공데이터를 국민 누구나 무료로 편리하고 쉽게 활용할 수 있도록 개방한 웹 사이트다. 이번에 분석할 데이터는 경찰청에서 제공하는 음주운전 적발 기록 현황이다.

〈그림 3.3〉 공공데이터포털

공공데이터포털에 접속하여 "경찰청 음주운전" 데이터셋을 검색〈그림 3.3〉하고 내려 받아 보자.

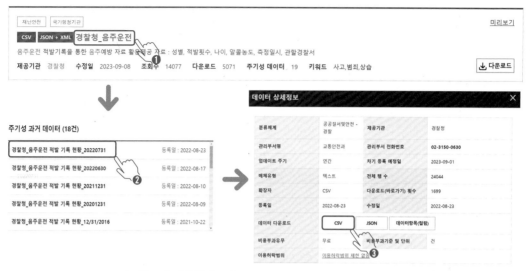

〈그림 3.4〉 경찰청 음주운전 적발 기록 현황 데이터 내려 받기

이 데이터는 간헐적으로 업데이트되는 데이터로 ❶ 데이터 제목을 클릭하면 상세 페이지로 이동하는데, 상세 페이지에서는 이전의 적발 현황 데이터를 살펴볼 수 있다. 이번 실습에서 사용할 파일은 ❷ 2022년 8월 23일에 등록된 "경찰청_음주운전 적발 기록 현황_20220731"이다. ❸ csv 버튼을 눌러 파일을 내려 받자.

Step 2 엑셀을 사용하는 데이터 전처리

공공데이터포털에서 내려 받은 파일을 엑셀을 사용해서 열어보자. 엑셀이 없다면 구글 스프레드 시트 등의 무료 소프트웨어를 활용하면 된다. 이 데이터는 2022년 7월 한 달 동안의 음주운전 적발 기록을 시간 순으로 정리한 것이다. 총 데이터 샘플의 수는 12,021개이며, 6가지 특징(성별, 적발 횟수, 나이, 알코올 농도, 측정 일시, 관할 경찰서)이 있다.

	A	B	C	D	E	F
1	성별	적발횟수	나이	알콜농도	측정일시	관할경찰서
1164	여자	1	43	0.098	2022-07-03 16:05	순천경찰서
1165	남자	1	67	0.122	2022-07-03 16:14	울산남부경찰서
1166	남자	1	37	측정거부	2022-07-03 16:22	진주경찰서
1167	남자	1	48	0.065	2022-07-03 16:52	원주경찰서
1168	남자	1	45	0.155	2022-07-03 16:56	남양주북부경찰서
1169	남자	1	48	측정거부	2022-07-03 16:56	동해경찰서
1170	남자	1	81	측정거부	2022-07-03 17:03	안성경찰서
1171	남자	1	40	0.189	2022-07-03 17:10	의정부경찰서

〈그림 3.5〉 데이터에 존재하는 이상치

데이터를 살펴보면 〈그림 3.5〉와 같이 예외적인 값들이 존재하는 것을 알 수 있다. 알코올 농도 항목에 "측정 거부"라는 텍스트 데이터가 들어 있는데, 이렇게 텍스트 데이터와 숫자 데이터가 섞여 있으면 오렌지 프로그램에서 데이터를 처리하기가 까다롭다. 엑셀을 사용해 측정 거부로 기록된 데이터를 분석 대상에서 제거해 보자.

❶ 먼저 전체 데이터를 선택한다. A 열을 클릭하고, Shift 키를 누른 상태로 F 열을 클릭하면 A 열부터 F 열까지 전체 선택된다. 아니면 A 열을 클릭하고 F 열까지 드래그해도 된다.

	A	B	C	D	E	F
1	성별	적발횟수	나이	알콜농도	측정일시	관할경찰서
2	남자	1	29	0.153	2022-07-01 0:00	아산경찰서
3	남자	1	28	0.046	2022-07-01 0:02	전주덕진경찰서
4	남자	1	61	0.047	2022-07-01 0:02	서울관악경찰서
5	여자	1	40	0.185	2022-07-01 0:04	부산연제경찰서
6	남자	1	66	0.139	2022-07-01 0:05	서울마포경찰서

〈그림 3.6〉 데이터 전체 선택하기

데이터가 선택된 상태로 메뉴의 ❷ [데이터] – [정렬 및 필터] – ❸ [필터]를 클릭하면, 1번째 행의 각 특징 옆에 ▾ 버튼이 생긴다.

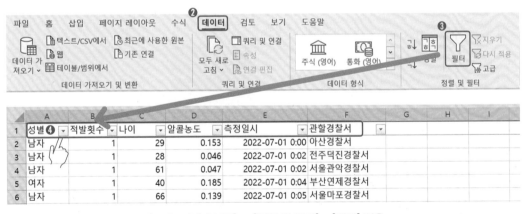

〈그림 3.7〉 [데이터] – [정렬 및 필터] – [필터] 적용

필터는 데이터 분석에 사용할 수 없는 데이터를 제거(필터링)하는 데 사용하는 엑셀의 기능이다. ❹ 성별 칼럼에 있는 필터(▾) 버튼을 클릭한 후 필터링할 데이터의 체크박스를 해제하자. 성별에서는 '불명'을 체크 해제하고 확인 버튼을 누른다〈그림 3.8〉.

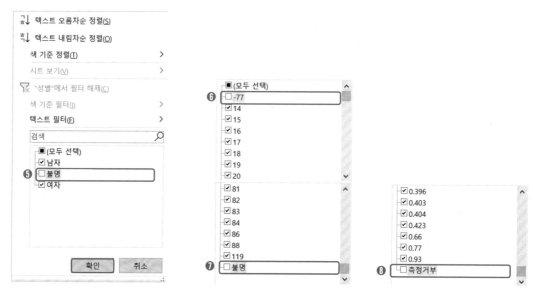

〈그림 3.8〉 필터를 사용하는 데이터 정제(왼쪽부터 성별, 나이, 알코올 농도 칼럼의 필터)

나이와 알코올 농도 칼럼에서도 동일하게 필터(▾) 버튼을 클릭하여 문제가 있는 데이터를 제거하자. 나이 필터에서는 음수로 잘못 기재된 −77과 '불명'을, 알코올 농도 셀에서는 '측정 거부'를 체크 해제하면 된다.

필터가 적용된 데이터는 눈에 보이지 않게 되었으나, 실제로 지워진 것은 아니다. 새 파일을 만들고 필터가 적용된 데이터를 복사해서 붙여 넣자. 메뉴에서 ❾ [파일] − ❿ [새로 만들기] − ⓫ [새 통합 문서]를 선택해 새로운 파일을 만든 후, ⓬ 필터가 적용된 데이터를 전체 복사해서 ⓭ 새로운 파일에 붙여 넣는다. 새로 만든 파일은 '음주운전 적발 기록 현황.xlsx'라는 파일명으로 저장하자. 필터를 적용하면 총 11,557개의 인스턴스가 남는다.

〈그림 3.9〉 파일 새로 만들기

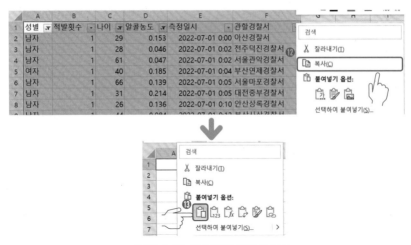

〈그림 3.10〉 새 파일에 데이터 복사

새롭게 만든 파일을 File 위젯을 사용하여 읽어 보자. ⓭ 캔버스에 File 위젯을 추가한 후, 위젯을 더블클릭하여 창을 연다. ⓮ ▭ … 버튼을 눌러서 음주운전 적발 기록 현황 파일을 선택한다.

⓯ 특징의 개수와 데이터 타입은 자동으로 인식되지만, 올바르게 인식되었는지 확인할 필요가 있다. 〈그림 3.11〉과 비교하여 살펴보도록 하자.

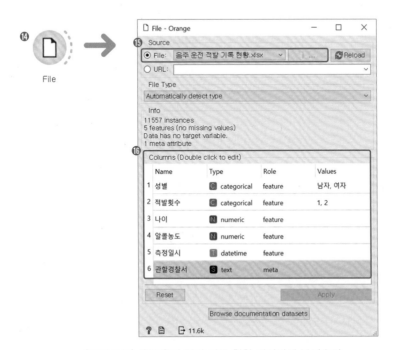

〈그림 3.11〉 음주운전 적발 기록 현황 데이터셋 불러오기

히스토그램은 연속형 변수의 데이터 분포를 한눈에 볼 수 있는 그래프다. 변숫값의 범위를 일정 구간으로 나누어 x축에 표시하고 y축은 각 구간에 포함되는 값의 개수(빈도)를 나타내어, 어떤 구간의 데이터가 많이/적게 관측되었는지를 시각적으로 표시한다. Visualize 카테고리에 있는 Distributions 위젯을 사용하여 히스토그램을 그려 보도록 하자.

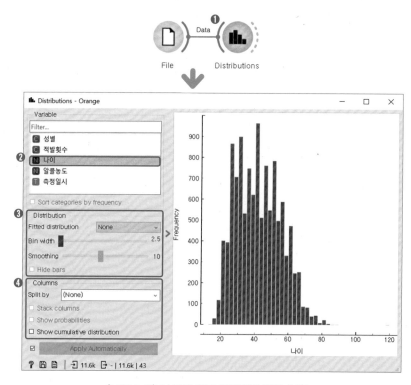

⟨그림 3.12⟩ 나이에 따른 음주운전 적발 현황

❶ File 위젯의 오른쪽에 Distributions 위젯을 연결하면, 위젯의 상세 화면에서 변수에 따른 음주운전 적발 현황을 히스토그램으로 살펴볼 수 있다⟨그림 3.12⟩. ❷ Variable 옵션에는 분석할 변수를 선택하도록 한다. '나이'를 선택하면, 나이에 따른 음주운전 적발 현황을 확인할 수 있다.

변수 선택의 아래쪽에 있는 ❸ Distribution 옵션 그룹에서는 히스토그램의 bin 너비(width) 등을 조정할 수 있다. 우리나라에서는 나이를 10살 단위로 구분하는 경우가 많으므로 bin 너비를 10으로 조정하여 살펴보자⟨그림 3.13⟩. 그래프의 막대 위에 마우스 커서를 올리면 해당 구간의 정보를 알 수 있다. 음주운전을 하는 연령은 30대가 제일 많고 40대, 20대 순이다.

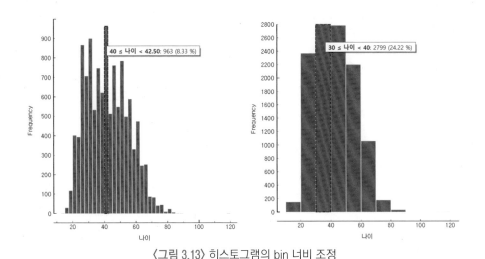

〈그림 3.13〉 히스토그램의 bin 너비 조정

❹ Columns 옵션 그룹에서 Split by의 기본값은 None
이며, 그래프의 막대가 파란색으로 나타난다. ❺ Split
by 옵션을 '성별'로 변경하면, 그래프의 막대가 성별 그
룹으로 나누어지며, 항목별로 색상이 구분된다〈그림
3.14〉. 이때, ❻ Stack columns에 체크를 하면 두 개의
그룹이 하나의 막대 위에 쌓아 올려져서 표현되고, 체크

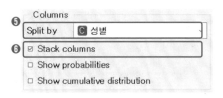

〈그림 3.14〉 Columns 옵션 그룹 설정

하지 않으면 막대가 분리되어 표현된다〈그림 3.15〉. 남성이 음주운전자의 대다수를 차지하고 있는
것을 알 수 있다. 남성은 30대가, 여성은 40대가 음주운전을 가장 많이 한다.

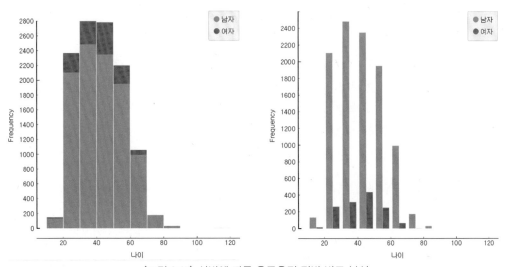

〈그림 3.15〉 성별에 따른 음주운전 적발 빈도 분석

이번에는 ❼ 변수를 알코올 농도로 변경하여 알코올 농도에 따른 음주운전 적발 현황을 분석해 보자〈그림 3.16〉. ❽ 막대의 폭은 0.02로 설정하여 세밀한 분석이 가능하도록 하고 Split by는 앞에서 설정된 성별 그대로 둔다.

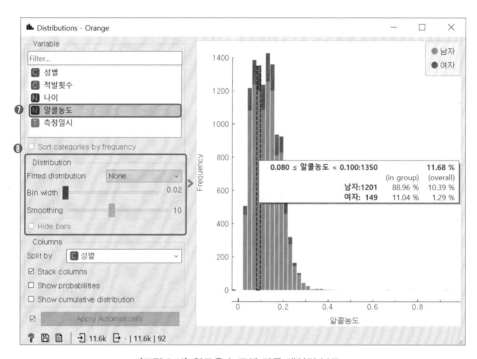

〈그림 3.16〉 알코올 농도에 따른 데이터 분포

막대에 마우스를 올려 그룹별 인스턴스 수와 비율을 살펴보자. 2023년 현재 우리나라 도로교통법에 따르면 알코올 농도가 0.03~0.08% 미만인 경우 1년 이하의 징역이나 500만 원 이하 벌금, 0.08% 이상이면 2년 이하의 징역이나 천만 원 이하의 벌금, 0.2% 이상이면 5년 이하의 징역이나 2천만 원 이하의 벌금을 부과한다. 〈그림 3.16〉의 그래프에서 네 번째 막대가 0.08% 이상 0.1% 미만인 구간이므로, 적발된 음주운전자 중 대다수가 심각한 수준의 음주 상태에서 운전했다는 것을 알 수 있다.

커널 밀도함수(Kernel density function)는 변수가 특정 값을 가질 확률을 표현하는 함수로 함수 아래 면적의 넓이가 1이 되는 특성을 가진다. 히스토그램과 유사하지만, 가우시안 함수 등이 적용되어 부드러운(Smoothing) 곡선 형태를 가진다.

❾ Distribution 옵션 그룹의 Fitted distribution 옵션에서 Kernel density를 선택하면〈그림 3.17〉 히스토그램 위에 커널 밀도함수를 겹쳐 그릴 수 있다〈그림 3.18〉.

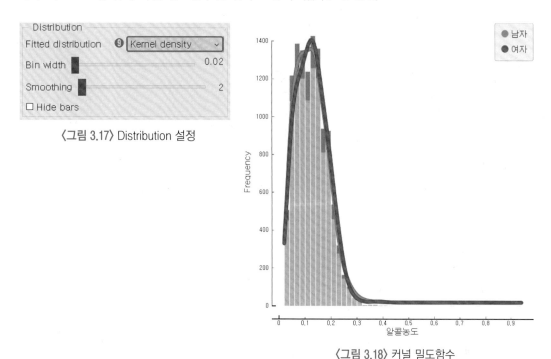

〈그림 3.17〉 Distribution 설정

〈그림 3.18〉 커널 밀도함수

오렌지의 Kernel density는 본래의 확률밀도함수와는 다르게 확률 형태의 수치를 표시하지 않는다는 점에 주의하자. 확률을 표시하는 대신 본래의 히스토그램에 겹쳐지도록 표시한다. 곡선의 완만한 정도는 Smoothing 값을 통해 조절할 수 있다.

Step 5 측정 일시에 따른 음주운전 적발 현황(Select Rows)

Variable 옵션 그룹에서 측정 일시를 선택하면 날짜에 따른 음주운전 적발 현황을 볼 수 있다. Distribution 옵션 그룹의 Bin width를 1 day로 지정해 음주운전 적발 횟수를 하루 단위로 살펴보자〈그림 3.19〉. 흥미롭게도 음주운전 적발 건수가 월요일부터 토요일까지 지속적으로 상승했다가 다시 떨어지는 주기성을 보인다. 월요일에 적발 건수가 가장 적고 금/토요일에 적발 건수가 가장 많다. 첫째, 둘째 주에는 토요일이, 셋째, 넷째 주에는 금요일이 더 많은데, 그 원인을 추정해보려면 시간대별 분석 등을 함께 진행해야 한다.

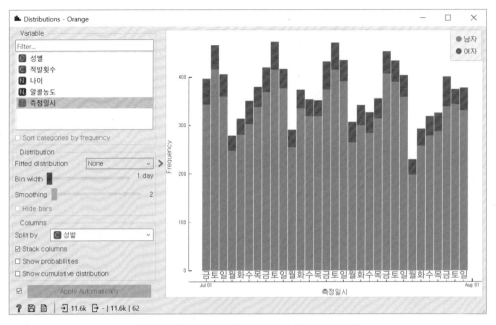

〈그림 3.19〉 측정 일자에 따른 음주운전 적발 현황

여기서는 조금 더 자세한 분석을 위해, 7월 첫째 주 주말인 8~10일 3일 간의 데이터를 선택하여 히스토그램을 그려 보도록 하자. 8~10일의 데이터만 선택하기 위해 ❶ Select Rows 위젯을 File 위젯과 연결하고, ❷ Distribution 위젯을 마지막에 연결한다. ❸ Distribution 위젯과 Select Rows 위젯의 연결은 Matching Data에서 Data로 이어지도록 한다.

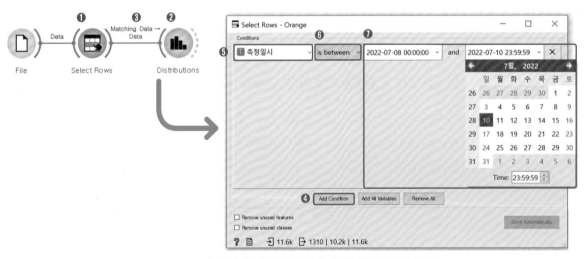

〈그림 3.20〉 특정 기간(7/8~10)의 히스토그램 분석

Select Rows 위젯의 설정은 〈그림 3.20〉과 같이 하자. ❹ Add Condition 버튼을 눌러 조건을 추가하고 ❺ 측정일시 변수와 ❻ is between 규칙을 선택한 후, ❼ 2022년 7월 8일 0시 0분 0초부터 2022년 7월 10일 23시 59분 59초까지의 기간을 지정하면 된다. 설정이 끝나고 Distribution 위젯을 더블클릭하면 〈그림 3.21〉과 같이 측정 시간대에 따른 음주운전 적발 현황을 볼 수 있다.

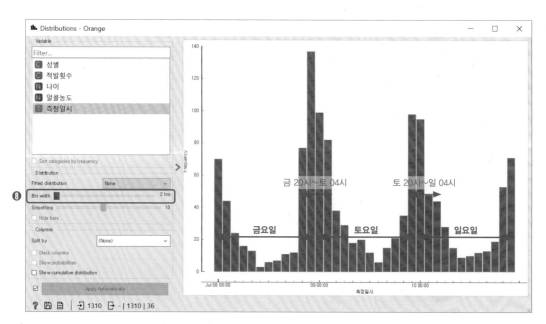

〈그림 3.21〉 측정 시간대에 따른 음주운전 적발 현황

이 결과로부터, 토요일의 음주 단속 건수가 금요일보다 높게 나타난 것은 금요일 밤부터 토요일 새벽까지 이어진 높은 수치 때문인 것을 알 수 있다. 음주운전의 상당수가 저녁 8시부터 새벽 2시 사이에 벌어지는데, 일자별 분석에서는 밤 12시를 기준으로 데이터를 나누다 보니 착시 효과가 발생한 것이다.

Step 6 음주운전 적발 시간대별 알코올 농도(Discretize)

마지막으로, 음주운전으로 적발된 시간대에 따라 검출된 알코올의 혈중농도가 어떤 분포를 보이는지 살펴보자. Distribution 위젯에서 이를 살펴보기 위해서는 수치형으로 되어 있는 알코올 농도 데이터를 범주형으로 바꾸어 주는 작업이 필요하다. Transform 카테고리에 있는 Discretize 위젯을 사용하여 4단계(0.03 미만, 0.08 미만, 0.2 미만, 0.2 이상)로 데이터를 분류해 보자.

❶ Discretize 위젯을 File과 Select Rows 위젯 사이에 두고 두 위젯과 연결한다. Discretize 위젯의 상세 설정 화면에서 ❷ 알코올 농도 변수를 선택하고 ❸ 우측 옵션 중 Custom을 선택한 후 0.03, 0.08, 0.2의 3개 기준값을 입력한다.

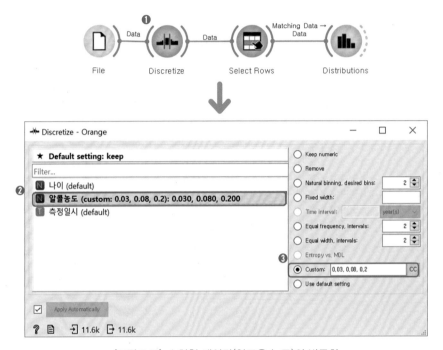

〈그림 3.22〉 수치형 데이터(알코올 농도)의 범주화

알코올 농도 단계별 비율의 변화를 살펴보기 위해 Distribution 위젯을 더블클릭하여 상세 설정 화면으로 들어간다. ❹ Columns 옵션 그룹의 Split by 옵션에서 알코올 농도를 선택하고, 아래쪽의 Stack columns와 Show probabilities 옵션에 체크하면 시간대별로 적발된 운전자들의 알코올 농도 변화를 한눈에 확인할 수 있다. 금요일 20시에서 토요일 새벽 4시까지의 변화를 살펴보면 알코올 농도 0.08 미만 그룹의 비중은 급격히 줄어드는 반면, 0.08 이상 혹은 0.2 이상의 운전자 비중은 상대적으로 늘어나는 것을 볼 수 있다.[2]

---

2) 한편, 토요일 낮 12시에 알코올 농도 0.2 이상인 운전자의 비율이 갑자기 높아지는 것을 볼 수 있는데, 해당 시간대의 경우에는 적발된 운전자 수가 매우 적어 예외적인 1~2명의 영향력이 매우 커, 의미 있는 정보로 보기는 어렵다.

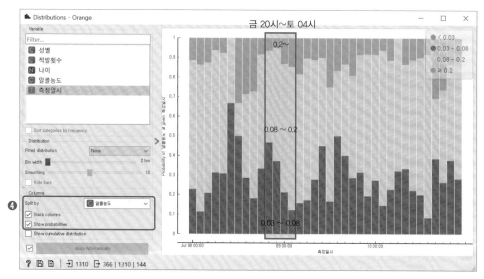

〈그림 3.23〉 음주운전 적발 시간대별 알코올 농도

📧

더 알아보기!

이산화(Discretize)

이산화(Discretize)란 수치형 변수에 구간을 지정하여 데이터를 범주형 데이터로 변환하는 것을 의미한다. 오렌지에서는 데이터가 범주형인지 수치형인지에 따라 사용할 수 있는 위젯과 옵션이 다르므로, 다양한 분석을 위해서는 수치형과 범주형 데이터 사이의 변환 방법을 잘 익혀 두는 것이 좋다. Discretize 위젯에서는 수치형 데이터의 구간을 어떻게 나눌 것인지를 선택할 수 있는데, 가능한 옵션은 다음 표와 같다.

〈표 3.2〉 Discretize 옵션

용어	설명
Keep numeric	수치형 값 그대로 사용
Remove	수치형 변수를 제거
Natural binning, desired binning	bin의 개수를 지정(경우에 따라 bin의 개수가 지정된 수와 달라질 수 있음)
Fixed width	지정된 bin의 너비로 분할
Equal frequency, intervals	지정된 빈도로 분할
Equal width, intervals	지정된 너비로 분할
Custom	기준 값 목록을 직접 입력

3.2 와인은 품종에 따라 성분 차이가 있을까?(막대그래프와 Box Plot)

데이터 준비

Wine 데이터셋은 이탈리아의 한 지역에서 재배되어 생산된 와 인들을 화학적으로 분석하여, 와인 각각에서 발견된 13가지 성 분〈표 3.3〉의 양을 기록한 것이다. 이 분석 결과로부터 각 와인이 어떤 품종의 포도로부터 생산된 것인지 추측할 수 있을까? 데 이터셋에는 총 178개의 와인으로부터 분석된 데이터 샘플이 있 는데, 이 와인들은 3가지 품종 중 한 가지 포도로부터 만들어 진 것이다. Bar Plot으로 데이터를 시각화하여 데이터를 분석해 보자.

〈그림 3.24〉 와인

〈표 3.3〉 Wine 데이터셋의 특징 설명

특징	설명	특징	설명
Alcohol	알코올	Nonflavanoid phenols	논플라바노이드 페놀
Malic acid	말산	Proanthocyanins	프로안토시아닌
Ash	회분	Color intensity	색상 강도
Alcalinity of ash	회분의 알칼리도	Hue	색조
Magnesium	마그네슘	Proline	프롤린
Total phenols	총 페놀	OD280/OD315 of diluted wines	희석된 와인의 OD280/OD315
Flavanoids	플라바노이드	Wine	와인 품종

먼저 Data 카테고리에 있는 Datasets 위젯을 사용하여 오렌지 프로그램의 온라인 저장소에 있 는 Wine 데이터셋을 불러오자. ❶ 캔버스에 Datasets 위젯을 추가해 위젯 창을 열고 ❷ 위젯 창 에서 Wine을 검색하여 데이터셋을 더블클릭하면 데이터를 내려 받을 수 있다.

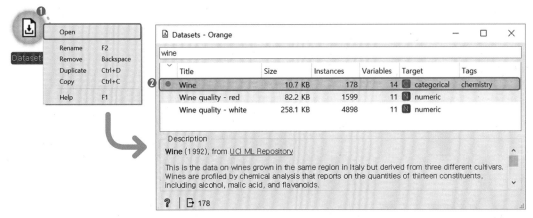

〈그림 3.25〉 Wine 데이터셋 불러오기

❸ Data Table 위젯을 연결하면 내려 받은 후 불러온 데이터를 확인할 수 있다. 178개의 데이터 샘플이 있으며, 결측치는 없다.

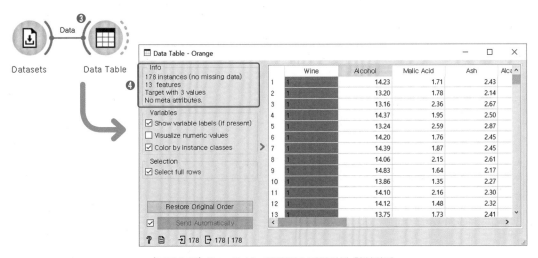

〈그림 3.26〉 Data Table 위젯으로 데이터셋 확인하기

Step 2 **특징에 따른 데이터 분포(Distribution)**

전체적인 데이터의 분포는 Visualize 카테고리의 Distribution 위젯을 사용하면 쉽게 살펴볼 수 있다. ❶ Datasets 위젯과 Distribution 위젯을 서로 연결한 후, 위젯을 더블클릭하여 세부 설정 화면을 연다. 세부 설정 화면에서 ❷ 변수(Variable)를 Alcohol로 ❸ Columns의 Split by 항목을 Wine으로 두면 〈그림 3.27〉과 같은 결과를 볼 수 있다. 알코올 도수에 따라 와인이 총 3개의 그룹으로 나누

어졌으며, 대부분의 와인이 12와 14 사이의 도수를 가지는 것을 알 수 있다. 12보다 낮은 도수를 가지는 와인은 모두 2번 품종의 포도로 만들어진 것이며, 2번 품종으로 만들어진 와인은 모두 도수가 14 미만이었다. 살펴보고 싶은 변수를 선택하면, 해당 변수에 따른 와인의 분포를 확인할 수 있다.

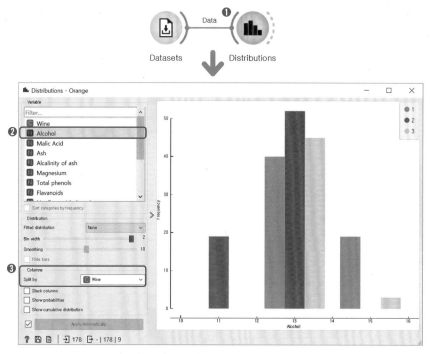

⟨그림 3.27⟩ 알코올 도수에 따른 와인 분포

특정 변수에 따른 와인의 분포는 Distribution 위젯을 사용하여 쉽게 알 수 있지만, Distribution 위젯은 히스토그램의 빈(bin) 개수 등을 세세하게 설정할 수 없다는 한계가 있다. Bin width 옵션을 활용하면 bin의 너비를 개별적으로 조정할 수는 있으나, 이를 세밀하게 조정하는 것은 어렵다. 만약 데이터의 분포를 면밀히 살펴보고 싶다면, Discretize 위젯과 Pivot Table, 그리고 Bar Plot 위젯을 함께 사용하여야 한다.

이중 Discretize 위젯은 수치형 데이터를 범주형 데이터로 변환하는 위젯이다. 11도에서 15도 사이에 존재하는 알코올 도수 데이터를 2개, 3개, 4개 등으로 나누어 범주를 지정한다.

❶ 먼저 데이터셋 위젯과 Discretize 위젯을 연결한 후, Discretize 위젯의 세부 설정 화면을 연다. 여기서 ❷ 여러 변수 중 Alcohol을 선택한 후, 우측 옵션에서 ❸ Natural binning, desired bins 옵션을 4로 지정하자. 올바로 지정되었다면, ❷ 범위를 지정할 기준값과 요청받은 bin의 개수(4개)가 변수 이름 옆에 나타난다.

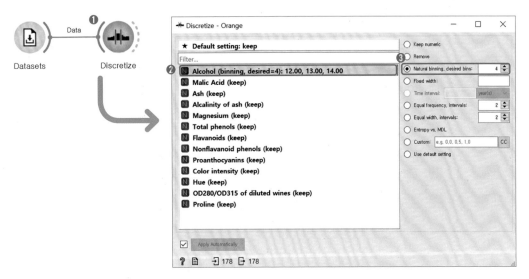

〈그림 3.28〉 Discretize 위젯을 통한 수치형 데이터의 범주형 변환

❶ 데이터 테이블을 연결하여 Discretize 위젯의 결과를 확인해 보면, ❷ 데이터가 범주형 값으로 변환되었음을 확인할 수 있다.

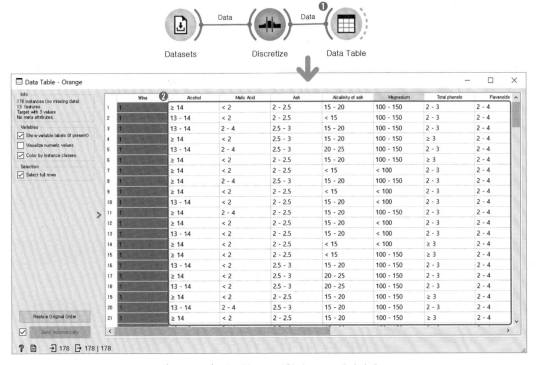

〈그림 3.29〉 범주형으로 변환된 Wine 데이터셋

Pivot Table 위젯은 범주형 값에 따른 인스턴스의 개수 등을 파악하는 데에 유용하다. ❶ Pivot Table 위젯을 Discretize 위젯과 연결하고 세부 설정을 조정하자. ❷ Rows 옵션을 Alcohol로 ❸ Columns 옵션을 Wine으로 설정하면 ❹ 피벗 테이블을 확인할 수 있다.

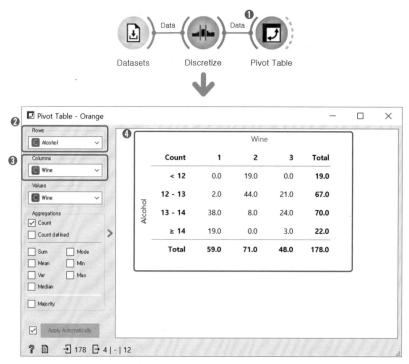

〈그림 3.30〉 Pivot Table 위젯을 통한 범주별 인스턴스의 개수 확인

Step 4   막대그래프를 사용하는 히스토그램 시각화(Bar Plot)

〈표 3.4〉 Bar Plot 옵션 설명

옵션	설명	데이터 타입
Values	y축에 나타낼 특징	Numeric, Datetime
Group by	x축에 그룹으로 지정할 특징	Categorical
Annotations	x축 레이블에 나타낼 특징	Text, Categorical
Color	특징에 따라 색을 다르게 보여줌	Categorical

❶ 피벗 테이블을 Bar Plot 위젯과 연결하면 범주별 인스턴스의 개수를 확인할 수 있다. 이때, 두 위젯은 ❷ Grouped Data와 Data 사이에 연결하고 Bar Plot 위젯의 설정 화면에서 옵션을 조정해 주어야 한다. Bar Plot의 옵션은 〈표 3.4〉와 같은 의미를 지닌다. 여기서는 Values는 count로, Group by는 Alcohol로, Color는 Wine으로 지정하면 〈그림 3.31〉과 같은 결과를 확인할 수 있다. Discretize 위젯에서 설정한 대로, 총 4개의 bin으로 된 히스토그램으로 표현된 것을 알 수 있다.

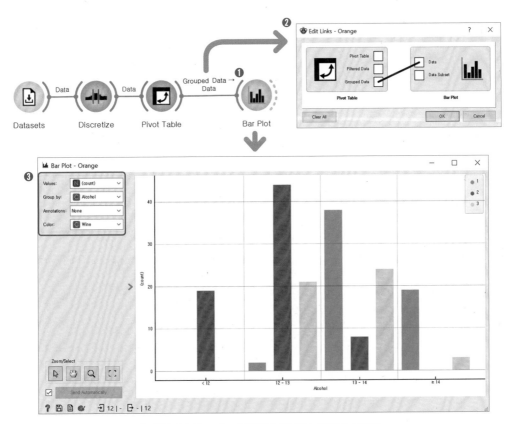

〈그림 3.31〉 Bar Plot 위젯을 통한 히스토그램 시각화

4개의 bin을 사용하여 시각화하면, 앞서 3개의 bin으로 살펴보았을 때에 비해 품종 간의 차이가 더 잘 드러나는 것을 알 수 있다. 품종 2번의 경우 알코올 도수 12%대에 가장 많이 존재하며, 품종 1의 경우에는 13%대에 가장 많이 존재한다. 품종 3의 경우에는 12%, 13%대에 비교적 골고루 존재하므로 품종 1번과 차별화된다.

만약 bin의 개수 등을 바꾸어 분석해 보고 싶다면 Discretize 위젯의 설정을 조정하면 되며, 다른 변수의 값을 확인하고 싶다면 Pivot Table과 Bar Plot 위젯에서 다른 변수를 선택해서 살펴보자.

Distribution 위젯과 비교하였을 때, 위젯 3개(Discretize, Pivot Table, Bar Plot)를 함께 사용하는 방법의 또 다른 장점은 히스토그램 외에 다양한 통계치를 그래프로 표현할 수 있다는 것이다.

이번에는 와인에 포함되어 있는 페놀의 평균 함량을 와인 품종별 및 도수에 따라 분석해 보자. 피벗 테이블의 세부 설정 창에서 ❶ Rows는 Alcohol, ❷ Columns는 Wine, ❸ Values는 Total Phenoles로 각각 설정하자. 그리고 Aggregations 옵션 그룹에서 ❹ Count의 체크박스를 해제하고 Mean의 체크박스를 설정하자〈그림 3.32〉.

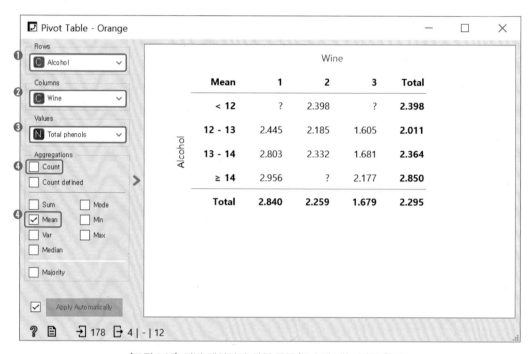

〈그림 3.32〉 피벗 테이블과 와인 품종/도수별 페놀 평균 함량

Bar Plot 위젯의 세부 설정 화면에서는 ❺ Values를 Total phenols (mean)으로 설정하면 와인에 포함된 페놀[3] 평균 수치를 살펴볼 수 있다〈그림 3.33〉. 알코올 도수가 높아짐에 따라서 페놀 수치도 함께 높아지는 것을 볼 수 있으며, 포도 품종에 따른 차이도 큰 것을 알 수 있다. 1번 품종의 페놀 수치가 가장 높으며, 3번 품종의 페놀 수치가 가장 낮다.

---

3) 페놀성 화학 성분은 와인의 맛, 향, 바디감 등에 영향을 끼치며, 다양한 페놀성 화학 성분이 존재한다(출처: 위키피디아). 와인 데이터셋에서는 와인에서 검출된 페놀성 화학 물질의 총합을 데이터로 사용한다.

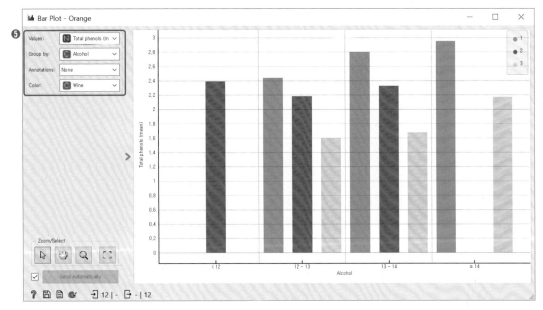

〈그림 3.33〉 와인 품종/도수별 페놀 평균 함량

Step 6 조금 더 자세한! 와인 품종/도수별 페놀 함량 분석(Box Plot)

앞서 막대그래프를 사용해서 와인의 품종, 도수별 페놀 평균 함량을 분석하였으나, 평균의 비교만으로는 그룹 사이에 유의미한 차이가 있는지를 아는 것은 매우 어렵다. 평균값의 차이는 우연히 발생할 수도 있기 때문이다.

이번에는 박스 플롯(Box Plot)을 사용하여 두 그룹의 데이터 간에 유의미한 차이가 존재하는지를 시각적으로 확인해 보자〈그림 3.34〉. 먼저, ❶ 와인 데이터셋이 선택된 데이터셋 위젯과 Visualize 카테고리의 Box Plot 위젯을 서로 연결한다. Box Plot 위젯의 세부 설정 창에서는 ❷ Variable 옵션을 Total Phenols로, ❸ Subgroups 옵션을 Wine으로, ❹ Display 옵션 그룹에서 Compare means(평균 비교)를 선택한다.

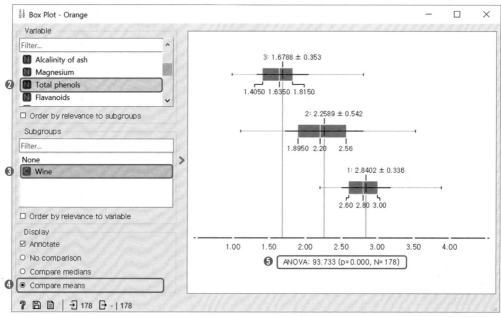

〈그림 3.34〉 와인 품종/도수별 페놀 평균 함량

〈그림 3.34〉의 결과는 3개 그룹 와인의 페놀 함량 분포를 시각적으로 보여준다. Box Plot의 각 박스는 해당 그룹 데이터의 50%가 위치하는 영역을 나타내는데, 이를 통해 각 그룹의 페놀 함량이 뚜렷한 차이를 보이고 있음을 알 수 있다. 한편, ❺ 박스 플롯 아래쪽의 ANOVA는 분산분석법이라고 하는 통계분석을 통해 집단 간에 차이가 있는지를 분석해 주는 수치다. *N*=178은 인스턴스의 수를 의미하며, *p*값은 유의확률로써, 집단 간 차이가 존재하는지를 알려주는 수치다. 통상적으로 *p*값이 0.05보다 작으면 집단의 평균값 사이에 유의미한 차이가 있다고 하며, 여기서는 *p*값이 0.05보다 작으므로 3개 와인 품종의 페놀 수치 사이에 유의미한 차이가 있다는 것을 알 수 있다.

더 알아보기!

박스 플롯(Box Plot)

박스 플롯(Box Plot)이란 데이터의 분포를 상자 형태의 그림으로 표시하는 방법으로 상자, 상자수염, 캔들 등 다양한 이름을 가진다.

박스 플롯의 기본 구성은 네모 상자 1개와 아래위로 그어진 수염이라고 불리는 직선이다. 상자는 데이터의 사분위수를 나타내는데, 100개의 데이터를 크기대로 한 줄로 늘어놓았을 때, 25번째 있는 수가 1사분위수(Q1), 50번째 수가 2사분위수(Q2), 75번째 있는 수가 3사분위수(Q3)다. 직선의 양 끝은 각각 최솟값과 최댓값을 의미한다.

〈그림 3.35〉 박스 플롯

일반적으로 박스 안에 표시되는 직선은 2사분위수, 즉 중앙값(median)을 의미하며, 평균(mean)을 추가로 표기할 수 있다.

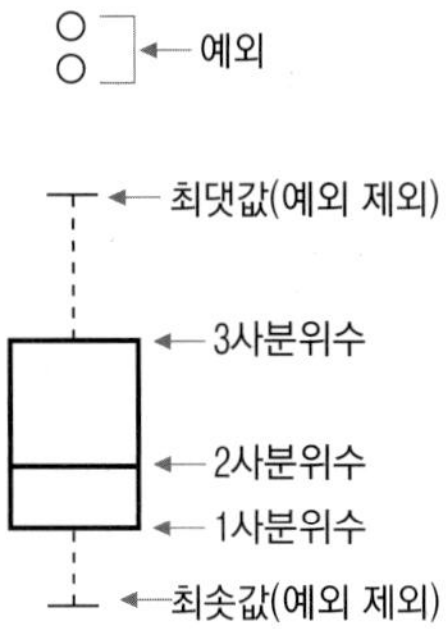

최솟값/최댓값을 구하는 방법은 다양하지만, 상자의 길이 (Q3-Q1)을 IQR로 정의하고 1사분위수와 3사분위수에서 1.5IQR만큼의 범위(Q1-1.5×IQR ~ Q3+1.5×IQR) 안에 있는 데이터들을 대상으로 최솟값/최댓값을 구하는 방법이 널리 쓰인다. 이때, 해당 범위 밖에 있는 값들은 이상치(Outlier)로 간주하여 별도로 표기한다.

박스 플롯은 다수 데이터의 분포를 한눈에 쉽게 비교할 수 있으며, 단순한 평균/분산값만을 보는 것보다 더 구체적인 정보(사분위수, 최댓값, 최솟값, 이상치 등)가 간결하게 표현된다는 장점이 있다. 이런 장점으로 인해, 박스 플롯은 각종 시계열 데이터의 분석/시각화에 널리 활용되며, 주식/코인 등의 변화를 나타낼 때도 사용된다.[4]

〈표 3.5〉 박스 플롯 관련 용어

용어	설명
사분범위(IQR)	상자 길이
제1/2/3/4사분위수(Q1, 2, 3)	전체 데이터의 25%, 50%, 75%에 위치한 데이터의 값
수염(Whisker)	상자의 양 끝과 연결된 선, IQR의 1.5배만큼 떨어진 지점
이상치(Outlier)	최솟값과 최댓값을 넘어가는 위치에 있는 지점
극단치(Extreme)	이상점 중에서도 가장 바깥쪽에 위치한 지점
최솟값(minimum)/최댓값(maximum)	Q1 – 1.5×IQR, Q3+1.5×IQR

---

4) 주식 그래프에서 박스는 사분위수 대신 시가/종가를 표시하며, Outlier를 사용하지 않는다.

3.3 전복도 나이를 먹을까?(산점도와 상관계수)

바다의 황제라고 불리며, 보양식으로 유명한 전복은 바다에 사는 달팽이의 친척이다. 많은 사람들이 조개의 일종으로 알고 있지만, 구조상으로는 달팽이와 더 가깝다고 한다. 완도군, 해남군, 신안군 등에서 전복을 양식하고 있는데, 전복은 성체로 키우는 데 시간이 오래 걸리기 때문에 크기가 클수록 가격이 비싸다.

〈그림 3.36〉 전복

오렌지에 내장된 Abalone 데이터셋은 전복의 길이, 직경 등으로 전복의 나이를 예측하는 것을 목표로 하는 데이터셋이다. 전복의 나이는 껍데기를 원뿔 모양으로 자르고, 염색하고, 현미경으로 고리의 수를 세어 확인하는 지루하고 시간이 오래 걸리는 작업이다. 산점도와 상관계수를 사용하여 전복의 나이를 예측할 수 있을지 확인해 보자.

〈표 3.6〉 Abalone 데이터셋의 변수

변수	설명
Sex	성별: M, F, I(유아)
Length	길이: 가장 긴 껍질을 측정(단위: mm)
Diameter	직경: 길이에 수직(단위: mm)
Height	높이(단위: mm)
Whole weight	전체 무게(단위: g)
Shucked weight	껍질을 벗긴 무게(단위: g)
Viscera weight	내장 무게(단위: g)
Shell weight	건조 후 껍질 무게(단위: g)
Rings	껍질의 고리 수(나이=껍질의 고리의 수에 1.5를 더한 값)

〈표 3.6〉은 Abalone 데이터셋의 특징에 대한 설명을 나타낸 표이다. 전복의 나이와 각 변수 사이에 어떤 상관관계가 있는지 확인해 보자.

Datasets 위젯을 사용하여 온라인 저장소에 있는 Abalone 데이터셋을 읽어오자. ❶ 캔버스에
Datasets 위젯을 추가한 후, 위젯 창을 열고 ❷ 위젯 창에서 Abalone을 검색하여 내려 받은 후,
데이터셋을 클릭한다.

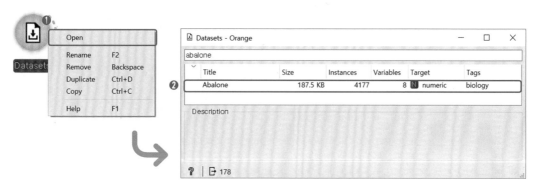

〈그림 3.37〉 Abalone 데이터셋 불러오기

❸ Data Table 위젯을 연결하여 데이터를 확인해 보자. ❹ 4,177개의 데이터 샘플이 있으며, 결
측치는 없다. 8가지 특징(sex, length, diameter, height, whole weight, shucked weight,
viscera weight, shell weight)이 있다. Rings는 타겟이며, 수치형 타입이다.

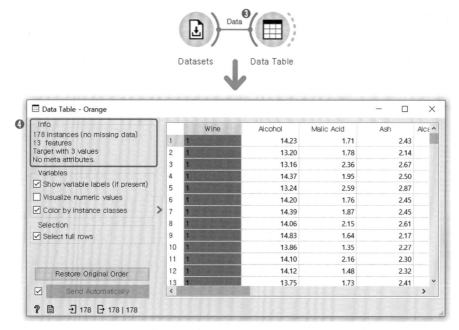

〈그림 3.38〉 Abalone 데이터셋 확인

데이터의 정보는 Data Info 위젯(Data 카테고리)을 통해서도 확인할 수 있다. ❺ Data Info 위젯을 Datasets 위젯과 연결하자〈그림 3.39〉.

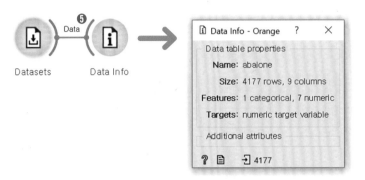

〈그림 3.39〉 Data Info 위젯을 통한 데이터 정보 확인

Data Info 위젯을 열어서 Features를 확인해 보자. 데이터셋의 이름, 크기, 특징 수와 타겟 수 등의 개략적인 정보를 알 수 있다. 특징은 1개의 범주형 변수, 7개의 수치형 변수로 구성되어 있고, 타겟은 수치형 변수다.

Step 2 전복의 나이와 특징들의 상관관계를 알아보자(Scatter Plot)

Scatter Plot(산점도) 위젯을 사용하여 Abalone 데이터를 시각화해 보자. 산점도는 두 개의 연속형 변수를 2차원 좌표에 배치하여 나타내는 것으로 두 변수 사이의 상관관계를 파악하는 데에 유용하다.

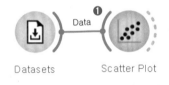

〈그림 3.40〉 Scatter Plot 위젯 연결

❶ Datasets 위젯의 오른쪽에 Scatter Plot 위젯을 연결한다. Scatter Plot 위젯은 Visualize 카테고리에 있다.

Scatter Plot 위젯 창을 열어보자〈그림 3.40〉. 왼쪽에는 사용자가 설정 가능한 여러 가지 옵션이 있고 오른쪽에는 산점도가 표시된다.

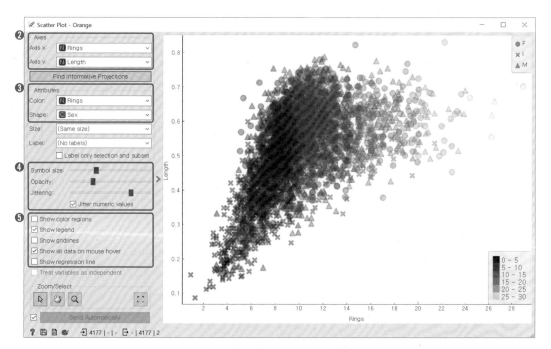

〈그림 3.41〉 Scatter Plot 위젯

산점도는 기본적으로 두 변수를 축으로 하는 2차원 공간에 데이터들을 점으로 표시하는 시각화 방법이다. ❷ Axes 옵션 그룹에서 Axis x를 'Rings'로, Axis y를 'Length'로 지정하자. 전복의 나이와 직접적으로 관련이 있는 'Rings' 변수와 전복의 길이를 나타내는 'Length' 변수와의 관련 성을 볼 수 있다. 전복은 나이가 많을수록 길이는 전반적으로 길어지는 경향성을 보인다.

처음 Scatter Plot 위젯을 열면 산점도가 흑백으로 표시되는데, ❸ Attributes 옵션 그룹에서 각 점의 색상과 모양, 크기 등이 데이터의 값과 연동되도록 지정할 수 있다. Color를 'Rings'로, Shape는 'Sex'로 지정하자. 성별, 나이별 분포를 산점도상에 시각적으로 표현할 수 있다.

❹ Attributes 옵션 그룹의 아래쪽에는 각 점의 크기, 투명도, Jittering 등을 조정하는 옵션 이 있다. 투명도(Opacity)와 Jittering을 조정하면 겹쳐져서 나타나는 데이터들의 분포를 확인 해 볼 수 있다. 특히, Jittering 옵션은 데이터에 랜덤 노이즈(Random noise)를 추가하는 것인 데, Jittering을 통해 산점도상에서 겹쳐지는 데이터들이 공간상에 흩뿌려지듯이 나타나게 된다. Jittering 옵션을 활성화시키려면 Jitter numeric values 체크박스에 체크해 주어야 한다.

❺ 가장 아래쪽 옵션은 범례를 표시하는 등의 기타 옵션이다. 산점도 우측 하단의 범례가 보이지 않는다면 'Show legend' 옵션에 체크하자. 격자선을 추가하려면 'Show grid line' 옵션을 활용

한다. 축에 사용되는 변수 이름, 각종 옵션 등을 조정하여 그래프의 변화를 확인해 보자.

Step 3 나이와 가장 연관성이 높은 특징은 무엇일까?(Correlation coefficient)

앞서 산점도를 사용해서 각 특징들과 나이 사이의 상관관계를 시각화해 보았으나, 숫자로 나타나는 값이 아니라 직관적으로 파악한 것이기 때문에 나이와 가장 높은 상관관계를 가지는지 특징을 파악하는 것은 쉽지 않다.

다행히, Scatter Plot 위젯에서는 이를 간단히 수치로 나타낼 수 있는 옵션을 제공한다. 먼저, ❶ Axes 옵션 그룹의 Axis x를 Rings로, Axis y를 Shell weight로 설정하고 ❷ Attributes 옵션 그룹에서는 색상을 Shell weight로 수정하자. ❸ 아래쪽의 Show regression line 체크박스를 클릭하여 체크하면 ❹ 우측 화면에 데이터와 함께 회귀선(Regression line)과 상관계수가 나타난다. 상관계수의 절댓값이 클수록 두 변수 사이의 연관성이 높은 것이며, 양수는 양의 상관관계, 음수는 음의 상관관계를 의미한다. 변수를 바꾸어 가면서 더 높은 연관성을 가지는 변수가 있는지 살펴보자. 나이와 가장 연관성이 높은 것은 껍질의 무게(Shell weight)로 상관계수는 0.63이다.

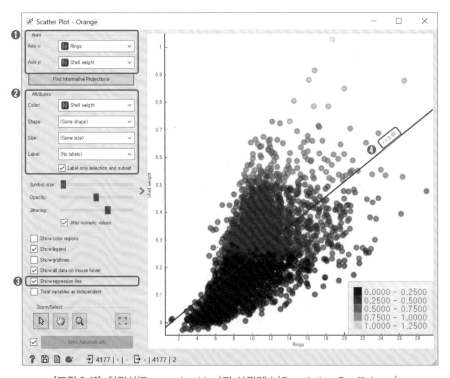

〈그림 3.42〉 회귀선(Regression Line)과 상관계수(Correlation Coefficients)

더 알아보기!

상관계수(Correlation Coefficients)

상관계수(Correlation Coefficients)는 두 변수 간의 연관성을 알려주는 지표다. 상관계수는 −1에서 1 사이의 값을 가지며, 크기(절대값)가 클수록 두 변수 간의 연관성이 높음을 나타낸다. 상관계수의 부호는 연관성의 방향을 의미한다.

키와 체중을 예로 들어보자. 보통 키가 클수록 체중도 높은 경우가 많으며, 키가 작다면 체중도 작은 경우가 많다. 이처럼, 한 변수의 값이 증가함에 따라 다른 변수의 값이 함께 증가한다면 상관계수를 양수로 표시하며, 반대로 한 변수의 값이 증가함에 따라 다른 변수의 값이 감소한다면 상관계수는 음수로 표기한다.

+1: 양의 상관, −1: 음의 상관, 0: 상관관계 없음

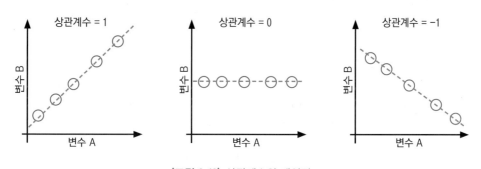

〈그림 3.43〉 상관계수와 데이터

3.4. 타이타닉 호의 생존자 데이터 분석(Mosaic Display)

데이터 준비

1912년 4월 15일, 당시 세계에서 손꼽히던 대형 증기선 RMS 타이타닉 호는 미국으로 향하던 중 빙산과 충돌하여 침몰하였다. 이 사건은 영화로 개봉되면서 다시 한 번 세계의 주목을 받게 되었고 이 영화는 아카데미 영화상 11개 부문에서 수상하며 이 사건은 세인들의 마음에 새겨졌다.

데이터 분석 측면에서 타이타닉 호의 생존자 통계는 몇 가지 살펴볼 만한 부분이 있다. 당시 1등실에 타고 있던 승객 중 어린이는 한 명을 제외하고는 모두 구조되었으나, 2등실에 탑승했던 남자 승객 중에서 구조된 사람은 극히 일부(168명 중 14명)에 불과하였다. 이것은 당시 배의 구조와 선실의 위치 그리고 여성

〈그림 3.44〉 타이타닉 영화 포스터

과 어린이를 우선하여 구명정에 탑승시킨 정책에 기인한 부분이 크다. 이번 장에서는 오렌지의 시각화 위젯을 사용하여 타이타닉 호에 탑승했던 사람들의 데이터를 분석해 보도록 하자.

〈그림 3.45〉 Titanic 데이터셋 불러오기

❸ Data Table 위젯을 연결하면 내려 받아 불러온 데이터를 확인할 수 있다. 2,201개의 데이터 샘플이 있으며, 결측치는 없다.

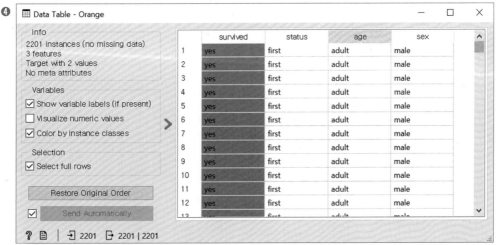

〈그림 3.46〉 Data Table 위젯으로 데이터셋 확인하기

Titanic 데이터셋에는 3개의 특징(status, age, sex)과 1개의 타겟 변수(survived)가 있다〈표 3.7〉. 각 탑승객의 생존(구조) 여부와 특징들 사이의 관계에 대해 알아보자.

〈표 3.7〉 Titanic 데이터셋의 변수

변수	설명
Status	탑승권의 종류(1/2/3등석, 선원)
Age	어린이/성인 여부
Sex	성별
Survived	생존(구조) 여부

Mosaic Display 위젯을 사용하여 각 특징과 타겟 사이의 관계를 분석해 보자. 먼저, ❶ Visualize 카테고리에 있는 Mosaic Display 위젯을 Datasets 위젯에 연결하고 ❷ Mosaic 위젯 창에서 상단의 2개 변수를 status와 age로 설정하자. ❸ 아래쪽의 Interior Coloring 옵션 그룹에서 survived를 선택하고 Compare with total은 체크를 해제하면 〈그림 3.47〉의 우측과 같은 결과를 확인할 수 있다.

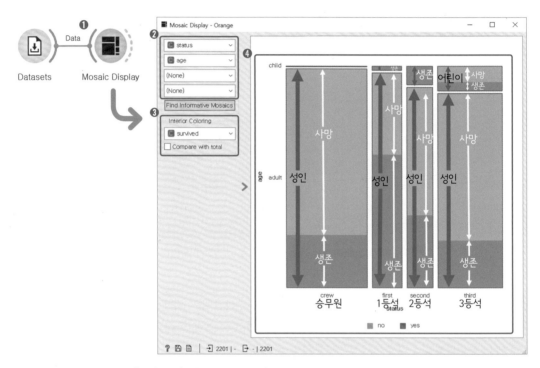

〈그림 3.47〉 탑승권 종류, 나이와 생존 여부 변수의 빈도 분석

모자이크 디스플레이의 결과는 다양한 크기의 상자로 표시된다. 〈그림 3.47〉에서는 x축의 status 변수가 4개의 값을 가지고 y축 변수가 2개의 값을 가지므로 총 8개(4×2)의 상자로 표시된다. 즉, x축이 4개, y축이 2개의 구간으로 분할되는 것이다. 이때, 각 축은 각 그룹의 빈도 비율에 맞추어 분할된다. 예를 들어, 1등석 승객(first)은 14.77%이므로 전체 길이가 100일 때 14.77의 길이가 되도록 분할된다. 즉, 각 상자의 너비는 해당 조건에 해당하는 데이터의 비율을 의미하게 된다.

위 그림으로부터 어린이 승객의 비율은 3등석이 가장 높으며, 승무원과 3등석 승객이 절반 이상의 비율을 차지하고 있는 것을 알 수 있다.

❸ Interior Coloring 옵션은 각 상자의 내부를 추가적으로 분할하고 싶을 때 사용한다. 위 그림에서는 Survived 변수로 설정하였으므로 각 그룹별 생존 비율을 직관적으로 확인할 수 있다. 1, 2등석에 탑승한 어린이 승객은 전원 생존하였으나, 3등석 어린이 승객의 경우에는 생존율이 상대적으로 낮았다.

이번에는 ❺ Mosaic Display 위젯 창의 변수 2개를 status와 sex로 설정하여 성별에 따른 차이를 확인해 보자. ❻ Interior Coloring 옵션 그룹에서 Compared with total 옵션을 체크하면 각 상자의 비율을 전체 비율과 비교할 수 있다〈그림 3.48〉.

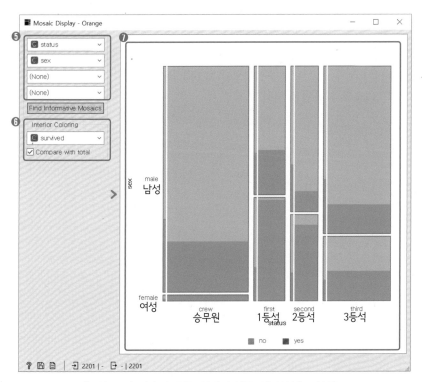

〈그림 3.48〉 탑승권 종류, 성별과 생존 여부의 빈도 분석

❼ 전반적으로 남성의 비율이 여성보다 높다. 하지만 여성 비율이 극단적으로 낮은 승무원을 제외하면, 탑승객의 남녀 비율이 그렇게 많이 차이가 나지는 않는 것을 볼 수 있다. 특히, 1등석 승객의 경우에는 남/여 비율이 비슷한 수준이다.

Compared with total 옵션은 각 상자의 왼쪽에 좁은 상자를 하나 더 만들어 전체 비율과 비교할 수 있게 해준다. 여기서 나타난 전체 비율은 Interior Coloring 옵션 그룹에서 선택된 생존 유무다. 여성 그룹은 탑승권 종류와 관계없이 전체 평균[5]보다 높은 생존율을 보였다. 특히, 승무원 및 1, 2등석 여성은 87% 이상(1등석의 경우 97%)의 높은 생존율을 보였다(각 상자에 마우스 포인터를 올리면 수치를 볼 수 있다).

남성들은 1등석 승객을 제외하고는 모두 전체 평균보다 낮은 생존율을 보였다. 가장 생존율이 낮은 그룹은 2등석 남성으로 약 14%의 생존율을 보였는데, 그 원인은 이 데이터만으로는 알기 힘들다.

한편, 이번 장의 실습에서 사용한 타이타닉 데이터셋은 원본 데이터[6]를 전처리(정제)한 것이다. 원본 데이터에는 더 많은 정보가 포함되어 있으나, 결측치 등 빠진 데이터들이 많아 그대로 사용하기 어려우므로 오렌지에서는 실습을 위해 이와 같이 정제된 데이터셋을 다수 제공하고 있다. 하지만 이와 같이 전처리가 완료된 데이터를 구하는 것이 항상 가능한 것은 아니므로, 데이터 분석을 본격적으로 하기 위해서는 데이터의 전처리 방법을 배워 둘 필요가 있다. 다음 장에서 데이터 전처리와 관련된 위젯의 사용법을 익혀 보자.

---

5) 엄밀하게 말하면 평균이 아니라 전체 데이터에 대한 생존 비율이다.

6) https://titanicfacts.net/titanic-passenger-list
   https://www.ggarchives.com/OceanTravel/Titanic/05-Manifests.html

오렌지로 쉽게 배우는 머신러닝과 데이터 분석

🔋 연습문제

1. 데이터 시각화의 장점에 대해 설명하시오.

2. 아래에 제시된 위젯은 오렌지의 Visualize 카테고리에 속해 있는 위젯이다. 각 위젯의 이름과 기능을 각각 설명하시오.

3. 아래에 제시된 그림은 Box Plot을 개념적으로 표시한 것이다. 각 항목 1) ~ 6)에 해당하는 용어의 이름과 뜻에 대해 설명하시오.

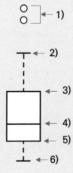

4. 이산화란 무엇이며, 데이터를 이산화하는 이유에 대해 설명하시오.

5. 상관계수가 −1, 0, +1인 데이터의 분포를 예를 들어 설명하시오.

6. 3.1장에서 사용한 음주운전 데이터셋에서 알코올 농도 단계별 및 성별에 따른 적발 횟수를 시각화하시오(Pivot Table 위젯 활용).

7. 3.2장에서는 Wine 데이터셋의 여러 가지 특징 중 Alcohol, Total phenols를 이용하여 와인의 품종을 구분하였다. 이 2가지 특징 외에 와인의 품종을 구별할 수 있는 특징에는 어떤 것이 있는지 시각화하여 분석하시오.

8. 3.3장에서는 Abalone(전복) 데이터셋의 Rings와 Shell weight 변수 간의 상관관계를 알아보았다. Rings와 나머지 변수 사이의 상관관계를 시각화한 후, 상관계수가 높은 순으로 변수를 나열하시오.

9. 3.4장에서 사용한 타이타닉 데이터에서 나이, 성별, 탑승권 등급별로 생존 여부 분석 결과를 정리하시오.

10. 공공데이터포털(https://www.data.go.kr)의 '한국교통안전공단_운전적성정밀검사결과 현황' 데이터셋을 내려 받고 1) ~ 3)의 단계별로 실습을 진행하여 데이터를 시각화한 후 분석하시오.

    1) 나이에 따른 운전적성정밀검사 현황 분석

    2) 성별에 따른 운전적성정밀검사 빈도 분석

    3) 주의전환에 따른 종합판정(합격/불합격) 현황 분석

오렌지로 쉽게 배우는 머신러닝과 데이터 분석

04

데이터 전처리

contents

04 데이터 전처리

데이터 분석의 여러 단계 중에서 데이터 과학자들이 가장 많은 시간을 소요하는 작업은 바로 데이터 전처리다. 대부분의 데이터에는 누락된 부분이 있거나 이상치 또는 잡음이 존재하기 때문에 데이터를 분석에 적합한 형태로 변형시키거나 불필요한 데이터를 제거하는 데이터 전처리 작업은 반드시 거쳐야 하는 과정이다. 데이터 분석을 위해 데이터 전처리 위젯들을 활용하는 방법을 익혀 보도록 하자.

4.1 우리나라에서 가장 더운 도시는?(Impute)

Step 1 데이터 준비

매년 여름이 되면 폭염으로 인한 찜통더위가 시작된다. 대한민국 소방청은 기상재해 중 폭염을 가장 큰 재해로 꼽는다. 폭염은 땀띠, 열사병, 열 경련, 화상 등의 온열질환을 유발할 수 있으며, 심하면 사망에 이른다.

폭염특보에는 폭염주의보와 폭염경보가 있는데, 폭염주의보는 일 최고 기온이 33℃, 폭염경보는 35℃ 이상인 상태가 2일 이상 지속될 것으로 예상될 때 내려진다. 폭염이 발

〈그림 4.1〉 폭염

생할 때는 최대한 야외 활동을 자제하고 피해를 사전에 예방할 수 있도록 미리 준비해야 한다. 우리나라 주요 도시에서 폭염이 발생한 빈도를 분석해 보자.

공공데이터포털(https://www.data.go.kr)에서는 2007년부터 2016년까지의 6개 도시와 전국 평균 폭염 일수를 제공한다. 포털에서 행정안전부 폭염 발생 현황 데이터셋을 검색하여 다운로드 버튼을 클릭하면 데이터를 받을 수 있다.

〈그림 4.2〉 공공데이터 포털에서 폭염 발생 현황 데이터셋 내려받기

❶ File 위젯을 캠퍼스에 넣고 더블클릭하여 위젯 창을 열자. ❷ [⬜ …] 버튼을 눌러 내려 받은 파일을 불러올 수 있다. 이 데이터셋은 8개의 특징(연도, 6개 도시별 및 전국 평균 폭염 일수) 변수로 구성되어 있으며, 10개의 인스턴스(2007~2016년)가 있다. ❸ Info 란을 통해 이 데이터에는 6.2%의 결측치가 존재하는 것을 알 수 있다. 결측치는 데이터가 누락된 것을 의미한다. ❹ 한편, 데이터의 타입은 모두 수치형으로 인식되지만, 용이한 분석을 위해 연도별 변수는 범주형 (categorical)으로 바꾸고 [Apply] 버튼을 눌러 적용한다.

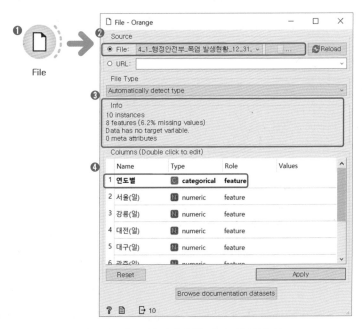

〈그림 4.3〉 폭염 발생 현황 데이터 불러오기

❺ File 위젯의 오른쪽에 Data Table 위젯을 연결하여 데이터를 확인해 보자. Variables 영역에는 체크할 수 있는 옵션이 3가지가 있는데 전부 체크한다. ❻ 결측치의 존재는 Data Table 위젯 창에서도 확인할 수 있다. ❼ Variables 옵션 그룹의 Visualize numeric values 옵션을 체크하면 각 데이터의 상대적인 크기를 변수별로 확인할 수 있다. 막대의 길이가 길수록 폭염 발생 횟수가 많고 짧을수록 적다. 막대의 길이를 비교해 보면 서울, 대전, 광주는 2016년도에 폭염 횟수가 가장 많았고 강릉, 대구, 부산은 2013년도에 가장 많았다. 전국의 데이터 상에서는 2016년도가 제일 폭염이 많이 발생했고 그다음으로는 2013년도에 많이 발생했다.

❽ 데이터 테이블에서 물음표(?)로 표시된 곳은 결측치다. 알 수 없는 이유로 데이터가 누락된 것이다. 대전은 2007년, 부산에서는 2007~2009년, 2014년의 값이 누락되었다.

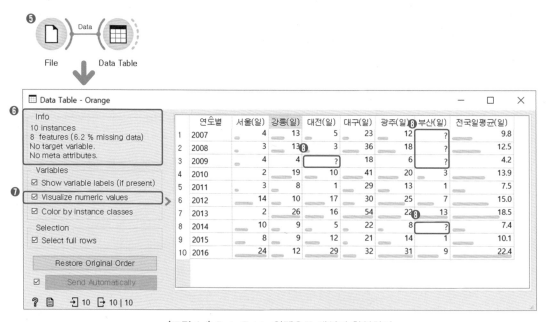

〈그림 4.4〉 Data Table 위젯으로 데이터 확인하기

Step 2 결측치 처리

❶ File 위젯의 오른쪽에 Impute 위젯을 연결한 후, 위젯 창을 열어보자. Impute 위젯은 Transform 카테고리에 있다. ❷ 위젯의 상단에 있는 Default Method 옵션 그룹에서 결측치를 처리하는 방법을 선택할 수 있다. 하단의 Individual Attribute Settings는 각 변수별로 처리하는 방법을 다르게 적용할 경우 활용하는 옵션이다. 여러 옵션 중 ❸ Remove instances with unknwon values를 선택하자. 이 옵션은 결측치가 발생한 인스턴스를 제거한다.

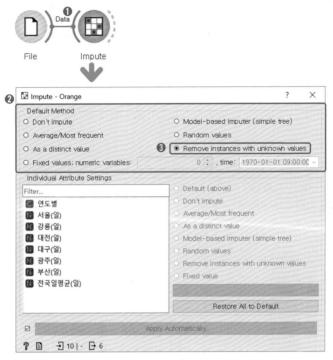

〈그림 4.5〉 Impute 위젯을 사용한 결측치 제거

❹ 결측치가 처리된 데이터는 데이터 테이블을 사용하여 확인할 수 있다. 결측치가 존재했던 2010년 이전 데이터 및 2014년 데이터가 모두 삭제되었다〈그림 4.6〉.

	연도별	서울(일)	강릉(일)	대전(일)	대구(일)	광주(일)	부산(일)	전국일평균(일)
1	2010	2	19	10	41	20	3	13.9
2	2011	3	8	1	29	13	1	7.5
3	2012	14	10	17	30	25	7	15.0
4	2013	2	26	16	54	22	13	18.5
5	2015	8	9	12	21	14	1	10.1
6	2016	24	12	29	32	31	9	22.4

〈그림 4.6〉 Impute 위젯을 사용한 결측치 제거

일반적으로 데이터가 충분히 많은 경우라면, 결측치를 처리하는 가장 좋은 방법은 해당 인스턴스를 삭제하는 것이다. 빠진 데이터를 예측하는 것은 그 자체로 쉽지 않은 일이며, 잘못 예측된 데이터는 잘못된 모델을 만들 수 있기 때문이다. 하지만 결측치가 포함된 데이터의 비율이 높은 경

우, 버려야 하는 데이터가 과도하게 많을 수 있다. 〈그림 4.6〉에서는 전체 데이터의 40%가 제거된 상황이다. 이런 경우에는 누락된 데이터를 예측하거나 임의로 지정하는 등의 방식으로 데이터를 사용할 수 있도록 할 수 있다.

데이터의 평균을 사용하여 결측치를 대체하는 것 또한 많이 사용되는 결측치 처리 방법이다. 〈그림 4.7〉을 살펴보면 대전과 부산에서 발생한 결측치가 해당 지역의 전체 평균으로 대체된 것을 알 수 있다.

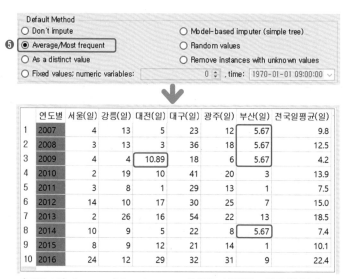

〈그림 4.7〉 Average/Most frequent 옵션을 사용하는 결측치 처리

결측치 처리에 있어 정답이 따로 존재하는 것은 아니다. 데이터의 특성을 충분히 고려하여 각 데이터에 맞는 방법을 찾아야 한다. 오렌지에서 제공하는 결측치를 처리하는 각 옵션에 대한 설명은 〈표 4.1〉과 같다.

〈표 4.1〉 결측치 처리 방법

결측치 처리 방법	설명
Don't Impute	아무것도 하지 않음
Average/Most frequent	평균값(연속형) 또는 최빈값(이산형)을 사용
As a distinct value	새로운 값으로 대체
Fixed values	고정된 값으로 대체
Model-based imputer	다른 특징으로 예측 모델을 만들어 가장 유사한 값을 선택
Random values	각 특징에 대한 값 분포를 계산한 후, 분포에서 무작위로 선택
Remove instances with unknown values	결측치가 포함된 데이터를 제거

〈그림 4.8〉은 변수별로 결측치 처리 방법을 다르게 설정한 예시다. 대전 데이터의 결측치는 평균으로, 부산 데이터의 결측치는 0으로 지정하여 처리하였다.

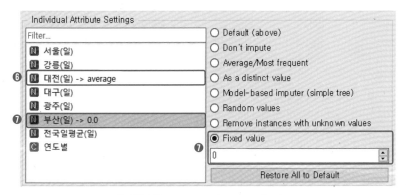

〈그림 4.8〉 Individual Attribute Settings

Step 3 결측치 처리 결과 확인(Bar Plot)

Visualize 카테고리의 Bar Plot 위젯을 사용하여 결측치 처리 결과를 확인해 보자. ❶ Bar Plot 위젯을 File 위젯 바로 다음에 연결하여 결측치가 처리되지 않은 원 데이터를 살펴보고 ❷ Bar Plot 위젯을 Impute 위젯 다음에 연결하여 결측치가 처리된 후의 결과를 확인하자.

Bar Plot 위젯의 설정은 〈그림 4.10〉과 같이 하면 된다. Values는 부산(일), Group by와 Color는 연도별로 지정하자. Impute 방법은 평균으로 설정한다.

〈그림 4.9〉 결측치 처리 결과 확인(Bar Plot)   〈그림 4.10〉 결측치 처리 결과 확인을 위한 Bar Plot 위젯 설정

결측치 처리 결과는 〈그림 4.11〉과 같다. 비어 있던 2010년 이전 및 2014년 데이터가 채워진 것을 확인할 수 있다.

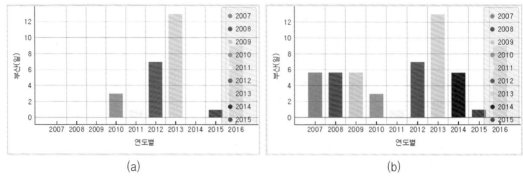

〈그림 4.11〉 결측치 처리 결과 비교. (a) 결측치 처리 이전 (b) 결측치 처리 이후

부산을 제외한 전체 도시의 폭염 일수 그래프는 〈그림 4.12〉와 같다. 대전의 2009년 데이터는 평균으로 채워진 것이다. 전국 평균 데이터 상으로 폭염 일수는 전반적으로 증가하는 추세로 보인다. 특히, 2012년부터 서울의 폭염 일수가 급증한 것이 눈에 띈다. 다만, 강릉과 대구의 경우 2013년에 폭염 일수가 급증했던 것을 제외하고는 뚜렷한 경향성은 나타나지 않는다. 대구는 2009년을 제외하고는 모든 해의 폭염 일수가 20일을 상회하며, 분석 대상 도시들 중 가장 더운 도시로 나타났다.

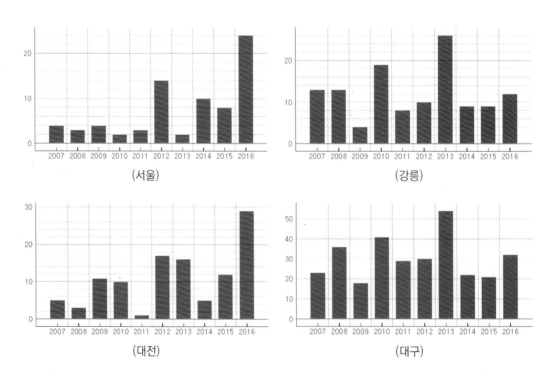

오렌지로 쉽게 배우는 머신러닝과 데이터 분석

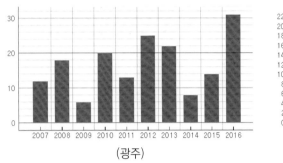
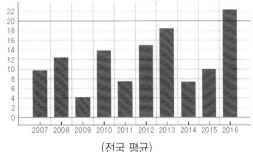

(광주)   (전국 평균)

〈그림 4.12〉 전국 폭염 현황(2007~2016년 결측치는 평균으로 채워짐)

4.2 전기자동차가 가장 활성화된 지역을 찾아보자(Melt)

 Step 1 데이터 준비

최근 전 세계적으로 환경/대기 오염에 대한 위기의식이 높아
지고 있다. 대기 오염 원인에는 여러 가지가 있으나, 그중 내
연기관 자동차의 배기가스가 대기 오염의 주원인으로 손꼽히
고 있으며, 우리나라를 포함하여 미국, 중국, 유럽연합에서
는 탄소중립을 목적으로 2035년부터 휘발유 등 내연기관 차
량의 판매를 금지하였다. 내연기관 자동차를 대체할 차세대
자동차로 전기자동차가 기대되고 있으며, 정부에서는 전기차
등의 구매자에게 보조금을 지원하여 환경오염 예방에 노력하고 있다.

〈그림 4.13〉 전기자동차

이번 절에서는 한국전력공사에서 제공하는 지역별 전기차 현황정보 데이터셋을 사용하여 연도별,
지역별 전기차 현황을 살펴보려고 한다.

공공데이터포털(https://www.data.go.kr)에서 '한국전력공사 지역별 전기차 현황 정보'를 검색하
고 데이터셋을 내려 받자. 데이터 목록에서 ⬇다운로드 버튼을 클릭하면 데이터를 받을 수 있다. 이
책에서 사용하는 데이터는 '한국전력공사_지역별 전기차 현황정보_20220429.csv'이다. 이 데이
터는 주기성 데이터이므로 새로운 파일이 업데이트되었을 수 있다. 파일명 뒤에 날짜를 확인하고
파일명이 다르다면, 주기성 과거 데이터 항목에서 일치하는 파일을 내려 받자.

〈그림 4.14〉 한국전력공사 지역별 전기차 현황정보 데이터셋 내려 받기

❶ 오렌지 프로그램의 캔버스에 File 위젯을 추가한다. File 위젯을 열고 ❷ [　☐ ⋯　] 버튼을 눌러 내려 받은 파일을 불러온다. ❸ 데이터셋에는 38개의 데이터 샘플이 있고 19개의 특징(기준일, 17개의 지역, 합계)이 있다.

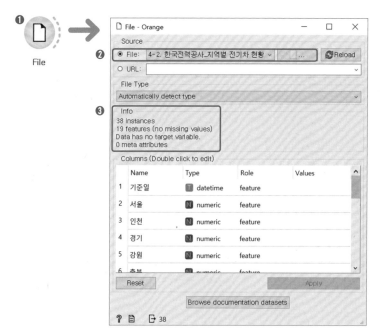

〈그림 4.15〉 지역별 전기차 현황정보 파일 불러오기

❹ File 위젯의 오른쪽에 Data Table 위젯을 연결하고 Data Table 위젯의 창을 열어서 데이터를 확인하자. 스크롤을 내려 보면 2019년 1월부터 2022년 3월까지의 전기자동차의 수가 지역별, 월별로 기입되어 있는 것을 알 수 있다.

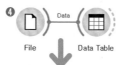

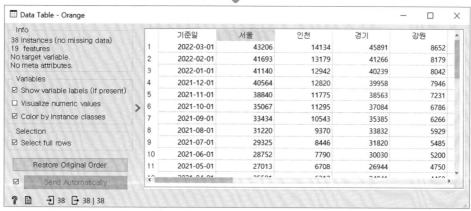

〈그림 4.16〉 데이터 확인

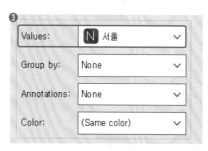

Step 2 시간 흐름에 따른 전기자동차 수의 변화 분석(Edit Domain & Bar Plot)

2019년부터 2022년까지 전기자동차 수의 변화를 살펴보자. File 위젯을 Bar Plot 위젯에 바로 연결하면 될 것 같지만, 그래프를 정상적으로 그리기 위해서는 Edit Domain 위젯이 필요하다. Bar Plot 위젯의 가로축 설정에는 Datetime 형식의 변수를 사용할 수 없기 때문인데, 이를 해결하기 위해서는 변수의 타입

〈그림 4.17〉 전기자동차 수의 변화를 보기 위한 위젯 연결

(Type)을 바꿔주는 Edit Domain 위젯(Data 카테고리)이 필요하다. ❶ File 위젯 다음에 Edit Domain 위젯을, ❷ Edit Domain 위젯 다음에 Bar Plot 위젯을 넣어 보자.

❸ Bar Plot 위젯 창의 설정에서 〈그림 4.18〉과 같이 Values 값을 '서울'로 지정하자.

Edit Domain 위젯 창에서는 ❹ Variables 옵션에서 '기준일' 변수를 선택한 후, ❺ 우측 Edit 옵션 그룹의 Type 옵션을 Categorical로 지정한다. 설정이 완료되면 ❻

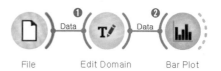

Apply 버튼을 눌러 변경사항이 적용되도록 한다.

〈그림 4.18〉 Bar Plot 창 설정 1

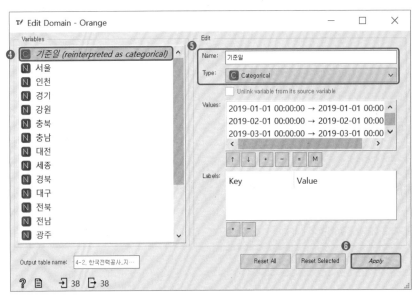

〈그림 4.19〉 Edit Domain 위젯 창의 설정

❼ Bar Plot의 위젯 창에서 Annotations를 기준일로 설정한다〈그림 4.20〉. 이 부분은 기준일 변수의 타입을 바꾸기 전까지 비활성화되어 있던 것이다. Edit Domain 위젯에서 변수 타입이 올바르게 변환되었다면, Bar Plot 위젯 창에서 〈그림 4.20〉과 같은 그래프를 확인할 수 있다. 가로축의 날짜가 표기되어 그래프를 읽는 것이 용이하다. Bar Plot으로부터 2019년 초부터 서울 시내 전기자동차의 수가 점진적으로 늘어나고 있음을 확인할 수 있다.

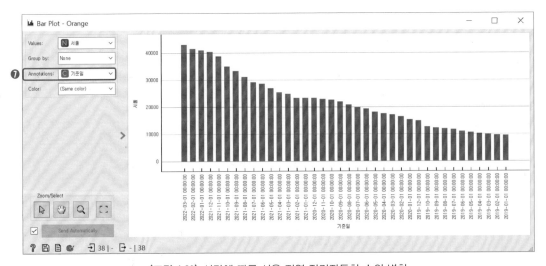

〈그림 4.20〉 시간에 따른 서울 지역 전기자동차 수의 변화

Step 3 여러 도시의 데이터를 하나의 그래프로 표시(Melt & Bar Plot)

〈그림 4.20〉의 그래프를 통해 도시별 전기자동차 수의 변화량을 알 수 있었지만, 여러 도시의 데이터를 한꺼번에 볼 수 없고 하나씩 따로 클릭해서 보아야 한다는 아쉬움이 있다. 이 문제를 해결하기 위해서는 Transform 카테고리의 Melt 위젯을 사용하면 된다. Melt 위젯은 옆으로 퍼져 있는 넓은(Wide) 형태의 데이터를 좁은(Narrow) 형태로 변환한다. ❶ Edit Domain 위젯과 Bar Plot 위젯 사이에 Melt 위젯을 추가하고 ❷ 변환된 데이터를 확인하기 위해 Melt 위젯 다음에 Data Table 위젯을 같이 연결한다〈그림 4.21〉.

❸ Melt 위젯 창에서는 Unique Row Identifier를 '기준일'로 설정하고 ❹ Names for generated features 옵션 그룹의 Item 이름을 '도시'로, Value를 '전기자동차 수로 지정한다.

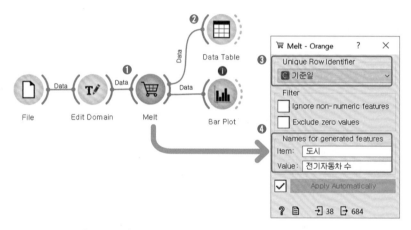

〈그림 4.21〉 데이터 형태 변환을 위한 Melt 위젯의 설정

Data Table 위젯을 더블클릭하면 Narrow 형태로 변환된 데이터를 확인할 수 있다〈그림 4.22〉. 서울, 인천, 경기 등은 Wide 형태에서의 변수 이름으로 사용되었으나, Narrow 형태에서는 새로운 변수(도시)의 데이터 이름으로 사용되었다.

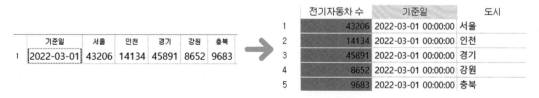

〈그림 4.22〉 데이터 형태 변환을 위한 Melt 위젯의 설정

Bar Plot 위젯을 더블클릭하고 ❺ Values를 '전기자동차 수', Color를 '도시'로 설정하면, 도시별 전기자동차 수를 한 눈에 볼 수 있다〈그림 4.23〉. 여러 도시의 정보를 한꺼번에 볼 수 있다는 점에서는 개선되었지만, 데이터의 개수가 많아져 모든 데이터가 그래프로 표시되지 못하고 있으며, 도시별 정보와 합계 정보가 함께 표시되어 도시별 그래프의 차이를 읽기 힘들다.

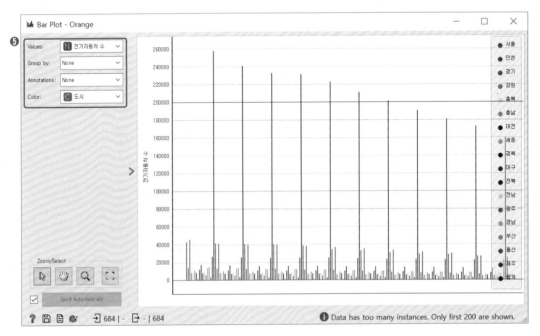

〈그림 4.23〉 도시별 전기자동차 수의 변화

Step 4 원하는 특징/연도의 데이터 추출(Select Columns/Rows)

여러 특징들 중 분석할 필요가 없는 특징이 있거나, 특정 기간의 데이터만 선택해서 분석해야 하는 상황이라면 어떻게 해야 할까? 데이터가 너무 많아 전체 데이터를 분석하기 어려운 경우, 특정 기간에 나타난 현황에 대한 분석 글을 작성해야 하는 등 여러 가지 상황이 있을 수 있다. 여기서는 2021년도의 데이터, 그중에서도 몇몇 도시들의 데이터만을 선택하고 해당 데이터만을 시각화해 보도록 하자.

Transform 카테고리의 Select Rows 위젯은 전체 데이터에서 특정 조건을 만족하는 데이터 샘플(인스턴스)만을 따로 떼어 내는 위젯이며, Select Columns 위젯은 분석이 필요한 특징을 선택하는 위젯이다. File과 Edit Domain 위젯 사이에 ❶ Select Rows 위젯과 ❷ Select Columns 위젯을 넣어 보자〈그림 4.24〉.

〈그림 4.24〉 도시별 전기자동차 현황을 분석하기 위한 전체 위젯 구성

Select Rows 위젯의 설정은 〈그림 4.25〉와 같이 한다. ❸ Add Condition 버튼을 눌러 조건을 추가한 후, Conditions 옵션 그룹의 기준 변수는 ❹ 기준일로, ❺ 규칙은 is between으로 지정하고 ❻ 날짜를 2021-01-01과 2021-12-31로 지정하여 2021년의 데이터만 선택되도록 하자.

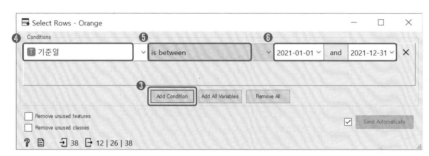

〈그림 4.25〉 Select Rows 위젯 설정

2021년도의 데이터를 모두 선택하는 대신 자신만의 규칙을 만들어 분석이 필요한 데이터만을 선택할 수 있다. ❺ 다른 규칙에 관한 설명은 〈표 4.2〉를 참고하자.

〈표 4.2〉 조건식 설명

조건식	설명
equals	기준값과 동일한 데이터만 추출
is not	기준값과 동일한 데이터를 제외한 데이터 추출
is below	기준값보다 값이 작은 데이터를 추출(기준값 포함하지 않음)
is at most	기준값과 제일 근사한 값의 데이터를 추출
is greater than	기준값보다 값이 큰 데이터를 추출(기준값 포함하지 않음)
is at least	최소한 기준값을 만족하는 데이터를 추출(기준값 포함)
is between	기준값 범위의 데이터를 추출(기준값 포함)
is outside	기준값 범위를 제외한 데이터를 추출(기준값 포함하지 않음)
is defined	원래 데이터 그대로 사용

Select Columns 위젯에서는 분석이 필요하지 않은 변수를 제거하거나, 변수의 형태를 바꾸어 줄 수도 있다. ❼ Features 및 ❽ Target 그룹에 있지만 관심이 없는 변수들은 해당 변수를 선택한 후 ‹ 버튼을 눌러 ❾ Ignore 그룹으로 이동시키자〈그림 4.26〉.

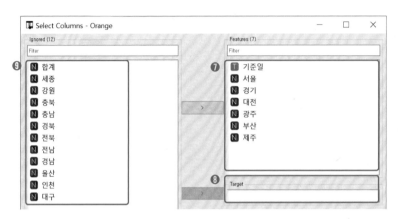

〈그림 4.26〉 Select Columns 위젯 연결

Bar Plot을 확인하기에 앞서, Edit Domain 위젯을 사용하여 분/초까지 표시되던 날짜의 표시 형식을 변경해 보자〈그림 4.27〉. ❾ 기준일 변수를 선택하고 ❿ 각 날짜를 2021-01 등과 같이 연/월만 표시되도록 수정한다. ⓫ 수정이 완료되면, Apply 버튼을 눌러 변경사항을 적용하도록 하자.

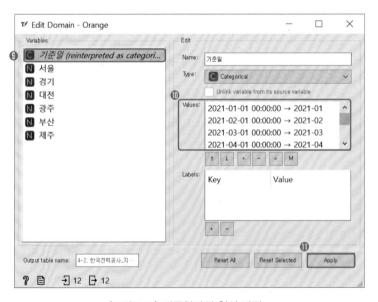

〈그림 4.27〉 기준일자의 형식 변경

Bar Plot 위젯을 열고 Group by 옵션을 기준일로 지정하면 〈그림 4.28〉과 같은 결과를 얻을 수 있다. 그래프로부터 서울, 경기도의 전기자동차 수가 지속적으로 증가하고 있으며, 대전/제주의 경우에는 그 증가폭이 상대적으로 작다는 것을 알 수 있다. 부산, 광주 등 지방의 전기자동차 수는 상대적으로 매우 적어 지방과의 차이 또한 크다.

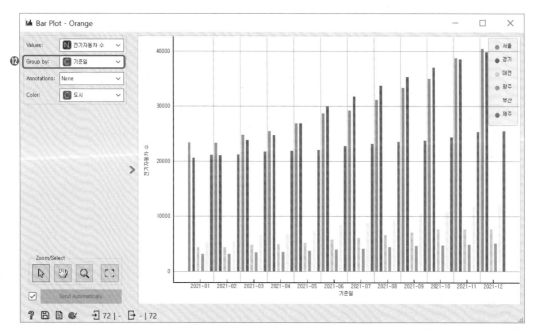

〈그림 4.28〉 주요 도시별 전기자동차 수의 변화

4.3 보이스피싱은 줄어들고 있을까?(Formula)

Step 1 데이터 준비

보이스피싱이란 음성(Voice)과 피싱(Phishing)이란 단어가 합쳐져서 만들어진 신조어로, 금융/공공/수사 기관 또는 가족/지인을 사칭하여 불법적으로 개인의 금융정보를 빼내 범죄에 이용하는 행위다.

보이스피싱 수법은 날로 지능화되고 고도화되고 있어 금융거래 시에는 항상 주의를 기울여야 한다. 출처가 확인되지 않

〈그림 4.29〉 보이스피싱

은 메시지 또는 인터넷 주소를 클릭하거나, 어플을 설치해선 안 되며, 국제전화 또는 자동응답시스템을 사용할 때는 항상 주의해야 한다. 정부기관 사칭, 저금리 대출을 위한 고금리 대출 권유, 채용을 전제로 개인 금융정보 요구, 가족 및 지인의 갑작스런 금전 요구, 납치 및 협박 전화 등이 발생하는 경우에는 가장 먼저 보이스피싱을 의심해 보는 것이 좋겠다.

이번 장에서는 공공데이터포털에 있는 '경찰청 보이스피싱 현황' 데이터셋을 사용하여 국내 보이스피싱 현황을 살펴보도록 하자. 공공데이터포털에서 경찰청 보이스피싱 현황을 검색하고 일치하는 항목을 찾아서 오른쪽 아래에 ⬇다운로드 버튼을 클릭한다. 책의 실습에서 사용하는 데이터는 '경찰청_보이스피싱 현황_20221231.csv' 파일이다. 파일명의 날짜가 다르다면 과거 데이터 항목에서 해당 파일을 찾아 내려 받도록 하자.

〈그림 4.30〉 경찰청 보이스피싱 현황 데이터셋 내려 받기

❶ 캔버스에 File 위젯을 추가하고 ❷ 위젯 창에서 ⬜⬜... 버튼을 눌러서 내려 받은 파일을 불러오자. Info 영역을 보면 5개의 데이터 샘플, 9개의 특징이 있으며, 결측치는 없다. ❸ '구분'은 연도를 나타내는 변수인데, 시각화 등을 위해 범주형(Categorical)으로 바꿔주자.

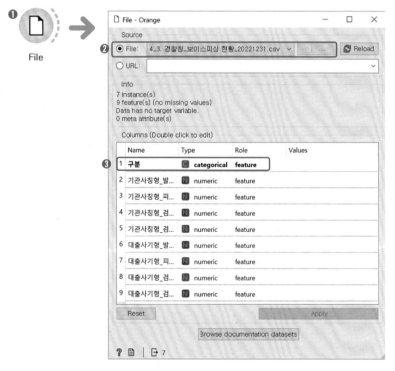

〈그림 4.31〉 보이스피싱 현황 데이터셋 불러오기

❹ 데이터를 확인하기 위해 Data Table 위젯을 연결한다. 이 데이터셋에는 2016년부터 2022년까지의 보이스피싱 현황이 들어 있다. 보이스피싱의 유형은 크게 기관사칭형과 대출사기형으로 나뉜다. 각 유형별로 발생 건수, 피해액, 검거 건수, 검거 인원의 데이터가 들어있다〈그림 4.32〉. 두 유형의 발생 건수가 각각 기록되어 있으나, 총 발생 횟수는 따로 기입되어 있지 않아 시각화 등을 할 때 조금 불편하다.

	구분	기관사칭형_발생건수	기관사칭형_피해액_억원	기관사칭형_검거건수	기관사칭형_검거인원	대출사기형_발생건수
1	2016	3384	541	3860	5682	13656
2	2017	5685	967	3776	4925	18574
3	2018	6221	1430	4673	5491	27911
4	2019	7219	2506	5487	6045	30448
5	2020	7844	2144	4297	4797	23837
6	2021	7017	1741	1954	1895	23965
7	2022	8930	2077	4103	4500	12902

〈그림 4.32〉 보이스피싱 현황 데이터셋의 확인

두 유형의 보이스피싱 통계를 합산해서 볼 수 있도록 총 발생 건수, 총 피해액, 총 검거 건수, 총 검거 인원 이렇게 4가지 열을 만들어 보자. Transform 카테고리의 Formula 위젯은 기존 변수를 조합하여 새로운 특징을 만드는 위젯이다. ❶ Formula 위젯을 File 위젯과 연결하자〈그림 4.33〉.

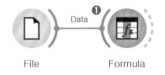

〈그림 4.33〉 Formula 위젯 연결

❷ 드롭다운 메뉴인 ⬛ New ▾ 버튼을 눌러 새로 만들 변수의 데이터 타입을 선택할 수 있다. 이번에 다루는 변수는 모두 수치형이므로 ❸ Numeric을 선택하자. 오른쪽 영역이 활성화되는 것을 확인할 수 있다.

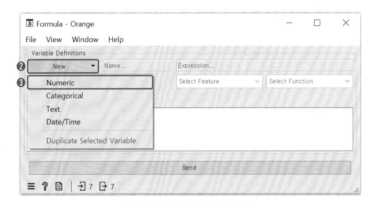

〈그림 4.34〉 데이터 타입 선택

❹ 새로운 변수의 이름을 Name... 에, 변수의 정의를 Expression... 에 작성하면 된다. 이름은 '총 발생건수', 정의는 '기관사칭형_발생건수 + 대출사기형_발생건수'로 하자. ❺ 변수의 이름은 바로 아래에 있는 Select Feature를 이용하여 간편하게 작성할 수 있다. ❻ Select Feature에서 기관사칭형_발생건수를 선택하면 Expression에 변수명이 나타난다〈그림 4.35〉. 적힌 변수명 뒤에 '+'를 입력한 다음, Select Feature를 한 번 더 클릭해서 대출사기형_발생건수를 선택하면 된다.

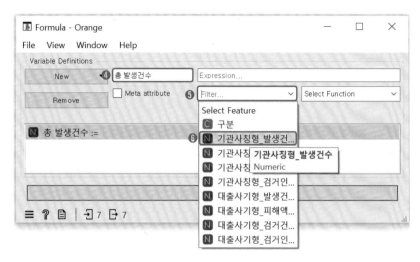

〈그림 4.35〉 새로운 변수 생성 (1)

변수 정의를 ❼과 같이 적으면, ❽ 변수 현황을 아래쪽에서 볼 수 있다. ❾ Send 버튼을 누르면 변수 생성이 완료된다.

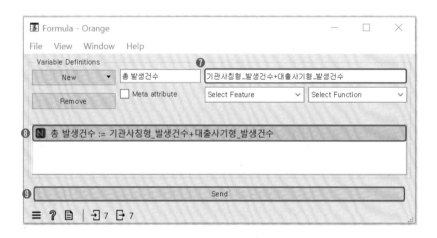

〈그림 4.36〉 새로운 변수 생성 (2)

다른 변수들도 추가해 보자. ⬛ New ⬛ 메뉴를 반복해서 사용하면 여러 개의 변수를 추가할 수 있다. ❿ 총 피해액, 총 검거 건수, 총 검거 인원에 대한 식을 정의하고 ⓫ Send 버튼을 누른 다〈그림 4.37〉.

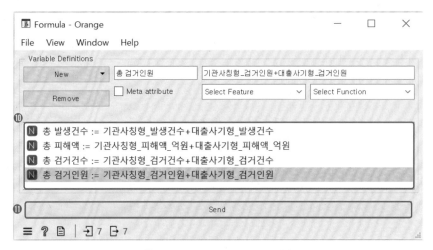

〈그림 4.37〉 새로운 변수 생성 (3)

❷ Bar Plot 위젯을 Formula 위젯과 연결하여 보이스피싱 현황을 파악해 보자. ❸ Bar Plot 위젯 창에서 Values를 살펴볼 변수의 이름으로, Group by를 '구분'으로 설정하자〈그림 4.38〉.

〈그림 4.38〉 새로운 변수 생성 (4)

연도별 보이스피싱 현황〈그림 4.39〉을 살펴보면 보이스피싱 범죄는 2016년부터 급격히 증가하기 시작하여 2019년 이후로 감소하는 추세인 것을 알 수 있다. 보이스피싱으로 인한 피해액은 2021년까지 계속 증가하여 보이스피싱의 사건별 피해 규모가 계속 커졌으나, 2022년에는 피해액 또한 대폭 감소하였다.

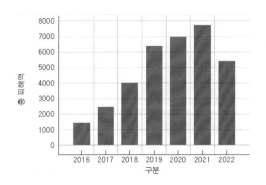

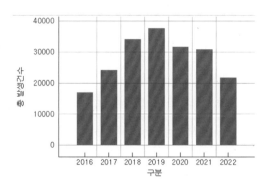

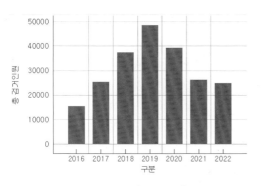 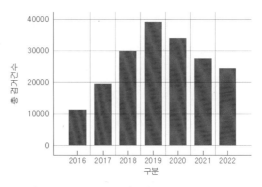

〈그림 4.39〉 연도별 보이스피싱 현황(피해액은 억 원 단위)

4.4 감기에 제일 많이 걸리는 지역은 어디?(Merge Data, Concatenate)

Step 1 데이터 준비

매년 환절기가 되면 전국적으로 감기 환자가 급증한다. 사계절이 뚜렷한 우리나라의 특성상, 갑자기 바뀌는 날씨에 몸이 적응을 잘 하지 못하기 때문이다. 그렇다면 환절기에는 평소보다 얼마나 많은 사람이 감기에 걸리는지 알 수는 없을까? 감기에 걸릴 가능성은 지역별로 차이가 있을까?

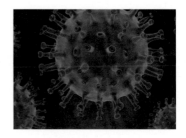

〈그림 4.40〉 감기 바이러스

국민건강보험공단에서는 관심도가 높은 4대 질병(눈병, 천식, 감기, 피부염)에 대한 과거 진료 건수를 제공하고 있다. 이번 장에서는 이 데이터를 사용하여 시기별, 지역별 유병률을 분석해 보도록 하자.

공공데이터포털(https://www.data.go.kr)에서 '국민건강보험공단_진료건수 정보'를 검색하고 일치하는 항목의 ⬇다운로드 버튼을 클릭하여 데이터를 내려 받는다. 이번 실습에서 사용하는 파일의 이름은 '국민건강보험공단_진료건수 정보_221031.zip'이다. 이 데이터는 주기적으로 업데이트되는 데이터이므로 파일의 날짜를 확인하자. 파일명이 다르다면 과거 데이터 리스트에서 일치하는 파일을 찾아 내려 받을 수 있다.

〈그림 4.41〉 국민건강보험공단 진료건수 정보 데이터셋

내려 받은 파일은 zip 형식으로 압축되어 있으므로 압축을 풀어 사용해야 한다. ❶ 파일 위로 마우스 커서를 옮기고 마우스 오른쪽 버튼을 누르면 메뉴가 나온다. ❷ 압축 풀기를 선택해서 압축을 풀자.

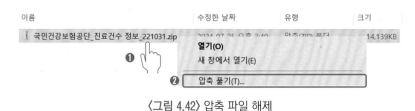

〈그림 4.42〉 압축 파일 해제

압축이 풀린 폴더 안에는 총 10개의 csv 파일이 들어 있다〈그림 4.43〉. 이 중, '지역코드' 파일은 지역의 이름과 코드 번호를 나열해 둔 데이터이며, '진료정보' 파일은 시/도 또는 시/군/구별로 4개 질병의 진료 횟수가 기입된 데이터다. 이번 장에서는 시/도별 진료 정보와 지역코드 파일을 사용하여 데이터를 분석할 것이다.

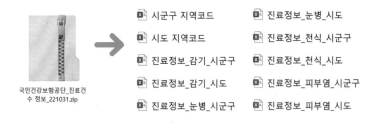

〈그림 4.43〉 데이터셋 파일의 압축 해제

본격적으로 데이터를 분석하기에 앞서, 각각의 파일을 엑셀로 열어 데이터를 확인해 보자. 진료정보 파일과 지역코드 파일은 〈그림 4.44〉와 같은 형태를 가진다. 진료정보 파일에는 각 질병의 발생 건수가 지역별, 날짜별로 기입되어 있는데, 지역은 이름 대신 숫자로 된 코드로 저장되어 있다. 각 코드가 어느 지역을 나타내는지는 지역코드 파일을 살펴보아야 한다. 지역코드 파일에는 각 코드별 지역 명칭이 기입되어 있다.

	A	B	C
1	날짜	시도지역코드	발생건수(건)
2	2014-01-01	11	5992
3	2014-01-01	26	3158
4	2014-01-01	27	2190
5	2014-01-01	28	3426
6	2014-01-01	29	2635
7	2014-01-01	30	2861
8	2014-01-01	31	1381
9	2014-01-01	41	13646
10	2014-01-01	42	1101
11	2014-01-01	43	2322
12	2014-01-01	44	2993
13	2014-01-01	45	4076
14	2014-01-01	46	4657
15	2014-01-01	47	2574
16	2014-01-01	48	4107
17	2014-01-01	49	1506
18	2014-01-01	99	58653

(a)

	A	B
1	시도 지역코드	지역명
2	11	서울
3	26	부산
4	27	대구
5	28	인천
6	29	광주
7	30	대전
8	31	울산
9	41	경기
10	42	강원
11	43	충북
12	44	충남
13	45	전북
14	46	전남
15	47	경북
16	48	경남
17	49	제주
18	99	전국

(b)

〈그림 4.44〉 (a) 진료정보(감기) (b) 지역코드(시도)

Step 2 이름으로 지역 표기(Merge Data)

진료정보에 있는 지역코드를 시/도의 이름으로 변경하려면 Transform 카테고리에 있는 Merge 위젯을 사용하여야 한다. Merge Data 위젯은 두 개의 데이터를 가로축(Horizontal)으로 병합하는 위젯으로 두 데이터 사이에는 공통된 변수가 있어야 한다.

2개의 File 위젯을 사용하여 '진료정보_감기_시도.csv' 파일과 '시도지역코드.csv' 파일을 읽어오자〈그림 4.45〉. 두 데이터 모두 '시도지역코드'가 변수로 존재한다.

〈그림 4.45〉 감기 진료정보와 지역코드 읽어오기

❸ 데이터셋을 구분하기 위하여 두 File 위젯의 이름을 각각 감기와 시도 지역코드로 변경하자. 위젯에 마우스 오른쪽 버튼을 클릭하면 팝업 메뉴가 나타나는데, 이 메뉴에서 Rename을 클릭하면 이름을 변경할 수 있다. 또는 위젯을 클릭한 후 F2 키를 눌러도 된다.

감기　　시도 지역코드

〈그림 4.46〉 이름 변경

❹ Merge Data 위젯을 추가하고 두 개의 파일 위젯(감기, 시도 지역코드)과 연결하자. 감기는 ❺ Merge Data 위젯의 Data에, ❻ 시도 지역코드는 Extra Data에 연결되어야 한다. Merge Data 위젯의 Data 입력은 기준이 되는 데이터를 의미한다. 이 데이터를 기준으로 하여 매칭되는 Extra 데이터를 추가하는 것이다. 두 데이터의 연결 방법이 달라지면, 결과 또한 전혀 다르게 나오므로 연결되는 입력에 주의하자.

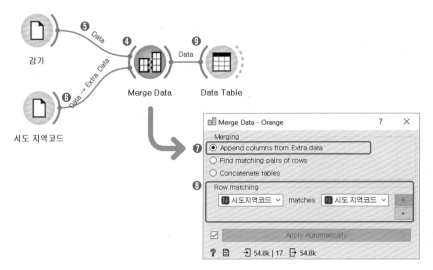

〈그림 4.47〉 Merge Data 위젯의 사용

Merge Data의 위젯 창에서는 두 가지 옵션을 선택할 수 있다. 먼저 Merging 옵션은 데이터를 결합하는 방식을 의미한다. ❼ 여기에서는 'Append columns from Extra data'를 선택하여 Extra 데이터를 변수로 추가하도록 하자. 데이터를 어떤 식으로 결합할 것인지에 따라 다른 옵션을 선택할 수도 있다〈표 4.3〉.

〈표 4.3〉 Merge Data 위젯의 Merging 옵션

옵션	설명
Append columns from Extra data	추가 데이터의 열 추가(왼쪽 조인): Data의 모든 행은 출력되며, Data를 기준으로 일치하는 행의 Extra Data의 열이 출력된다. Extra Data에서 일치하는 행이 없는 경우에는 '?'로 출력된다.
Find matching pairs of rows	일치하는 행 쌍 찾기(내부 조인): Data와 Extra Data에서 일치하는 행만 출력된다. 일치하는 행이 없는 행은 출력에서 제거된다.
Concatenate tables	테이블 연결(외부 조인): Extra Data의 모든 행은 출력되며, Extra Data를 기준으로 일치하는 Data의 열이 출력된다. Data에서 일치하는 행이 없는 경우에는 '?'로 출력된다.

❽ Row matching은 두 데이터가 공유하는 변수를 설정하는 옵션이다. 변수 두 개를 선택해야 하는데, 여기서는 '시도지역코드' 또는 '시도 지역코드'로 변경한다. ❾ Data Table 위젯을 연결하면 하나로 합쳐진 데이터를 확인할 수 있다〈그림 4.48〉. 코드로만 표기했을 때에 비해 데이터의 가독성이 높아졌다.

〈그림 4.48〉 지역명이 코드와 함께 기입된 감기 데이터

지금까지 감기 데이터에 나타난 지역코드를 지역명과 함께 테이블로 만드는 작업을 수행했으나, 여전히 천식, 눈병 등의 데이터는 별도로 분리되어 있어 데이터를 다각도로 분석하기가 어렵다. 여기에서는 Concatenate 위젯을 이용하여 각각의 데이터를 하나로 묶어 보도록 하자.

Concatenate 위젯은 2개 또는 그 이상의 데이터셋을 세로 방향으로 병합하는 위젯이다. 이 위젯은 Transform 카테고리에 있다.

❶ 캔버스에 File 위젯을 4개 추가하고 위젯 이름을 감기, 눈병, 천식, 피부염으로 변경하자. File 위젯별로 〈표 4.4〉를 참고하여 해당하는 데이터셋 파일을 선택하면 된다.

〈그림 4.49〉 File 위젯 4개

〈표 4.4〉 File 위젯별 Source File

File 위젯 이름	Source File
감기	진료정보_감기_시도.csv
눈병	진료정보_눈병_시도.csv
천식	진료정보_천식_시도.csv
피부염	진료정보_피부염_시도.csv

4개 데이터를 합치기 위해서는 ❷ Concatenate 위젯을 추가한 후 4개의 File 위젯(감기, 눈병, 천식, 피부염)과 연결하면 된다〈그림 4.50〉. ❸ 위젯 간의 연결은 모두 Data에서 Additional Data로 지정한다. ❹ Data Table 위젯을 연결하면 병합된 데이터를 확인할 수 있다.

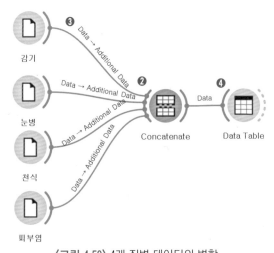

〈그림 4.50〉 4개 질병 데이터의 병합

❺ Concatenate 위젯 창에서는 Variable Merging과 Source Identification을 설정한다. 먼저, Variable Merging은 병합 방법을 의미한다. all variables that appear in input tables 옵션은 입력 테이블의 열을 모두 사용하되, 누락된 변수가 있다면 물음표로 표시한다. only variables that appear in all tables 옵션은 모든 데이터셋에 공통적으로 존재하는 변수만 사용한다. 여기서는 all variables that appear in input tables 옵션을 선택한다.

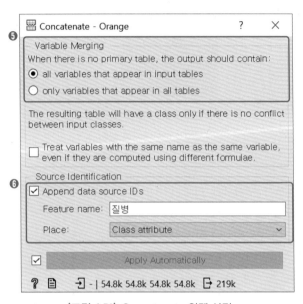

〈그림 4.51〉 Concatenate 위젯 설정

Source Identification 옵션 그룹은 데이터를 병합할 때, 각 인스턴스가 어느 데이터에서 유래된 것인지를 표기할 수 있도록 해 준다. 여기서는 Append data sourceIDs에 체크하고 Feature name에는 '질병'이라고 기입한다. Feature name은 데이터가 어디에서 온 것인지를 나타내는 변수의 이름이다. Place는 Class attribute를 선택한다. Class attribute는 이 변수를 범주형으로 사용하겠다는 의미이다.

Data Table 위젯 창을 열어보면 하나로 합쳐진 데이터를 확인할 수 있다. '병명' 변수가 새롭게 추가되어 있으며, 이 변수의 값을 통해 각 질병의 발생 건수가 어떤 병에 대한 것인지를 파악할 수 있다.

〈그림 4.52〉 병합된 데이터

이 데이터에는 지역코드가 수치로만 기입되어 있고 도시의 이름이 빠져 있어 직관적인 파악이 어렵다. ❼ Merge Data 위젯을 추가하고 ❽ 시도 지역코드 위젯과 연결한다. ❾ 이때, 연결은 Data에서 Extra Data로 이루어져야 한다. Merge Data의 설정은 Step 2와 동일하게 하면 된다.

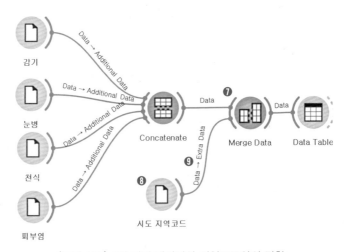

〈그림 4.53〉 4개 질병 데이터와 지역코드와의 결합

Data Table 위젯을 열어 변화를 확인해 보자. '지역명' 변수가 새롭게 추가되어, 코드로만 표기되었을 때보다 쉽게 현황을 파악할 수 있다.

	질병	지역명	날짜	시도지역코드	발생건수(건)
1	진료정보_감기_시도	서울	2014-01-01	11	5992
2	진료정보_감기_시도	부산	2014-01-01	26	3158
3	진료정보_감기_시도	대구	2014-01-01	27	2190
4	진료정보_감기_시도	인천	2014-01-01	28	3426
5	진료정보_감기_시도	광주	2014-01-01	29	2635
6	진료정보_감기_시도	대전	2014-01-01	30	2861
7	진료정보_감기_시도	울산	2014-01-01	31	1381
8	진료정보_감기_시도	경기	2014-01-01	41	13646
9	진료정보_감기_시도	강원	2014-01-01	42	1101
10	진료정보_감기_시도	충북	2014-01-01	43	2322

〈그림 4.54〉 4개 질병 데이터와 지역코드와의 결합

Step 4 년/월별 진료 횟수 시각화

이번에는 년/월별 진료 횟수를 시각화해 보도록 하자. 위젯의 구성은 지금까지 실습한 위젯들을 함께 사용해야 한다. 〈그림 4.55〉를 참조하여 위젯을 연결하자. ❶ Merge Data 위젯 뒤에 Edit Domain, Formula, Select Rows, Pivot Table, Formula, Bar Plot 위젯을 순서대로 연결하면 된다.

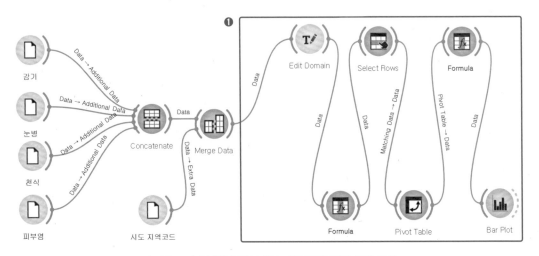

〈그림 4.55〉 년/월별 진료 횟수 시각화를 위한 위젯 구성

Edit Domain 위젯의 설정은 〈그림 4.56〉과 같이 하여 2개 변수의 Type을 바꾼다. ❷ 날짜를 Text 형으로, ❸ 지역명을 Categorical 형으로 수정하자. 각 변수를 선택한 후, 오른쪽에 있는 Edit 옵션 그룹에서 Type 옵션을 수정하면 된다. 수정 후에는 아래쪽의 Apply 버튼을 눌러 변경사항을 적용해 주어야 한다.

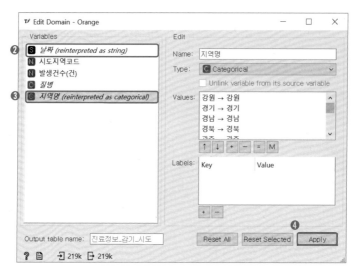

〈그림 4.56〉 Edit Domain 위젯 설정

첫 번째 Formula 위젯의 설정은 〈그림 4.57〉과 같이 한다. ❺ New 메뉴를 누르고 Categorical 타입의 변수를 추가한 후, ❻ 이름을 '년월'로, ❼ 특징의 정의는 '날짜[:7]'로 한다. [:7]은 Text형 변수의 처음 7개 글자만을 사용한다는 뜻이다. 2021-01과 같이 연도, 월 정보만 추출된다. ❽ Send 버튼을 눌러 정의된 변수를 생성하자.

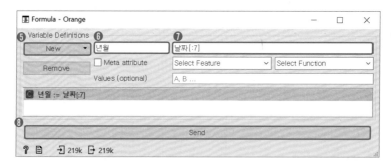

〈그림 4.57〉 Formula 위젯 설정

Select Rows 위젯의 설정은 〈그림 4.58〉과 같이 한다. ❾ Add Condition 버튼을 눌러 조건을 추가하고, ❿ 조건은 '지역명', 'is not', '전국'으로 설정한다. 전국 데이터는 데이터의 단위가 커서 막대그래프에서 결과를 확인하기 어렵기 때문이다.

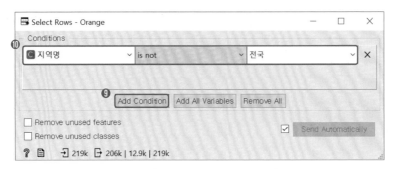

〈그림 4.58〉 Select Rows 위젯 설정

Pivot Table 위젯은 많은 수의 데이터를 입력으로 받아 특정 그룹에 대한 통계 테이블을 생성해 준다. ⑪ Rows는 '년월', ⑫ Columns는 '질병', ⑬ Values는 '발생건수'로 설정하고, ⑭ Aggregations 그룹에서 Mean에만 체크하자(나머지 항목은 체크를 해제한다〈그림 4.59〉). 창 우측에서 결과를 확인할 수 있다.

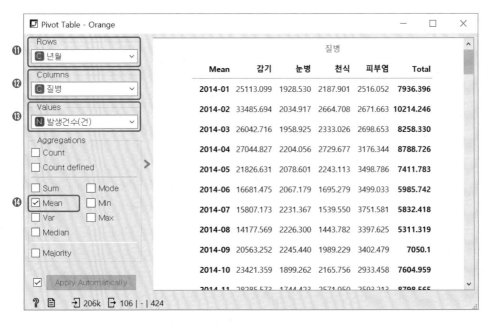

〈그림 4.59〉 Pivot Table 위젯 설정

두 번째 Formula 위젯에서는 년/월로 합쳐져 있는 정보를 연도와 월로 분리한다. New 버튼을 눌러 Categorical 타입의 변수를 2개 만들어야 한다. ⑮ 첫 번째 변수의 이름은 '년', 정의는 '년

월[:4]', 두 번째 변수의 이름은 '월', 정의는 '년월[5:7]'이다. '[5:7]'은 Text 타입 변수의 5번째부터 6번째까지의 글자를 의미한다. 두 변수 모두 올바르게 정의하였다면, ⑯ Send 버튼을 눌러 변수를 생성하자.

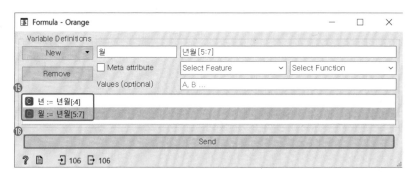

〈그림 4.60〉 두 번째 Formula 위젯 설정

Bar Plot의 설정은 〈그림 4.61〉과 같이 하자. Values는 확인하고 싶은 질병의 이름을, Group by는 '년', Annotations는 '월', Color는 '년'으로 지정하여 시각적으로 결과가 뚜렷하게 확인할 수 있게 한다.

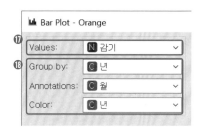

〈그림 4.61〉 Bar Plot 위젯 설정

〈그림 4.62〉는 2014년부터 2022년 10월까지의 4대 질환(감기, 천식, 눈병, 피부염)으로 병/의원으로부터 진료 받은 평균 환자 수(일 평균)를 막대그래프로 표시한 것이다.

그래프에서 잘 나타나듯, 4대 질병 모두 뚜렷한 주기성을 보여주고 있다. 감기와 천식은 봄(3~5월)에 한 차례 환자 수가 증가한 후, 여름(6~8월)에 환자 수가 줄어들었다가 9월부터 다시 환자 수가 급증하는 경향을 보였다. 연도별 특성 또한 나타나는데, 겨울철 감기 환자 수가 적은 2014, 2015년에는 각각 에볼라, 메르스 바이러스에 대한 위기감이 높았다. 2020년 3월 코로나19 바이러스에 대한 위기감이 고조되던 때부터는 감기 및 천식 환자 수가 급감하였다가 2021년 가을부터 다시 환자가 늘어나기 시작해서 2022년 10월까지 계속 증가 추세에 있었다.

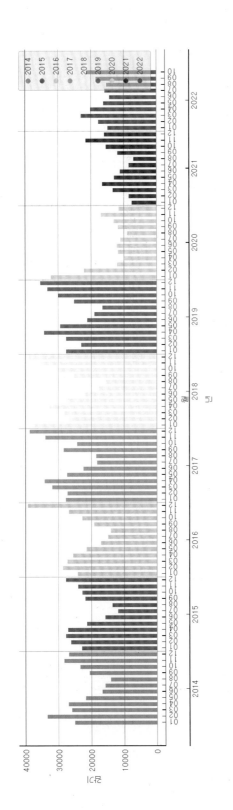
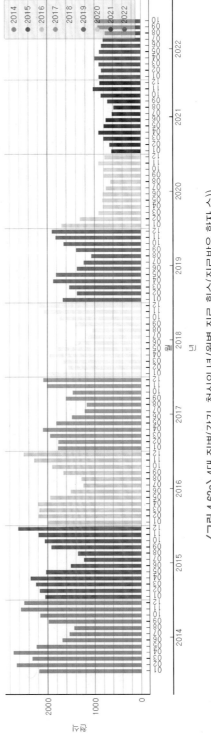

〈그림 4.62a〉 4대 질병(감기, 전석이의 녀/월별 진료 횟수(진료받은 환자 수))

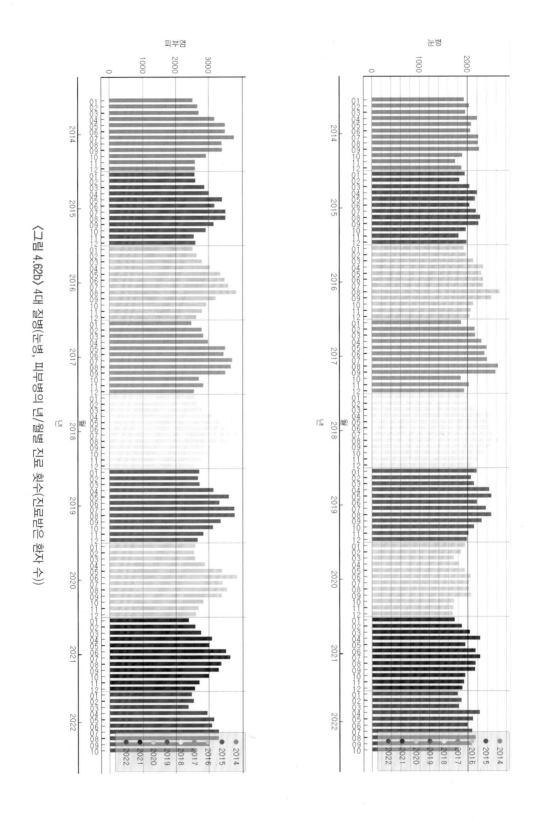

〈그림 4.62b〉 4대 질병(눈병, 피부병)의 내/월별 진료 횟수(진료받은 환자 수))

눈병과 피부염은 모두 여름철에 환자 수가 늘었다가 겨울에 다시 줄어들기를 반복하지만, 자세히 살펴보면 두 질병의 특성은 조금씩 다르다는 것을 알 수 있다. 눈병은 유행병에 대한 위기감이 컸던 2014~15년과 2020~22년에 환자 수가 전체적으로 감소하는 등, 외부적인 영향이 큰 것으로 보이지만, 피부병의 경우에는 매해 큰 차이 없이 환자 수의 증감이 일정했다.

Step 5 지역별 진료 횟수 시각화

지역 단위로 환자 수를 살펴보기 위해서는 〈그림 4.63〉과 같이 위젯을 연결한다. ❶ 원래 연결되어 있던 Pivot Table 뒤에 ❷ Bar Plot을 곧바로 연결하면 지역별 환자 수를 손쉽게 확인할 수 있다. ❸ '인구수'로 이름 붙여진 위젯은 File 위젯이다.

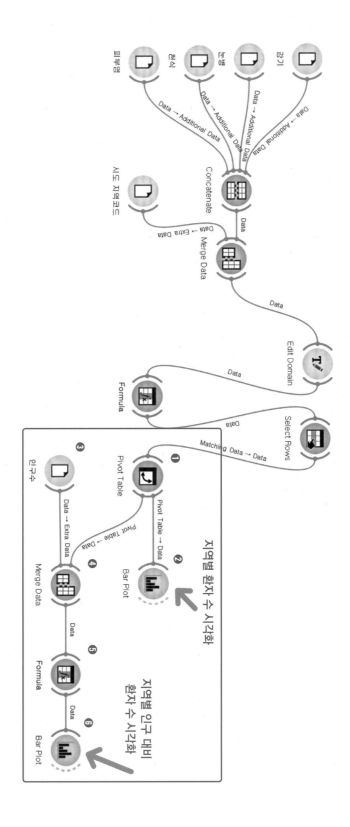

<그림 4.63> 지역별 환자 수를 비교하기 위한 위젯 연결

이때, ❼ Pivot Table 위젯 창에서는 Rows 옵션을 '지역명'으로 ❽ Bar Plot 위젯 창에서는 Group by 옵션을 '지역명'으로 설정하면 된다.

지역별 환자 수는 〈그림 4.66〉과 같다. 대체로 인구수에 비례해서 환자 수도 같이 증가하는 것을 볼 수 있으며, 도시별 비교를 위해서는 결과 값을 인구수로 다시 나눠 주어야 한다.

〈그림 4.64〉 Pivot Table 위젯 설정   〈그림 4.65〉 Bar Plot 위젯 설정

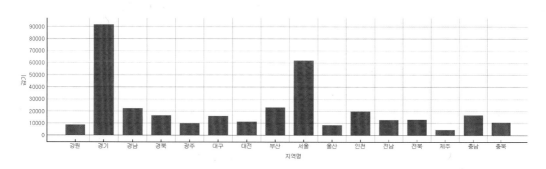

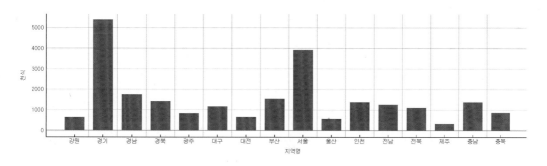

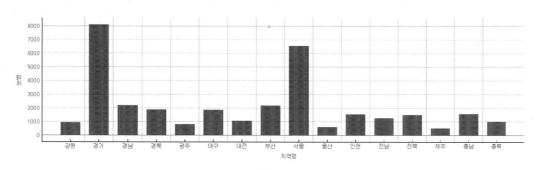

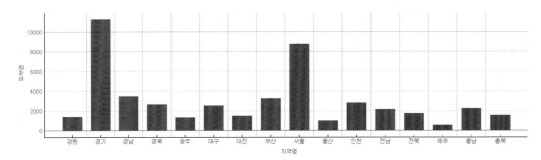

〈그림 4.66〉 지역별 환자 수(2014~22년, 일평균 환자 수)

각 지역의 환자 수를 지역별 인구수로 나누기 위해서는 인구 통계 데이터가 필요하다. 연도별 인구수는 행정안전부 홈페이지 (https://jumin.mois.go.kr/)에서 내려 받을 수 있으나, 데이터를 정리하는 과정이 조금은 복잡하므로 직접 파일을 만들어 사용하자. 엑셀을 사용하여 〈표 4.5〉의 표를 만들고 '인구현황_2022.csv'란 이름으로 저장하자.[1] 이 파일은 출판사 홈페이지에서도 내려 받을 수 있다. 내려 받은 파일은 ❾ File 위젯을 사용하여 불러오고 ❿ '행정구역' 변수의 타입은 categorical로, 역할은 feature로 지정한다. File 위젯의 개수가 많으므로 이 위젯의 이름은 '인구수'로 바꾸자.

〈표 4.5〉 대한민국 행정구역별 인구 (2022년, 세종시는 충청남도에 포함)

행정구역	인구
서울	9,428,372
부산	3,317,812
대구	2,363,691
인천	2,967,314
광주	1,431,050
대전	1,446,072
울산	1,110,663
경기	13,589,432
강원	1,536,498
충남	1,978,649
충북	2,123,037
전남	1,769,607
전북	1,817,697
경남	2,600,492
경북	3,280,493
제주	678,159

---

1) 이 표에서 세종시는 충청남도에 포함되어 있는데, 이것은 질병 데이터셋의 시도 데이터에서 세종시 데이터가 충청남도 데이터에 합산되어 있기 때문이다.

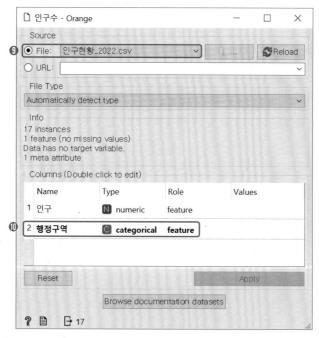

〈그림 4.67〉 File 위젯 설정

Merge Data 위젯에서는 ❶ Merging 옵션에 'Append columns from Extra data'를 선택하고 ❷ Row matching 옵션에 '지역명'과 '행정구역'을 선택하여 매칭시킨다.

이때, ❹ Pivot Table 위젯의 출력이 Merge Data 위젯의 Data 입력으로, File 위젯의 출력이 Extra Data 입력으로 연결되어야 한다.

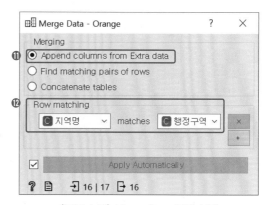

〈그림 4.68〉 Merge Data 위젯 설정

❸ Formula 위젯에서는 각 그룹의 환자 수를 인구수로 나눈 후 1,000을 곱하여 '인구 천 명당 환자 수'에 해당하는 변수를 4개 만들자〈그림 4.69〉. 변수를 정의한 후 'Send' 버튼을 누르면 4개의 변수가 생성된다.

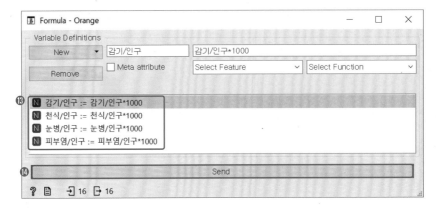

〈그림 4.69〉 Formula 위젯 설정

❶❺ Bar Plot의 Values 옵션에 새로 만든 변수를 넣으면〈그림 4.70〉 각 질병에 대한 '지역별 인구 천 명당 환자 수'를 확인할 수 있다〈그림 4.71〉.

〈그림 4.70〉 Bar Plot 위젯 설정

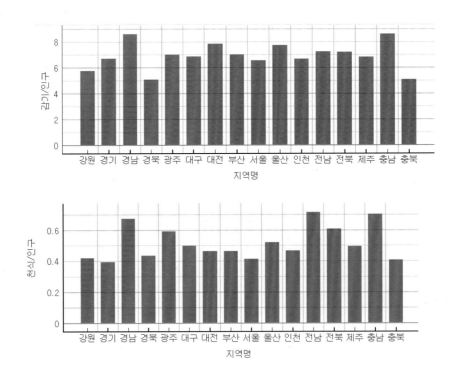

오렌지로 쉽게 배우는 머신러닝과 데이터 분석

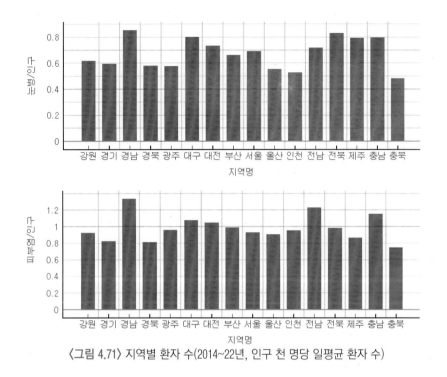
〈그림 4.71〉 지역별 환자 수(2014~22년, 인구 천 명당 일평균 환자 수)

환자 수를 인구수로 나누어 보니 4대 질병에 대한 환자가 많이 발생한 지역이 시각적으로 드러난다. 가장 인구수 대비 많은 환자가 발생한 지역은 경상남도다. 감기, 눈병, 피부염의 3개 질병 환자가 가장 많이 발생했으며, 천식 또한 전남, 충남에 이어 세 번째로 많은 환자가 발생하였다.

질병별로 살펴보면, 감기의 경우 경상남도와 충청남도가 인구 천 명당 약 8.6명으로 매우 높았으며, 천식은 전라남도와 충청남도가, 피부염의 경우 경상남도와 전라남도가 다른 지역에 비해 상대적으로 높은 환자 비율을 보였다.

눈병의 경우 뚜렷하게 환자가 많이 발생하는 지역은 없었으나, 경상남도, 전라북도, 대구, 충청남도, 제주 등이 비슷한 수준(천 명당 0.8~0.86명)으로 다른 지역에 비해 상대적으로 높은 환자 비율을 보였다.

한편, 여기서 지역별로 살펴본 수치는 2014년부터 2022년까지의 데이터를 일평균한 것으로 연도별 데이터만을 따로 살펴본다면 전혀 다른 결과가 나올 수도 있음에 주의할 필요가 있다. 연령대별 인구수 또한 중요한 요인이므로, 지역별 현황에 대해 더 정확하고 자세한 분석이 필요하다면 다른 데이터들을 함께 살펴보아야 할 것이다.

🔋 연습문제

1. 데이터 전처리의 필요성에 대해 설명하시오.

2. 아래 위젯들이 속한 카테고리, 이름과 기능을 설명하시오.

3. Merge Data 위젯과 Concatenate 위젯을 비교하여 설명하시오.

4. 다음은 Impute 위젯의 아이콘이다. 1) ~ 5)에 대해 설명하시오.

1) Impute 위젯의 기능

2) Average/Most frequent 방법

3) As a distinct value 방법

4) Fixed values 방법

5) Remove instances with unknown values 방법

5. 다음은 Select Rows와 Select Columns 위젯의 아이콘이다. 1) ~ 5)에 대해 설명하시오.

1) Select Rows 위젯의 기능

2) Select Columns 위젯의 기능

3) is not 조건식

4) is between 조건식

5) is outside 조건식

6. 4.1장에서는 결측치를 처리할 때 Average/Most frequent 옵션을 사용하였다. 다른 옵션들을 사용하여 결측치를 처리하고 결과가 어떻게 달라지는지 비교하시오.

7. Melt 위젯(🛒)은 넓은 형태의 데이터를 좁은 형태로 바꾸는 역할을 한다. 다음은 학생들의 토익 성적 데이터다. 이 데이터를 좁은 형태로 바꾸어 보시오.

이름	1월	3월	5월	7월	9월	11월
김소리	785	790	800	770	810	805
최영지	435	430	500	550	600	580
박지원	600	590	620	680	750	850

8. 4.3장에서 Formula 위젯을 이용하여 보이스피싱 현황에 대해 살펴보았다. 이번에는 이 위젯을 이용하여 연도별 총 검거율 특징을 새로 만들고 검거율 현황을 Bar Plot 위젯으로 시각화하시오(총 검거율 = 총 검거 건수/총 발생 건수).

9. 4.4장에서 '국민건강보험공단 진료건수 정보' 데이터셋을 이용하여 지역별 질병 현황을 분석하였다. 이 번에는 '시군구 지역코드' 파일과 '진료정보_감기_시군구' 파일을 이용하여 부산의 지역구별 환자 수를 시각화하시오(부산의 상위 시도 지역코드: 26).

10. 공공데이터포털에서 '경찰청_연도별 사이버 범죄 통계 현황'을 내려 받은 후, 1) ~ 5)의 순서대로 실습하고 결과를 보고하시오.

1) 결측치 처리(결측치 처리 방법, 해당 방법을 선택한 이유, 결측치 처리 결과 기술)

2) 해킹 관련된 데이터만 추출한 후, 연도별 해킹 현황을 각각 Bar Plot으로 시각화(계정 도용, 단순 침입, 자료 유출, 자료 훼손의 4가지 특징 추출)

3) 아래 그림과 같은 결과가 나오도록 위젯 구성(Edit Domain 위젯, Select Rows 위젯, Melt 위젯, Merge Data 위젯 이용)

	검거건수	발생건수	연도	구분
1	117	1067	2020	해킹(계정도용)
2	217	1621	2020	해킹(단순침입)
3	46	130	2020	해킹(자료유출)
4	168	358	2020	해킹(자료훼손)
5	118	751	2019	해킹(계정도용)
6	277	1458	2019	해킹(단순침입)
7	41	114	2019	해킹(자료유출)
8	120	341	2019	해킹(자료훼손)
9	160	721	2018	해킹(계정도용)
10	241	1003	2018	해킹(단순침입)
11	41	114	2018	해킹(자료유출)
12	142	340	2018	해킹(자료훼손)

4) 새로운 특징 '검거율' 추가(검거율 = 검거 건수/발생 건수)

5) 연도별 검거율을 해킹 특징별로 Bar Plot 위젯으로 시각화

05

비지도 학습과 데이터 분석

contents

비지도 학습과 데이터 분석

비지도 학습이 무엇인지 알아보고 오렌지를 이용한 비지도 학습 프로젝트를 진행해 보자.

5.1 비지도 학습이란?

1. 비지도 학습의 의미

비지도 학습은 정답이 제공되지 않는 데이터를 사용하여 인공지능을 학습시키는 방법이다.

인공지능은 모델을 학습시키는 방식에 따라 지도 학습과 비지도 학습으로 나누어 볼 수 있다. 데이터에 정답 정보가 함께 제공되는 경우를 지도 학습, 정답이 제공되지 않는 경우를 비지도 학습으로 부른다. 학생들이 문제를 풀고 선생님이 오답을 체크해 주는 일상적인 학교 수업은 지도 학습의 현실 속 예라고 할 수 있다. 지도 학습은 정답이 무엇인지 알려주기 때문에, 배우는 학생은 자신이 도출한 결과가 맞는지, 혹은 얼마나 틀렸는지를 확인하여 스스로를 평가하고 잘못 이해한 부분을 고칠 수 있다.

비지도 학습은 학생들이 스스로 자료를 조사하여 연구하는 대학 프로젝트 수업을 떠올리면 된다. 문제는 주어지지만, 도출한 답이 맞는지를 평가하는 것은 매우 어렵다. 정답이 알려진 문제가 아니기 때문이다.

〈그림 5.1〉 현실 속 지도 학습(좌)와 비지도 학습(우)

지도 학습에서 사용하는 데이터는 문제와 정답으로 구성된다. 주어진 사진이 개인지 고양이인지를 맞추는 인공지능이라면 각각의 사진이 문제, 개인지 고양이인지를 나타내는 정보가 정답이다 〈그림 5.2〉.

〈그림 5.2〉 지도 학습에서 사용되는 데이터

비지도 학습의 데이터는 지도 학습과는 달리 정답이 존재하지 않는다. 인터넷에 있는 여러 사진들을 생각해 보자. 어떤 사진에는 개, 고양이라고 태그(Tag)가 붙어 있는 경우도 있지만, 대부분의 사진에는 태그나 제목이 붙어 있지 않고 가끔은 잘못된 태그가 붙어 있는 경우도 많다. 사람이 직접 정답을 일일이 입력해 주는 방법도 있으나, 데이터 양이 많고 새로운 데이터가 매일같이 추가되는 환경에서는 그 작업이 쉽지 않으므로 정답 데이터가 존재하지 않는 상황에서 비지도 방식으로 학습을 진행하게 된다.

비지도 학습의 대표적인 예는 군집 분류 문제다. 여러 데이터들을 비슷한 것끼리 묶어 주는 것이다. 〈그림 5.3〉을 〈그림 5.2〉와 비교해 보면 그 차이를 명확히 알 수 있다. 비지도 학습의 데이터는 정답 데이터가 없으므로 비지도 학습은 각 이미지의 모델이 개인지 고양이인지 확인하는 것을 목표로 하지 않는다. 대신, 비지도 학습의 군집 분류는 데이터를 비슷한 이미지들끼리 묶어 주는 것을 목표로 한다. 특정 이미지를 입력으로 받았을 때, 해당 이미지가 개인지 고양이인지는 모르지만, 입력 받은 이미지와 유사한 다른 이미지들을 검색 결과로 보여 줄 수 있는 것이다.

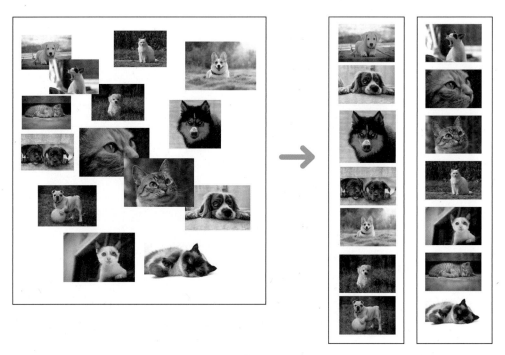

〈그림 5.3〉 비지도 학습에서의 군집 분류

〈그림 5.4〉는 50명 학생들의 수학과 영어 과목의 기말고사 점수 데이터를 비지도 학습을 사용하여 두 개의 군집으로 분류한 결과를 보여준다. 정답이 존재하지 않는 데이터이지만, 상위권 및 하위권의 2개 그룹으로 분류가 가능함을 알 수 있다. 이것은 두 그룹의 데이터가 명확히 다르게 분포하기 때문인데, 이를 수학, 통계적 방법을 사용하여 자동화하면 애매한 경우에 대해서도 데이터의 분류를 수행해 볼 수 있다.

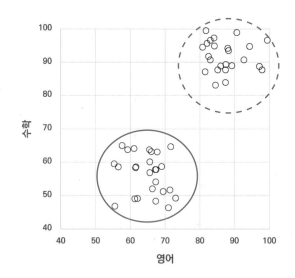

〈그림 5.4〉 비지도 학습에서의 군집 분류(50명 학생들의 수학, 영어 점수 데이터)

오렌지로 쉽게 배우는 머신러닝과 데이터 분석

2. 비지도 학습을 사용하는 예

1) 잘 알지 못하는 데이터로부터 의미를 찾기 위해

새롭게 발견된 전염병에 걸린 환자 데이터를 조사하려고 한다. 환자에 대한 다양한 데이터는 기록되어 있으나, 환자에 따른 전염병의 특성이 아직 충분히 알려지지 않았다. 비지도 학습을 활용하면 환자 데이터를 자동으로 몇 개의 그룹으로 분류하여 군집별 특성을 조사하는 데 도움을 받을 수 있다.

2) 유사한 데이터를 찾는 검색 시스템

컴퓨터에 저장된 대량의 사진을 비슷한 사진끼리 묶어 앨범을 만들려고 한다. 이 경우, 각 사진을 일일이 태깅하기에는 시간이 너무 많이 걸리기 때문에 비슷한 사진끼리 자동으로 분류해 주는 비지도 학습이 적합하다.

3. 비지도 학습의 주요 알고리즘들

비지도 학습 위젯들은 오렌지의 Unsupervised 섹션에서 찾을 수 있으며, 이 책에서는 실제 데이터 분석에 널리 사용되는 다섯 개 위젯을 사용해서 데이터를 분석하도록 한다(〈표 5.1〉, 〈그림 5.5〉). 각 위젯에서 도출된 결과를 분석하는 방법은 위젯별, 알고리즘별로 조금씩 다른데, 각 위젯의 조금 더 자세한 기능은 실제 데이터를 분석하면서 살펴보도록 하자.

〈표 5.1〉 데이터 분석에 사용할 비지도 학습 위젯

위젯 이름	한글 이름	기능
Distance Matrix/Map	거리 매트릭스/지도	데이터 샘플 간 거리(차이) 계산
Hierarchical Clustering	계층적 군집 분류	순차적으로 비슷한 샘플을 묶어서 분류
K-Means	K-평균	비슷한 샘플을 반복적으로 묶어 K개의 군집으로 분류
Self-Organizing Map	자기조직화 지도	비슷한 데이터 샘플들이 2차원 지도상에서 영역을 형성하도록 위치 지정
Principal Component Analysis	주성분 분석	여러 특징들을 묶어 특징 수를 축소

〈그림 5.5〉 오렌지의 비지도 학습 위젯

5.2 비슷한 성적 패턴을 가진 학생들을 찾아보자(계층적 군집 분류)

Step 1 데이터 준비

한 반에 있는 12명의 학생이 치른 영어와 수학 시험 성적 〈표 5.2〉을 분석해 보려고 한다. 데이터를 살펴보면 영어와 수학 점수가 모두 높은 학생, 둘 중 한 과목만 성적이 높은 학생 등의 몇 가지 패턴이 있는 것을 볼 수 있다. 여러 학생들의 성적을 몇 개 그룹으로 나눌 수 있다면, 그룹별로 맞춤식 방과 후 공부를 기획해 볼 수 있다. 학생의 수가 10명 내외라면 눈으로 데이터를 분석하는 것이 그리 어렵지는 않겠지만, 학생 수가 수십 명 단위로 늘어난다면 데이터 분석에 시간이 제법 많이 걸릴 것이다.

영어-수학 성적 데이터셋은 비지도 학습을 쉽게 익힐 수 있도록 오렌지에서 기본으로 제공해 주는 데이터셋이다. ❶ Dataset 위젯에서 ❷ 'Grades for English and Math'를 선택하고 ❸ Data Table 위젯을 사용하여 데이터 내용을 확인해 볼 수 있다〈그림 5.6〉.

〈표 5.2〉 시험 성적 데이터

이름	영어	수학
Bill	91	89
Cynthia	51	100
Demi	9	61
Fred	49	92
George	91	49
Ian	91	82
Jena	39	99
Katherine	20	71
Lea	90	45
Maya	100	32
Nash	14	61
Phill	85	45

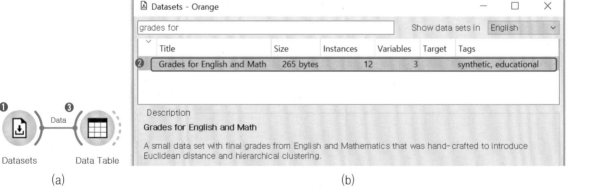

〈그림 5.6〉 시험 성적 분석을 위한 위젯 구성(a)과 데이터 선택 화면(b)

먼저, 데이터 시각화 위젯을 사용하여 데이터를 수동으로 분류해 보자. ❶ Scatter Plot 위젯을 Datasets 위젯에 연결하자. 성적 데이터는 2개 변수만 존재하므로, 데이터의 군집은 2차원 산점도를 사용하여 인지적으로 쉽게 확인해 볼 수 있다〈그림 5.7〉. ❷ 좌측 하단에 영어 점수가 1~20점대이면서 수학 점수가 6~70점대인 학생 그룹(Demi, Nash, Katherine), ❸ 우측 하단에 영어 점수는 높지만 수학 점수가 50점 이하인 학생 그룹(Phill, Lea, George, Maya), ❹ 상단 중앙에 영어 점수가 60점 이하이면서 수학 점수가 90점 이상인 그룹(Jena, Fred, Cynthia) 그리고 ❺ 우측 상단에 두 과목의 점수가 모두 높은 학생 그룹(Ian, Bill)의 4개 그룹으로 분포되어 있다.

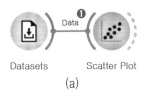

(a)

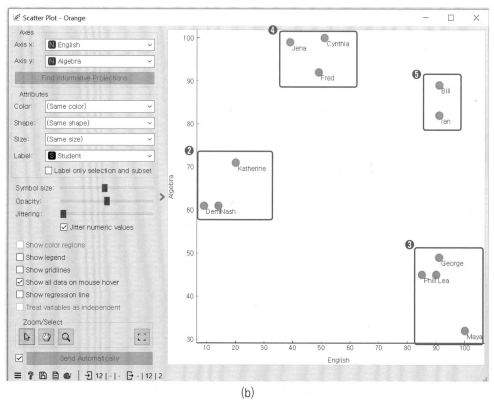

(b)

〈그림 5.7〉 영어-수학 성적 데이터셋을 확인하기 위한 산점도 그래프

오렌지에서 ❶ Distances 위젯(△)과 ❷ Hierarchical Clustering 위젯(凸)을 사용하면 이와 같은 군집 분류를 자동으로 수행해 볼 수 있다. 〈그림 5.8〉과 같이 위젯을 구성해 보기 바란다. Distances 위젯은 각 데이터 샘플(관측치) 간의 거리를 계산하는 기능을, Hierarchical Clustering 위젯은 계산된 거리 정보를 사용하여 군집을 만들어 주는 기능을 한다.

〈그림 5.8〉 영어-수학 성적 데이터셋을 분류하는 위젯 구성

데이터를 올바르게 분석하기 위해서는 Distances 위젯과 Hierarchical Clustering 위젯의 옵션을 설정해 주어야 한다. ❸ 영어와 수학 점수는 비슷한 특성(0과 100 사이의 값)을 가지고 있으므로 정규화(Normalized) 과정 없이 거리를 계산할 수 있다〈그림 5.9〉. 만약 각 특징들의 분포나 최대/최소값 등이 다른 경우(예를 들어, 영어 만점이 10점이고 수학 만점이 100점인 경우 등)에는 정규화를 적용하는 것이 좋다.

〈그림 5.9〉 Distances 위젯 옵션 설정

Hierarchical Clustering 위젯을 더블클릭하면 군집 분석의 결과를 볼 수 있다〈그림 5.10〉. 이때, ❹ Annotations는 Student로, ❺ Selection은 Top N을 선택하고 값을 4로 지정하자.

Annotations는 각 데이터의 표기를 어떻게 할 것인지를, Top N은 데이터를 몇 개의 그룹으로 나눌 것인지를 결정하는 옵션이다. 데이터의 그룹 수는 앞서 살펴본 바와 같이 4개의 그룹으로 분류하였다. 분석 결과는 〈그림 5.10〉에서 볼 수 있다. 결과 창의 가로축은 두 군집(데이터) 간의 거리(차이의 정도)를 의미한다. 영어와 수학 점수대에 따라 분류되었고 영어 상위권인 2개 그룹과 영어 중하위권인 2개 그룹 사이에는 상대적으로 큰 차이가 있음을 알 수 있다.

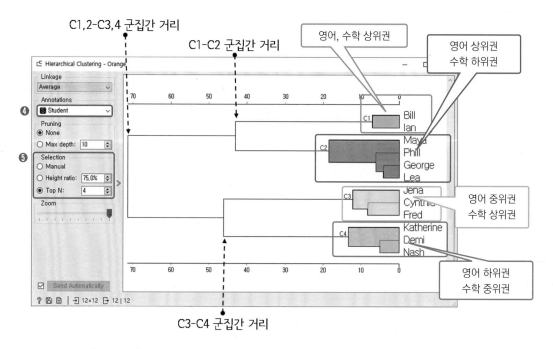

〈그림 5.10〉 영어-수학 성적 데이터셋의 군집 분석 결과(Hierarchical Clustering)

눈으로 보면 단번에 알 수 있는 결과를 군이 이렇게 자동 알고리즘을 사용하여 도출하는 이유는 무엇일까? 먼저, 자동 알고리즘은 데이터를 객관적으로 분석할 수 있다. 대부분의 사람들이 데이터를 4개의 그룹으로 나누더라도, 그 결과에 모든 사람이 동의하지 않을 수도 있다. 특히, 데이터의 분포가 명확하지 않은 경우에는 같은 사람이 같은 데이터를 다루더라도 조금씩 다른 결과를 도출할 수도 있는 것이다. 하지만 기계화된 알고리즘을 사용한다면 이와 같은 걱정을 할 필요가 없다. 다른 한편으로, 눈으로 데이터를 분류하는 것은 데이터의 차원 수가 낮은 경우에만 가능한 옵션이다. 현실 속 데이터는 특징의 수가 10개 이상의 다차원인 경우가 많으며, 데이터 군집 작업을 자동화하면 사람이 눈으로 하는 것에 비해 효율성을 매우 높일 수 있다.

각 학생들 간의 성적 차이는 ❶ Distance Matrix 위젯(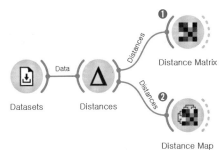)과 ❷ Distance Map 위젯( )을 사용하여 시각화할 수 있다〈그림 5.11〉. Distance Matrix 위젯에서는 ❸ Labels를 Student로, Distance Map 위젯에서는 ❹ Annotations를 Student로 설정한다.

두 위젯은 모두 데이터 샘플 간 거리를 테이블 형태로 표시하는데, Distance Matrix 위젯에서는 거리를 계산된 수치로 확인할 수 있으며〈그림 5.12〉, Distance Map 위젯에서는 계층적 군집 분류 결과를 함께 볼 수 있다. 두 위젯 모두 비슷하지만, Distance Map 위젯이 조금 더 시각적으로 화려하고 옵션이 상대적으로 많다.

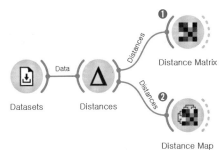

〈그림 5.11〉 데이터 샘플 간 거리 시각화 위젯

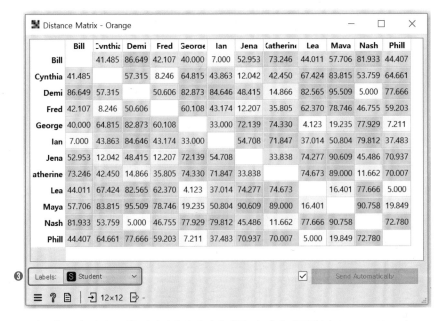

	Bill	Cynthia	Demi	Fred	George	Ian	Jena	Katherine	Lea	Maya	Nash	Phill
Bill		41.485	86.649	42.107	40.000	7.000	52.953	73.246	44.011	57.706	81.933	44.407
Cynthia	41.485		57.315	8.246	64.815	43.863	12.042	42.450	67.424	83.815	53.759	64.661
Demi	86.649	57.315		50.606	82.873	84.646	48.415	14.866	82.565	95.509	5.000	77.666
Fred	42.107	8.246	50.606		60.108	43.174	12.207	35.805	62.370	78.746	46.755	59.203
George	40.000	64.815	82.873	60.108		33.000	72.139	74.330	4.123	19.235	77.929	7.211
Ian	7.000	43.863	84.646	43.174	33.000		54.708	71.847	37.014	50.804	79.812	37.483
Jena	52.953	12.042	48.415	12.207	72.139	54.708		33.838	74.277	90.609	45.486	70.937
atherine	73.246	42.450	14.866	35.805	74.330	71.847	33.838		74.673	89.000	11.662	70.007
Lea	44.011	67.424	82.565	62.370	4.123	37.014	74.277	74.673		16.401	77.666	5.000
Maya	57.706	83.815	95.509	78.746	19.235	50.804	90.609	89.000	16.401		90.758	19.849
Nash	81.933	53.759	5.000	46.755	77.929	79.812	45.486	11.662	77.666	90.758		72.780
Phill	44.407	64.661	77.666	59.203	7.211	37.483	70.937	70.007	5.000	19.849	72.780	

❸ Labels: Ⓢ Student   ☑ Send Automatically

12×12

〈그림 5.12〉 영어–수학 데이터셋의 데이터 샘플 간 거리 매트릭스(Distance Matrix)

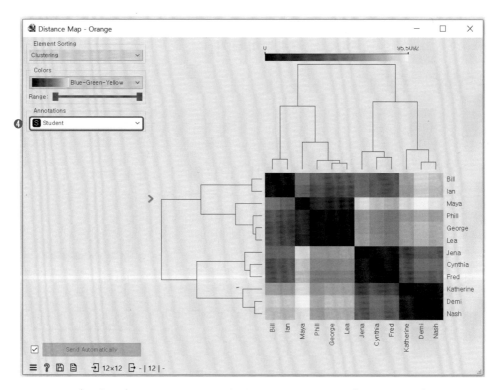

〈그림 5.13〉 영어-수학 데이터셋의 데이터 샘플 간 거리 지도(Distance Map)

더 알아보기!

계층적 군집 분류와 거리

> 계층적 군집 분류는 데이터를 가까운 순서대로 둘씩 묶어 순차적으로 분류하는 방식이다.

계층적 군집 분류는 가까운 거리에 존재하는 데이터나 군집을 순차적으로 2개씩 묶어서 분류하는 방법이다. 위젯의 Top-N의 옵션 값을 크게 설정한 후, 하나씩 줄여나가면 데이터가 서로 묶여 가는 순서를 확인할 수 있다. 계층적 군집 분류 결과의 가로축은 데이터들 간의 거리를 의미한다.

앞에서는 데이터 거리를 유클리드 거리(Euclidian Distance)로 계산하였으나, 코사인(Cosine), 맨하탄(Manhattan), 자카드(Jaccard) 거리 등을 사용하여 계산할 수 있다(〈그림 5.14〉, 〈표 5.3〉). 거리 계산 옵션에 따라 분석 결과는 조금씩 달라진다.

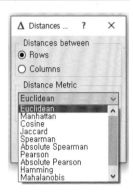

〈그림 5.14〉 거리 계산 옵션

〈표 5.3〉 데이터 샘플 간 거리 계산 방법

거리 계산 방법	설명	그림 설명
유클리드 거리	실수 공간에서의 직선 거리	유클리드 거리
맨하탄 거리	각 축별 거리의 합	맨하탄 거리
코사인 거리	원점에서의 각도 차이	코사인 거리
자카드 거리	두 집합에서 서로 다르게 나타나는 특징의 비율(자연어 처리에서 활용)	자카드 거리=2/5 0 1 1 1 0 / 1 1 1 0 0

5.3 동물원의 동물들을 비슷한 동물끼리 모아보자(K-평균 알고리즘)

Step 1 데이터 준비

어떤 동물원에서 관리하고 있는 100여 종의 동물들의 특성을 조사하여 동물들의 위치를 새롭게 배치해 보려고 한다. 이때, 특성에 따라 비슷한 동물들끼리 가까운 위치에 배치하려고 한다면 어떻게 배치하는 것이 좋을까?

비지도 학습은 주어진 데이터들을 서로 묶어 보는 것에, 또 한 그룹으로 묶인 데이터들의 공통적인 특징들을 다시 분석해 보는

〈그림 5.15〉 다양한 동물들

데에도 활용될 수 있다. 이번 장에서는 동물들의 18개 특징 정보가 기술되어 있는 동물원 데이터셋을 사용하여 동물들을 자동으로 분류해 보도록 한다.

❶ Datasets 위젯의 옵션에서 ❷ Zoo를 선택해서 동물원 데이터셋을 불러오고 ❸ Data Table 위젯으로 내용을 확인해 보자〈그림 5.15~16〉.

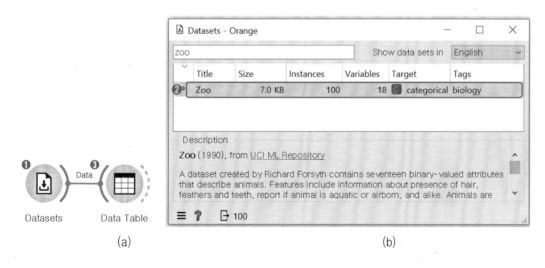

(a) (b)

〈그림 5.16〉 동물원(zoo) 데이터셋을 읽어오기 위한 위젯과 데이터셋 검색 화면

데이터에서 제공되는 동물들의 특징은 〈표 5.4〉와 같다. 각 데이터 샘플은 해당 동물이 알을 낳는지, 비행이 가능한지, 치아가 있는지 등의 정보를 나타낸다. 동물원 데이터셋의 특징들은 대부분 Yes/No의 이진 데이터이지만, 이름(name)과 분류(type)는 문자열, 다리 개수(legs)는 숫자 형태다.

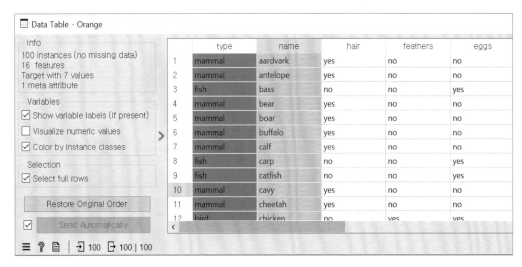

〈그림 5.17〉 동물원 (zoo) 데이터셋

〈표 5.4〉 동물원 데이터셋의 특징 설명

특징	설명
name	동물의 이름
type	동물의 분류(포유류, 곤충, 새, 물고기, 무척추동물, 양서류, 파충류)
hair	털의 존재 여부
feathers	깃털의 존재 여부
eggs	알을 낳는지 여부
milk	젖을 먹이는지 여부
airborne	비행 가능 여부
aquatic	수생 여부
predator	포식자인지 여부
toothed	치아 존재 여부
backbone	척추 존재 여부

특징	설명
breathes	공기호흡 여부
venomous	독을 가지고 있는지 여부
fins	지느러미 존재 여부
legs	다리 개수
tail	꼬리 존재 여부
domestic	인간에 의해 사육되는지 여부
catsize	고양이보다 큰 크기인지 여부

Step 2 데이터 시각화를 통한 데이터 기초 분석

데이터 분류를 하기에 앞서 데이터 시각화를 통해 분석할 데이터를 살펴보자. ❶ Distributions 위젯을 사용하면 ❷ 특징별, ❸ 종(type)별 분포를 직관적으로 볼 수 있다.

분포 분석 결과〈그림 5.19〉만으로도 제법 많은 정보를 얻을 수 있다. (동물원 데이터셋에서) 털을 가지고 있는 동물은 포유류와 곤충이며, 모든 물고기는 이빨을 가지고 있다는 등의 정보보.

하지만 자세한 정보를 얻기 위해서는 여러 그래프를 그려서 서로 비교하면서 분석하는 복잡한 과정을 거쳐야 한다. 이런 작업을 자동으로 진행할 수는 없을까?

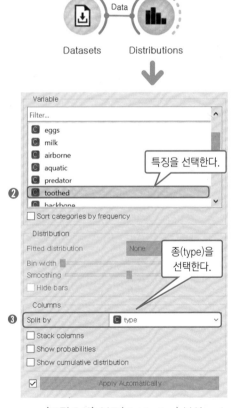

〈그림 5.18〉 분포(distribution) 분석

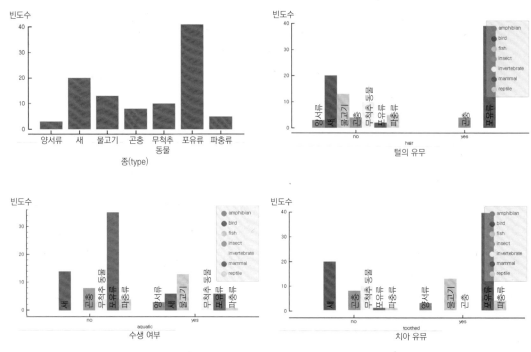

〈그림 5.19〉 동물원 데이터의 특징별 분포

Step 3   K-평균과 다차원 척도법

이름(name)과 종(type)을 제외한 16개 특징 데이터를 비지도 학습의 일종인 K-평균(K-means) 방법을 사용하여 분석해 보자. 이를 통해 여러 동물들 중 비슷한 특징을 가진 동물들에는 어떤 것이 있는지 손쉽게 파악할 수 있다.

먼저 ❶ Select Columns 위젯을 사용하여 분석할 특징을 선택하자〈그림 5.20〉. Select Columns 위젯 화면에서 ❷ Target에 있는 type 특징을 ⬚ ＜ ⬚ 버튼을 눌러 제거하자. 이름(name)은 군집 분류에는 사용되지 않지만, Metas 항목에 포함되어 분류 결과를 파악하는 데 사용된다.

Features에는 type과 name을
제외한 모든 특징을 선택한다.

Target의 특징을 제거한다.

Metas에는 name을
선택한다.

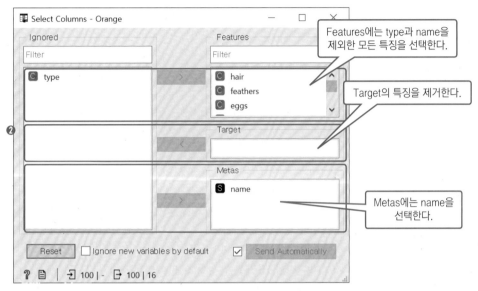

〈그림 5.20〉 동물원 데이터의 특징 선택

이번에는 ❸ k-Means와 ❹ MDS 위젯을 사용하여 데이터를 분석하고 시각화하자〈그림 5.21〉.

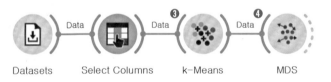

〈그림 5.21〉 K-평균을 사용하는 동물원 데이터 분석 위젯 구성

K-평균은 비지도 학습의 일종으로 앞서 살펴본 계층적 군집 분류와 같이 데이터를 K 개의 그룹으로 분류하는 알고리즘이다. 자세한 알고리즘에 대해서는 [더 알아보기]에 서 살펴보자. K-Means 위젯의 설정은 〈그림 5.22〉와 같이 한다. 대부분 기본 설정을 유지하되, ❺ 군집의 수(Number of Clusters)만 조정하면 된다. 여기서는 7개의 군집으로 나누 어 분석해 보자.[1]

---

1) K-평균 알고리즘을 적용하고 싶으나 적당한 K의 값을 잘 모르는 경우에는 K-Means 위젯의 Number of Clusters 옵션에 서 고정된(Fixed) 값 대신 일정 범위(From ... to)를 사용할 수도 있다.

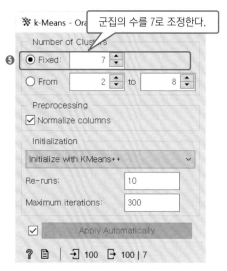

군집의 수를 7로 조정한다.

〈그림 5.22〉 k-Means 위젯 설정

MDS

MDS(다차원 척도법: Multidi- mensional Scaling)은 분류된 데이터를 2차원 상에 표현하는 시각화 기법이다. MDS 위젯을 사용하면 데이터를 2차원 평면에 표시하면서, 유사한 데이터 샘플들은 가까이에, 서로 다른 데이터 샘플들은 멀리 배치할 수 있다.

MDS 위젯은 〈그림 5.23〉과 같이 설정하자. 비슷한 특성을 가진 동물들끼리 서로 묶어서 2차원 공간상에 표기된 곳을 확인할 수 있다. 효과적인 시각화를 위해 ❻ Color와 Shape는 Cluster(K-평균 알고리즘에 따른 그룹 번호)로 하고 ❼ Label에 name을 선택하여 각 데이터 인스턴스의 이름이 함께 시각화되도록 하자. ❽ Jittering 슬라이드 바는 오른쪽 끝까지 움직여서 데이터 샘플들의 겹침을 최소화한다. 추가로, ❾ Show color regions 체크박스를 체크하여 군집 영역이 색상으로 표시되도록 하자.

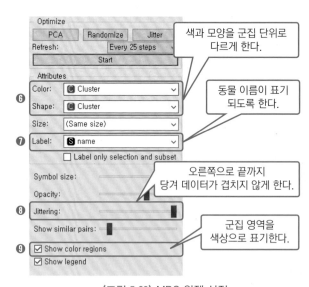

색과 모양을 군집 단위로 다르게 한다.

동물 이름이 표기 되도록 한다.

오른쪽으로 끝까지 당겨 데이터가 겹치지 않게 한다.

군집 영역을 색상으로 표기한다.

〈그림 5.23〉 MDS 위젯 설정

K-평균 알고리즘의 결과〈그림 5.24〉를 살펴보자. 대체로 같은 종의 동물들끼리 군집화되었지만, 그렇지 않은 동물들도 있으므로 동물들의 위치를 선정할 때 도움을 받을 수 있다.

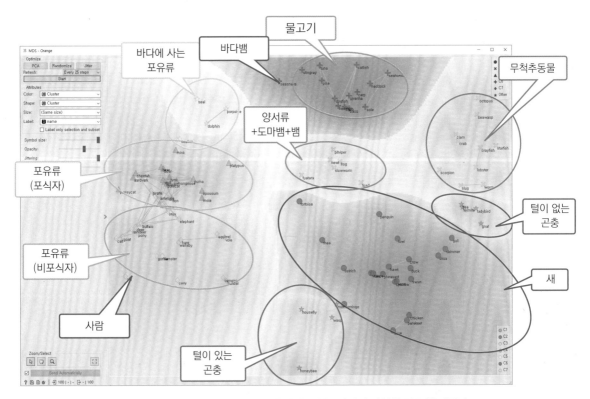

〈그림 5.24〉 k-Means와 MDS 위젯을 사용하여 2차원 평면에 나열한 동물원 데이터

결과를 조금 더 구체적으로 분석해 보면 흥미로운 사실들도 찾아낼 수 있다.

 1. 양서류와 무척추동물은 대체로 같은 군집으로 분류되었으나, 둘 사이의 거리는 상대적으로 떨어져 있다. 포유류가 3개 군집으로 나눠진 것을 고려하면, 포유류의 3개 군집 간 차이에 비해 양서류와 무척추동물 간의 차이는 상대적으로 작다는 것을 알 수 있다.

2. 파충류는 한 곳으로 묶이지 않고 양서류, 물고기, 새의 군집에 나뉘어 분포되었다. 살무사(pitviper)와 도마뱀(slowworm, tuatara)은 양서류와 같은 군집에, 바다뱀(seasnake)은 물고기와 같은 군집으로 분류되었다. 뱀과 도마뱀은 양서류와 비슷한 속성을 공유한다는 것을 알 수 있다.

 3. 거북은 새와 같은 군집으로 분류되었는데, 데이터를 살펴보면 크게 놀랄 일은 아니다. 거북은 새와 8개의 공통적인 특징(eggs, milk, backbone, breathes, toothed, venomous, fins, tail)을 가지고 있으며, 털이 없고 알을 낳으며, 젖을 먹이지도 않으므로 포유류와 차이가 크고 개구리 등의 양서류와도 차이가 많다.

4. 곤충은 하나의 군집으로 분류되었으나, 〈그림 5.24〉에서는 군집 내에서 2개 영역이 존재한다(K-평균의 수행 방식, MDS의 세부 알고리즘에 따라 결과가 조금씩 달라질 수 있다). 꿀벌, 말벌, 파리, 나방 등(A 영역)은 벼룩, 무당벌레, 각다귀 등(B 영역)과 차이가 크게 인식되었다. 데이터를 좀 더 구체적으로 살펴보면 〈표 5.5〉와 같다. A 영역의 곤충은 털이 있고 포식자가 아니다. 반면, B 영역의 곤충은 털과 독이 없으며, 인간에 의해 사육되지 않는다는 공통점을 가지고 있다.

〈표 5.5〉 동물원 데이터셋 내의 곤충 데이터(곤충 모두에게 공통적으로 나타나는 특성 제외)

구분[2]	name	hair	airborne	predator	venomous	domestic
A	honeybee	yes	yes	no	yes	yes
A	housefly	yes	yes	no	no	no
A	moth	yes	yes	no	no	no
A	wasp	yes	yes	no	yes	no

2) 〈그림 5.24〉의 영역 구분

구분[2]	name	hair	airborne	predator	venomous	domestic
B	flea	no	no	no	no	no
B	gnat	no	yes	no	no	no
B	ladybird	no	yes	yes	no	no
B	termite	no	no	no	no	no

5. 포유류는 3개의 군집으로 나누어져 분류되었다. 곰, 퓨마 등(A 영역), 돌고래, 바다표범 등(B 영역)과 고릴라, 코끼리 등(C 영역)은 서로 간에 다른 점이 많다. 데이터를 살펴보면 A 영역의 동물들은 포식자이고 네발 동물이지만, C 영역의 동물들은 사람(girl)을 제외하고는 모두 포식자가 아니며, 두발 동물과 네발 동물이 섞여 있다. B 영역의 동물들은 돌고래와 같이 물에서 사는 포유류다.

✏️ 더 알아보기!

K-평균 알고리즘

> K-평균 알고리즘은 K개의 그룹을 랜덤하게 설정하고 각 그룹의 평균을 대표점으로 지정한 후, 반복적인 조정 작업을 통해 대표점과 군집을 결정하는 방법이다.

K-평균 알고리즘은 데이터를 K개의 군집으로 묶는 알고리즘으로, 반복적인 조정 작업을 통해 대표점과 군집을 결정하는 방법이다. K-평균 알고리즘을 적용하기 위해서는 데이터를 몇 개(K)의 군집으로 분류할 것인지를 먼저 지정하여야 하며, 데이터의 군집을 지정하고, 해당 군집을 지정하는 대표 지점을 조정하는 작업을 반복하여 최적의 군집을 찾는다.

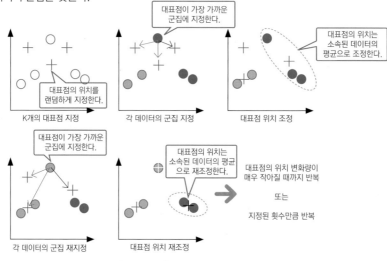

〈그림 5.25〉 K-평균 알고리즘의 예

K-평균 알고리즘의 수행 방법은 〈그림 5.25〉와 같다. 주어진 입력 데이터가 2차원의 공간에 존재한다고 할 때, 먼저 K개의 대표점을 랜덤하게 지정한다(그림에서는 빨간색, 파란색, 검은색의 3개). 각 데이터의 군집은 대표점을 기준으로 가장 가까운 곳으로 지정된다. 데이터의 군집 지정이 완료되면 각 군집의 데이터 평균을 해당 군집의 대표점으로 결정한다. 이후에는 데이터의 군집 지정과 조정 작업을 반복해서 수행하는데, 대표점의 위치 변화량이 매우 작아질 때까지 또는 지정된 횟수에 도달할 때까지 반복한다.

오렌지에서는 군집 재지정을 수행하는 최대 횟수(Maximum iterations)를 설정할 수 있으며, re-run 옵션의 수에 따라 K-평균 군집 알고리즘을 수행한 후, 군집 내 데이터들의 거리 합이 가장 작은 결과를 선택하여 사용한다.[3]

---

3) 〈그림 5.22〉

오렌지로 쉽게 배우는 머신러닝과 데이터 분석

5.4 이번 겨울에 방문할 유럽 스키장은 어디?(자기조직화 지도)

Step 1 데이터 준비

이번 겨울에 친구들과 함께 유럽 여행을 하면서 유럽 스키장 한 곳을 방문하고 스키를 타려 한다고 생각해 보자. 블로그, SNS 등을 통해 정보를 모으고 있지만, 3,700개가 넘는다는 유럽 스키장 수를 생각하면, 괜찮은 스키장을 찾는 것이 쉬운 일은 아니다. 갈 만한 스키장을 자동으로 찾을 수는 없을까?

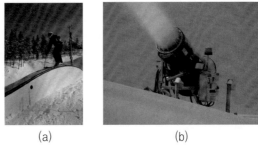

〈그림 5.26〉 (a) 핀란드 Levi 스키 리조트의 스노우 파크
(b) 스노우 캐논(※ 출처: 위키피디아)

스키장 데이터를 분석하는 데 비지도 학습을 사용하면 비슷한 유형의 스키장들을 자동으로 묶고, 자세히 살펴보아야 할 스키장의 수를 대폭 줄일 수 있다. 이번 장에서는 비지도 군집 분석을 통해 비슷한 리조트들을 한데 모으고 해당 리조트들에 대해 다양한 분석을 추가로 진행해 보도록 한다.

유럽 스키 리조트 데이터셋은 유럽에 있는 376개의 스키 리조트 정보를 데이터셋으로

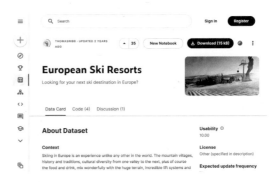

〈그림 5.27〉 유럽 스키 리조트 데이터셋

구성한 것으로, 각 리조트마다 17개의 특징 정보가 기술되어 있다. 데이터셋은 캐글 웹 사이트[4]에서 European Ski Resorts로 검색하여 내려 받을 수 있다〈그림 5.27〉.

캐글 웹 사이트에서 내려 받은 데이터를 ❶ File 위젯을 사용하여 읽고 ❷ Data Table 위젯을 사용하여 내용을 확인해 보자〈그림 5.28〉. 범주형 데이터와 수치형 데이터가 섞여 있는 것을 알 수 있다. 17개 특징들의 이름과 의미는 〈표 5.6〉에 정리하였다. 데이터 테이블에서 확인할 수 있는 Feature 1 특징은 1부터 순차적으로 증가하는 행 번호로 데이터 분석에 앞서 제거해 주어야 한다.

---

4) https://www.kaggle.com/datasets/thomasnibb/european-ski-resorts

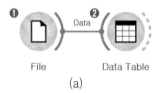

File   Data Table

(a)

(b)

(c)

〈그림 5.28〉 (a) 유럽 스키 리조트 데이터셋을 불러와 확인하는 위젯 구성 (b) File 위젯 설정 (c) 데이터 테이블 위젯을 통한 데이터 확인

〈표 5.6〉 유럽 스키 리조트 데이터셋의 특징 설명

특징	설명
Resort	스키 리조트의 이름
Country	리조트가 위치한 국가
HighestPoint	리조트에서 가장 높은 지점
LowestPoint	리조트에서 가장 낮은 지점
DayPassPriceAdult	1일권 가격(성인, 단위: 유로)
BeginnerSlope	초보자용 슬로프의 길이(단위: km)
IntermediateSlope	중급자용 슬로프의 길이(단위: km)
DifficultSlope	고급자용 슬로프의 길이(단위: km)
TotalSlope	전체 슬로프의 길이(단위: km)
Snowparks〈그림 5.26(a)〉	스노우 파크의 존재 여부(Yes/No)
NightSki	야간 스키 가능 여부(True/False)
SurfaceLifts	서피스형 리프트 개수
ChairLifts	의자형 리프트 개수
GondolaLifts	곤돌라형 리프트 개수
TotalLifts	총 리프트 개수
LiftCapacity	1시간 동안 리프트에 탑승 가능한 이용자 수
SnowCannons〈그림 5.26(b)〉	리조트가 보유하고 있는 제설기 대수

Step 2 데이터 전처리

유럽 스키장 데이터셋을 분석하기 위해서는 몇 가지 전처리 작업이 필요하다〈표 5.7〉. 먼저 사용하지 않는 특징을 제거하고 범주형 데이터를 수치형 데이터로 변환하며, 수치형 데이터는 특정 범위로 변환해 준다.

〈표 5.7〉 전처리 기법

전처리 기법	설명
특징 선택	분석에 사용하지 않을 특징 제거
수치화	범주형 데이터를 수치형으로 변환
정규화	수치형 데이터를 동일한 범위로 변환

〈그림 5.29〉 데이터 전처리

1) 특징의 제거

특징의 제거는 ❶ Select Columns 위젯을 사용한다〈그림 5.30〉. ❷ 위젯 설정에서 분석에 사용하지 않을 특징들을 왼쪽으로 이동시키면 해당 특징들이 제거된다.

〈표 5.8〉 제거할 특징 정보

제거할 특징	제거 이유
Country	분석 목적과 관계 없음
Feature 1	
BeginnerSlope	슬로프 개수에 관한 정보가 너무 많음
IntermediateSlope	
DifficultSlope	
SurfaceLifts	리프트 수에 관한 정보가 너무 많음
ChairLifts	
GondolaLifts	

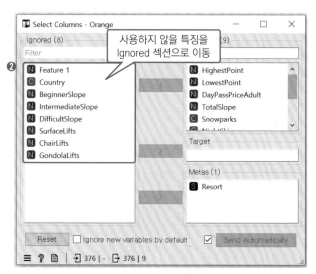

〈그림 5.30〉 데이터 분석에 사용하지 않는 특징의 제거

슬로프 및 리프트 수에 관한 정보를 제거하는 이유는 데이터 분석이 특정 요인에 과도한 영향을 받지 않게 하기 위함이다. 예를 들어, 슬로프 길이와 관련된 4개 특징을 모두 사용한다면 SnowCannons 특징에 비해 결과에 4배나 더 큰 영향을 주게 된다.

2) 수치화

범주형 데이터의 수치화는 ❸ Continuize 위젯을 사용한다〈그림 5.31〉. 위젯의 범주형 특징 (Categorical Features) 섹션에서 ❹ Treat as ordinal 옵션을 선택하면 특징의 개수는 변하지 않고 예/아니오의 데이터가 1 또는 0으로 바뀐다. 범주형 데이터를 수치형 데이터로 변환하는 것은 이번 장에서 활용할 비지도 학습 알고리즘인 자기조직화 지도(Self Organizing Map)가 수치형 데이터만을 사용하기 때문이다.

〈그림 5.31〉 데이터의 수치화 및 정규화

3) 정규화

데이터 정규화도 ❸ Continuize 위젯에서 처리한다〈그림 5.31〉. Numeric Features 섹션에서 ❺
Normalize to interval [0 1]을 선택하도록 하자. 이 옵션은 데이터의 범위(최대, 최소)를 0과 1
로 균일하게 만들어 준다. 데이터를 정규화하지 않으면, 데이터 샘플 간 거리를 계산할 때 단위가
큰 특징의 영향을 과도하게 받을 수 있다.

Step 3 자기조직화 지도

스키 리조트 데이터의 분석을 위한 위젯 구성은 〈그림 5.32〉와 같이 한다. 특징 제거, 수치화/정규화
를 마친 후, ❶ Self-Organizing Map 위젯과 ❷ Data Table 위젯을 순차적으로 연결한다. 이 때,
Data Table 위젯은 ❸ Self-Organizing Map의 Selected Data로부터 데이터를 받아야 한다.

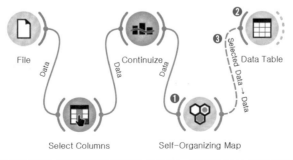

〈그림 5.32〉 자기조직화 지도를 사용하는 데이터 분석 위젯 구성

자기조직화 지도는 전체 데이터 샘플을 $N \times M$의 격자에 매핑시켜 표시하는 데이터 분석 방법이며, 비슷한 데이터 샘플끼리 같은 셀, 또는 인근 셀에 모이는 특성을 가진다. 자기조직화 지도의 기본 결과는 〈그림 5.33〉과 같다. 〈그림 5.33〉에는 총 376개의 데이터 샘플이 격자에 나누어 표기되었다.

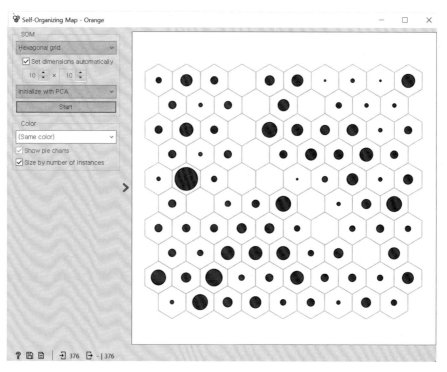

〈그림 5.33〉 자기조직화 지도 분석 결과

그리드 위의 각 셀은 특정 데이터 샘플들의 집합을 나타낸다. 리조트의 이름을 모두 지도상에 표시한다면 보기가 매우 어렵기 때문에, 오렌지에서는 Data Table 위젯을 사용하여 매핑된 데이터 샘플들을 확인한다. Shift 키를 누를 채로 자기조직화 지도의 셀을 클릭하면 여러 개의 셀을 함께 선택할 수 있다〈그림 5.34(a)〉. 선택된 데이터 샘플들은 Data Table 위젯에서 살펴볼 수 있다〈그림 5.34(b)〉. 이때, 두 위젯 사이의 데이터 흐름은 Selected Data에서 Data로 연결되어 있음에 주의할 필요가 있다.

오렌지로 쉽게 배우는 머신러닝과 데이터 분석

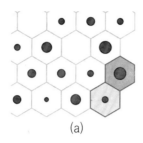

(a)

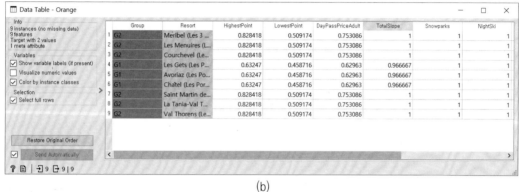

(b)

(a) 그리드 위의 셀을 선택 (b) 데이터 테이블을 통해 선택된 셀에 소속된 데이터 샘플 확인

〈그림 5.34〉 자기조직화 지도에서 각 셀에 소속된 데이터를 살펴보는 방법

Step 4 결과 분석

자기조직화 지도에서 특징(Feature)에 따라 데이터 샘플들이 어떻게 분포되어 있는지 살펴보기 위해서는 Color 옵션에서 원하는 특징을 선택하면 된다. 선택된 특징 값에 따라 색상이 명확히 나누어진다면 군집에 영향을 많이 끼친 (중요한) 특징으로, 그렇지 않다면 영향을 끼치지 못한 (중요하지 않은) 특징으로 해석할 수 있다. 이를 각 특징별로 시각화한 결과는 다음과 같다.

〈표 5.9〉 자기조직화 지도의 특징별 결과 분석

특징	특징에 따른 자기조직화 지도	해석
TotalSlope		우측 하단에 슬로프의 길이가 긴 리조트들이 모여 있으며, 대다수의 리조트들의 슬로프는 상대적으로 짧다. 노란색으로 표시된 셀을 선택하여 해당 리조트들의 이름과 정보를 확인해 볼 수 있다(해당 셀은 〈그림 5.34〉에서 선택된 셀과 동일하다).

특징	특징에 따른 자기조직화 지도	해석
Snowparks		좌측 상단에 있는 셀들은 스노우 파크가 없는 리조트들, 나머지는 대부분 스노우 파크가 있는 리조트들이다. 스노우 파크의 값이 2인 셀(중앙의 연한 색상)은 스노우 파크에 관한 정보가 없는 누락된 데이터 샘플들이다.
NightSki	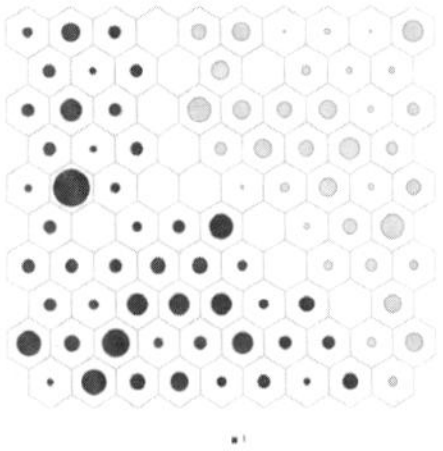	우측 상단의 셀들은 야간 스키가 가능한 리조트들(NightSki의 값은 0으로 되어 있음)이며, 좌측 하단은 야간 스키가 불가능한 리조트들이다.
TotalLifts		우측 하단과 우측 상단의 셀들은 리프트의 개수가 상대적으로 많은 리조트들이다.
SnowCannons	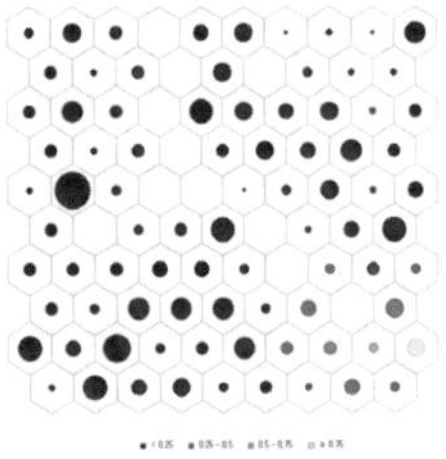	우측 하단의 셀들은 스노우 캐논의 수가 많은 리조트들이다.
HighestPoints	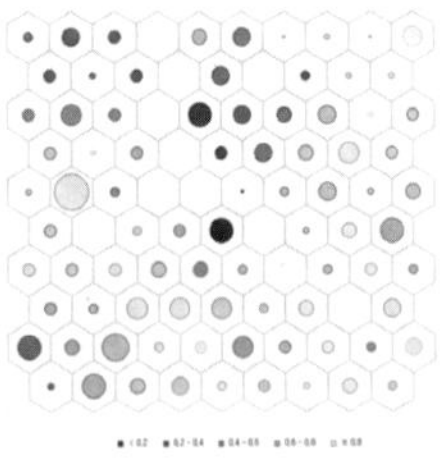	스키 리조트의 고도는 스키장 분류에 큰 영향을 끼치지 못했다.

위 내용을 정리하면 다음 그림과 같이 나타내 볼 수 있다. 전반적으로 우측 하단에 있는 셀들이

긴 슬로프, 다수의 스노우 캐논과 리프트를 가지고 있고 야간 스키가 가능한 리조트들임을 알 수 있다. 우측 상단의 셀들은 리프트가 많은 리조트들이지만, 슬로프가 상대적으로 짧고 스노우 캐논의 수도 적으며, 대부분 야간 스키가 불가능하다. 좌측에 배치된 리조트들은 대체로 소규모 리조트들인 것으로 보인다. 슬로프도 짧고 리프트와 스노우 캐논의 수도 적으며, 야간 스키도 불가능하다. 하지만 그중, 좌측 상단의 리조트들은 스노우 파크를 가지고 있어 단점을 상쇄하고 있다. 분석 결과를 바탕으로 취향에 맞는 유럽 스키장을 선택해 보자.

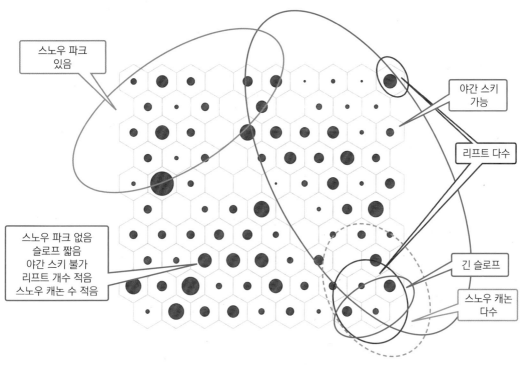

〈그림 5.35〉 자기조직화 지도 결과 분석

더 알아보기!

자기조직화 지도

> 자기조직화 지도는 2차원 격자 위에 데이터를 배치하고 반복적인 조정 작업을 통해
> 비슷한 데이터끼리 영역을 형성하도록 하는 방법이다.

자기조직화 지도는 2차원 격자 위에 데이터를 배치하고 반복적인 조정 작업을 통해 비슷한 데이터들이 인접한 지역에 위치하며, 영역을 형성하도록 하는 방법이다. 자기조직화 지도에서 각 셀은 고유의 대푯값(벡터)을 가지며, 각 데이터는 자신과 가장 유사한 셀(Winner)에 소속된다.

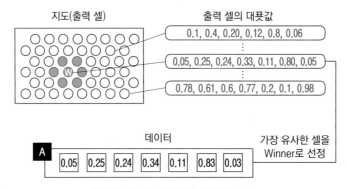

〈그림 5.36〉 자기조직화 지도의 구조

자기조직화 지도의 학습은 각각의 데이터에 대해서 Winner 셀을 선정한 후 셀의 대푯값을 조정하는 작업을 순차적으로 반복하는 것이다.

예를 들어, 데이터의 값이 0.5이고 Winner로 선정된 셀의 대푯값이 0.3이라면, Winner의 대푯값에서 0.1을 빼 대푯값이 Winner와 더 비슷하게 만든다. 이때, Winner 셀 1개의 대푯값만 바꾸지 않고, 인근 여러 셀의 값을 함께 조정하여 지도상에 유사한 데이터들이 영역을 형성하도록 한다.

자기조직화 지도의 알고리즘

1. 출력 셀의 대푯값을 랜덤하게 지정
2. 데이터 샘플 1개 입력
3. 입력받은 데이터 샘플과 가장 유사한(거리가 가까운) 셀을 winner로 선정
4. Winner와 인접한 셀의 대푯값을 데이터 샘플과 더 비슷하게 되도록 조정
5. 모든 데이터 샘플에 대해서 2~4 반복
6. 조정되는 셀 대푯값의 변화량이 매우 작아질 때까지 2~5 반복

대푯값의 수정은 모든 데이터에 대해서 그리고 대푯값의 변화량이 매우 작아질 때까지 반복한다.

5.5 재무 데이터로 우량 기업을 찾아보자(주성분 분석)

Step 1 데이터 준비

얼마 전 주식투자를 시작한 당신은 최근 투자하기에 적당한 회사를 찾는 데 열심을 내고 있다. 그런데 상장된 회사가 너무 많은 데다, 회계와 관련된 지식이 애초에 많지 않아 인터넷에 산재한 정보들을 걸러내는 게 생각처럼 쉽지 않다. 회사들의 정보를 분류하고 우량 기업을 자동으로 찾아주는 방법은 없을까?

〈그림 5.37〉 재무 분석(※출처: freepik.com)

이번 장에서는 기업 재무현황 데이터를 사용하여 비슷한 유형의 기업들을 찾아보도록 한다. 우량 기업을 자동으로 찾아내는 것은 쉽지 않지만, 기업들을 분류한 후, 이미 알고 있는 우량 기업과 비슷한 재무 상태의 기업을 찾는 것은 가능하다.

먼저 기업들의 재무정보를 구하기 위해 한국거래소에서 제공하는 신규상장기업의 일반 재무현황 데이터를 내려 받자. https://kind.krx.co.kr에 접속하여 홈 ➔ IPO현황 ➔ 신규상장기업 ➔ 재무현황 ➔ 일반 재무현황으로 이동하면 된다. 시장 구분은 코스닥, 기간은 전체를 선택하여 1999년부터 현재까지 코스닥에 상장된 전체 기업들의 정보를 받아오도록 한다. Q 검색 버튼을 눌러 아래쪽에 기업 리스트를 확인하고 EXCEL 버튼을 눌러 데이터를 내려 받는다.

〈그림 5.38〉 한국거래소의 기업공시정보 웹 사이트

내려 받은 엑셀 파일을 오렌지에서 사용하기 위해서는 〈그림 5.39〉와 같이 데이터 형태를 조금 수정해 주어야 한다. 각 열의 제목이 한 행으로만 구성되도록 ❶ 특징 이름을 변경하고 ❷ 불필요한 행(그림에서 1, 2, 4행)을 삭제한다.

원본 데이터

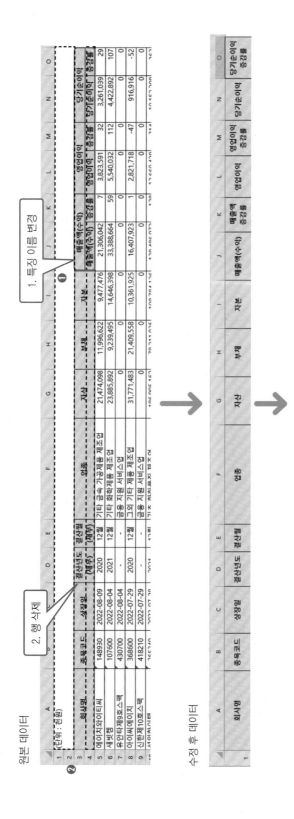

수정 후 데이터

3. 새 이름으로 저장("일반재무현황.xlsx")

〈그림 5.39〉 기업 재무현황 엑셀 파일의 수정 방법

재무 데이터셋을 분석하기 위해서는 몇 가지 전처리 작업이 필요하다〈표 5.10〉. 먼저, ❶ 사용하지 않는 데이터를 제거하고 ❷ 제공되는 특징을 조합하여 새로운 특징을 만든 후, ❸ 분석에 사용하지 않는 특징을 제거하고 ❹ 범주형 데이터를 수치형 데이터로, 수치형 데이터는 동일한 분포를 가지도록 변환한다.

〈표 5.10〉 전처리 기법

전처리 기법	설명
데이터 선택	분석에 사용하지 않을 데이터 제거
특징 추가	특징들을 조합하여 새로운 특징 생성
특징 선택	사용하지 않는 특징 제거
정규화	수치형 데이터를 동일한 분포로 변환

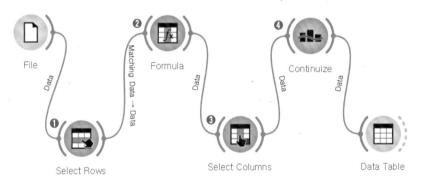

〈그림 5.40〉 전처리를 위한 위젯 배치

1) 데이터 선택

엑셀 데이터를 File 위젯을 사용하여 불러오자. 읽어 온 데이터에는 상장폐지가 된 기업도 함께 포함되어 있으며, 데이터 샘플의 개수가 많아 분석이 어렵다. 결산년도가 2021년인 데이터 샘플들만을 선택하여 작년에 상장폐지가 된 기업들을 제거하고 업종을 '소프트웨어 개발 및 공급업'으로 제한하여 데이터 크기를 줄이자.

데이터 샘플의 선택은 ❶ Select Rows 위젯을 사용한다. 〈그림 5.40〉과 같이 위젯을 연결하고 ❺ 조건을 추가한 후, 데이터 테이블을 사용하여 결과를 확인하라.

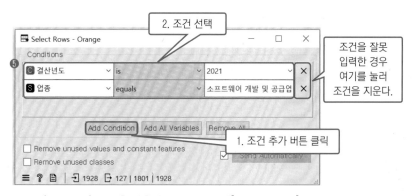

〈그림 5.41〉 조건을 사용하여 데이터 선택[Select Rows]

2) 특징 추가

이번에는 주어진 데이터를 사용해서 새로운 특징을 추가해 보자. 자산, 자본과 부채가 각각 기본 데이터로 제공되고 있으나, 부채의 크기는 자본의 규모와 비교해서 볼 필요가 있으므로 이를 고려하는 새로운 특징(부채비율)을 추가한다〈그림 5.42〉. 특징의 추가는 ❷ Formula 위젯을 사용하며, 새 특징의 이름은 '부채비율'로, 계산식은 '부채/자본*100'으로 한다. Data Table 위젯을 사용하여 새롭게 생성된 특징을 확인할 수 있다.

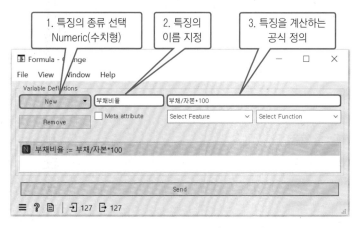

〈그림 5.42〉 새로운 특징의 추가(부채비율)

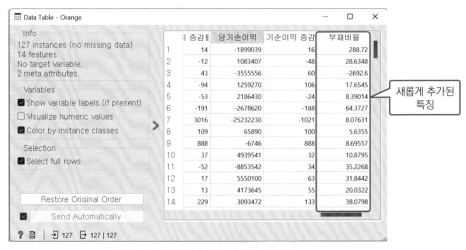

〈그림 5.43〉 새롭게 추가된 특징(부채비율)

3) 특징 선택

새롭게 특징이 추가되면서 데이터는 총 14개의 특징을 가지게 되었으나, 데이터 분석에 14개의 특징 모두를 사용할 필요는 없다. 여기에서는 재무현황 데이터를 사용하여 기업들을 분류해 보는 것이 목적이므로 이와 크게 연관이 없는 특징들은 제거하도록 한다〈그림 5.44〉. 특징의 선택과 제거는 ❸ Select Columns 위젯을 사용하며, ❻ '종목코드', '상장일', '결산월', '결산년도'는 무시(Ignored)로 이동시킨다.

〈그림 5.44〉 사용하지 않는 특징의 제거

4) 정규화[5]

선택된 특징들은 데이터 값들의 분포가 제각각이므로 특정 특징에 결과가 과도하게 영향을 받지 않도록 하기 위해서는 각 특징별로 정규화 작업을 해 주어야 한다. 수치형 데이터의 정규화는 ❹ Continuize 위젯을 사용한다.

Numeric Feature 섹션에서 ❼ Standardize to $\mu = 0$, $\sigma^2 = 1$ 방법을 선택한다〈그림 5.45〉. 이 방법은 데이터의 평균과 표준편차를 균일하게 만드는 방법이다.

결과는 조금 달라질 수 있으나 다른 정규화 옵션을 선택하는 것도 무방하니, 다양하게 옵션을 바꾸어 실험을 해보기 바란다.

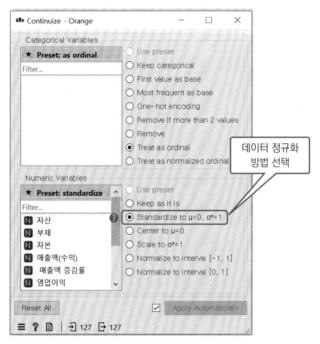

〈그림 5.45〉 데이터 정규화

---

5) Select Rows 위젯에서 범주형 특징을 선택하지 않았으므로, 수치화는 할 필요가 없다. 즉, Categorical Features나 Categorical Outcomes 항목은 결과에 영향을 미치지 않는다.

전처리 단계에서 사용하지 않는 특징을 제거하여 특징의 수는 10개로 감소하였다. 만약, 여전히 특징의 수가 많아 분석이 어렵다면 정보의 손실을 최소화하면서 특징의 수를 줄이는 방법을 고려해야 한다.

주성분 분석(PCA)은 데이터를 설명할 수 있는 새로운 특징을 만드는 방법이다. 이때, 데이터의 분산이 감소되는 양을 최소화하여, 적은 수의 특징만으로도 데이터를 충분히 설명할 수 있도록 하는 것이 주성분 분석의 목표다.

Continuize 위젯 뒤에 ❶ PCA(주성분 분석) 위젯을 붙여서 ❷ 특징 수를 2개로 줄여 보자〈그림 5.46〉. 먼저, 새롭게 만드는 특징(Component)을 2개로 지정하자. PCA 위젯은 특징의 개수에 따라 데이터의 정보가 얼마나 증가/감소하는지를 보여준다. 위쪽 그래프의 수치가 0.607이라면 새롭게 만들어지는 2개의 특징만으로 60% 이상의 정보가 유지된다는 뜻이다.

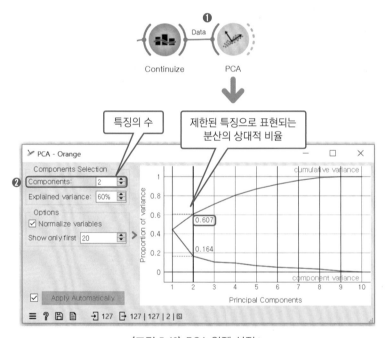

〈그림 5.46〉 PCA 위젯 설정

축소된 특징을 ❸ Scatter Plot, ❹ Data Table을 사용하여 살펴보자. ❺ PCA와의 연결은 Transformed Data에서 Data로 이어져야 한다.

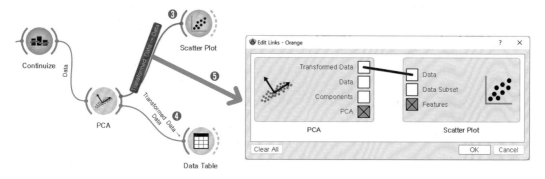

〈그림 5.47〉 PCA 위젯 연결과 설정 방법

Scatter Plot 위젯의 설정은 〈그림 5.48〉과 같이 하자. 축에서 지정하는 ❻ PC1과 PC2는 각각 주성분1, 주성분2라는 뜻이다. ❼ Label을 회사명으로 지정하면 각 기업들이 어떻게 분포되어 있는지를 볼 수 있다. 대부분의 기업들이 비슷한 특성을 보이고 있으나, 몇몇 기업들은 다른 기업들과 다른 재무현황을 보이고 있다.

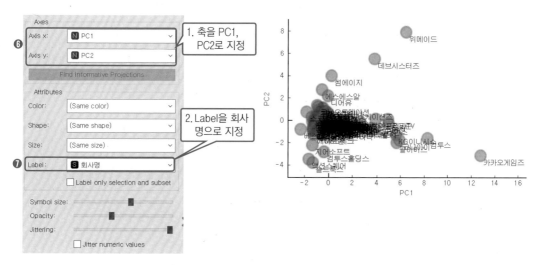

〈그림 5.48〉 Scatter Plot 위젯의 설정과 결과

데이터 테이블을 살펴보면 〈그림 5.49〉와 같이 기존 특징 대신 새롭게 2개의 특징이 생긴 것을 확인할 수 있다.

〈그림 5.49〉 Data Table 위젯으로 살펴보는 주성분 분석 결과

K-평균 알고리즘과 데이터 분석

데이터 분류는 어떤 알고리즘을 사용해도 무방하지만, 여기에서는 보편적으로 널리 활용되는 K-평균 알고리즘을 사용하여 데이터를 분류한다. 데이터 분류와 분석에 사용되는 전체 위젯의 구성은 〈그림 5.50〉과 같이 한다.

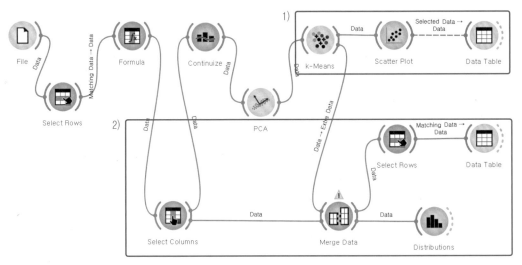

〈그림 5.50〉 기업 재무현황 분석을 위한 전체 위젯 구성

1) K-평균 알고리즘과 산점도 분석

K-평균 알고리즘의 설정은 〈그림 5.51〉과 같이 하자. ❶ 군집의 개수는 5개로 설정하고 Scatter Plot 위젯을 연결하면 비지도 학습의 결과를 볼 수 있다.

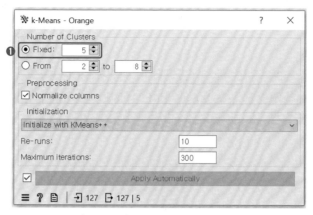

〈그림 5.51〉 k-Means 위젯 설정

산점도의 설정은 앞에서와 같이 ❷ 가로축과 세로축은 각각 PC1, PC2로, ❸ Label을 회사명으로 설정하자. k-Means 위젯은 데이터를 K개의 군집(Cluster)으로 나누어 주므로 ❹ 색상(Color)을 Cluster로 지정하면 분류된 데이터를 직관적으로 파악할 수 있다〈그림 5.52〉.

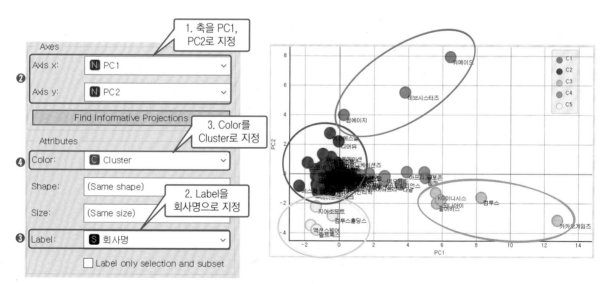

〈그림 5.52〉 K-평균 알고리즘의 적용 결과

분석 결과를 살펴보면 대부분의 기업(〈그림 5.52〉에서는 106개)이 유사성을 보이며 하나의 그룹(C2)으로 묶여 있고, 일부 기업들이 재무현황상 특이성을 보이는 것으로 판단해 볼 수 있다. 주성분 분석을 적용하면 데이터의 차원이 뒤섞인 후 분류가 수행되므로 군집 결과를 구체적으로 분석하는 것은 쉽지 않으나, 데이터 샘플들이 서로 유사한지를 확인하는 데에 효과적으로 활용될 수 있다.

데이터 샘플의 개수가 많아 기업들의 이름을 일일이 확인하기 어려우므로, 데이터 테이블 위젯을 연결하여 선택된 데이터를 확인할 수 있도록 한다. 산점도 그래프에서 마우스를 드래그해서 선택하면, 선택된 데이터 정보를 데이터 테이블에서 확인 가능하다.

	Group	회사명	업종	Cluster	Silhouette	PC1 0.44316	PC2 0.16429
1	G1	카카오게임즈	소프트웨어 개...	C3	0.613693	12.7591	-3.14868
2	G1	펄어비스	소프트웨어 개...	C3	0.594099	5.67081	-2.00065
5	G1	코나아이	소프트웨어 개...	C3	0.601791	5.90486	-1.77491
3	G1	컴투스	소프트웨어 개...	C3	0.633561	8.27379	-1.59712
4	G1	KG이니시스	소프트웨어 개...	C3	0.521309	5.60645	-1.28764

〈그림 5.53〉 Data Table 위젯을 활용하면 Scatter Plot 위젯에서 선택된 데이터를 확인할 수 있다

2) 결과 분석

이번에는 위젯을 몇 개 더 추가하여 원 데이터 차원 상에서의 의미를 분석해 보자.

❶ Merge Data 위젯을 사용하면 k-Means 위젯의 결과와 원 데이터를 통합하여 볼 수 있다〈그림 5.54〉. 이때, ❷ k-Means 위젯의 출력을 Merge Data 위젯의 Extra Data 입력으로 연결해 주어야 한다. 데이터 병합은 회사명을 기준으로 하도록 ❸ Row matching 옵션을 '회사명'으로 변경하자.

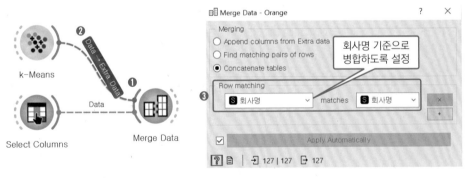

〈그림 5.54〉 Merge Data 위젯 설정

❹ Select Rows 위젯과 ❺ Data Table 위젯은 특정 군집의 데이터를 자세히 보는 데 사용한다. ❻ 살펴보고 싶은 군집을 Select Rows 위젯의 조건으로 설정하고 Data Table 위젯과 연결하자〈그림 5.55〉.

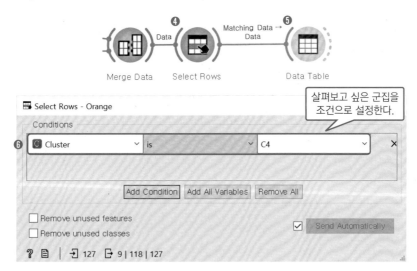

〈그림 5.55〉 Select Rows 위젯 설정

Data Table 위젯을 살펴보면 C2 군집에[6] 자본, 부채, 매출액 등이 비교적 높은 회사들이 묶여 있는 것을 알 수 있다〈그림 5.56〉.

	회사명	업종	매출액 증감률	영업이익 증감률	당기순이익 증감률	부채비율	
1	비플라이소프트	소프트웨어 개...	13	14	16	288.72	
2	모아데이타	소프트웨어 개...	42	-12	-48	28.6348	
3	스코넥	소프트웨어 개...	31	43	60	-2692.6	
4	마인즈랩	소프트웨어 개...	-16	-94	106	17.6545	
5	트윔	소프트웨어 개...	18	-53	-24	8.39014	
6	아이티아이즈	소프트웨어 개...	30	-191	-188	64.3727	
7	디어유	소프트웨어 개...	206	3016	-1021	8.07631	
8	비트나인	소프트웨어 개...	31	109	100	5.6355	
9	코닉오토메이션	소프트웨어 개...	0	888	888	8.69557	
10	브레인즈컴퍼니	소프트웨어 개...	19	37	32	10.8795	
11	딥노이드	소프트웨어 개...	-9	-52	34	35.2268	

〈그림 5.56〉 정규화 이전의 수치로 표시된 군집 데이터

---

6) 랜덤성으로 인해, 군집 번호는 경우에 따라 달라질 수 있다. 최신 오렌지 버전에서는 Merge Data 위젯에서 경고 표시가 발생하며, 당기 데이터, 부채 비율 등이 정규화 이전 데이터와 이후 데이터가 함께 표시되지만, 결과를 확인하는 데 특별한 문제는 없으니 무시해도 좋다.

이렇게 데이터 테이블에서 각 그룹의 정보를 확인해 볼 수 있지만, 그룹별 데이터를 자세히 비교하기는 쉽지 않다. 이번에는 데이터를 시각화해 보자.

❼ Distributions 위젯을 Merge Data 위젯에 연결하고 ❽ 분석할 특징을 선택하자〈그림 5.57〉.

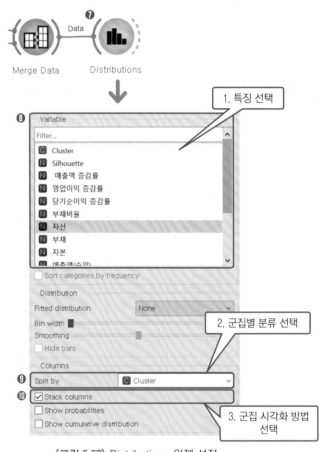

〈그림 5.57〉 Distributions 위젯 설정

❾ Spilt by 옵션을 Cluster로 지정하고 Stack columns를 선택하면 각 군집의 특징별 분포를 살펴볼 수 있다. 몇 가지 특징을 사용해서 분류 결과를 살펴보자〈그림 5.58〉.

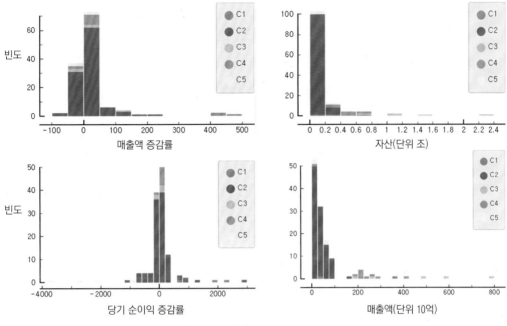

〈그림 5.58〉 군집의 특징별 분포

군집 C1은 매출액 증감률이 400% 이상으로 다른 군집에 비해 매우 높은 특성을 가지고 있으며, C3은 자산규모에서, C4와 C5는 각각 매출과 당기 순이익 증감률에서 다른 그룹과 차별화되는 특성을 가지고 있다는 것을 알 수 있다.

〈표 5.11〉 군집별 기업 특성 정리

군집	특성	기업명[7]
C1	매출액 증감률 400% 이상	썸에이지, 데브시스터즈, 위메이드
C2	보편적인 특성	바이브컴퍼니, 이스트소프트, 넥슨게임즈 등
C3	자산 4,000억 이상	카카오게임즈, 컴투스, KG이니시스 등
C4	매출 1,900억 이상(1개 기업 제외)	안랩, 골프존, 네오위즈 등
C5	당기 순이익 증감률 −840% 이하	솔***, 컴*****, 지**** 등

---

7) 분석 결과는 데이터의 수집 시점, 결산년도, 사용하는 특징의 종류, 분석 기법 등에 따라 달라질 수 있으며, 기업의 영업전략 등에 따라 다르게 해석될 수 있다. 원 데이터에 오류가 있을 수 있으며, 여기에서 도출된 정보가 해당 기업의 건실성 등을 증명하는 것은 아니다.

더 알아보기!

주성분 분석

> 주성분 분석은 데이터의 분산값이 최대화되도록 데이터의 차원(특징) 축을
> 새롭게 구성한 후 중요도에 따라 나열하는 방법이다.

데이터 과학에서 '특징의 개수'는 다른 말로 '차원의 크기'라고도 한다. x, y와 같이 특징의 개수가 2개라면 2차원, 이 데이터에 새로운 특징을 만들어 특징의 개수가 3개가 된다면 3차원에서 존재하는 데이터가 된다.

데이터의 차원은 크면 클수록 분석 난이도가 높아지며, 올바른 분석을 위해서 필요한 데이터 샘플의 개수도 많아진다. 2차원 공간상에서 직선 방정식을 구하기 위해서는 데이터 샘플 2개면 충분하지만, 10차원 공간이라면

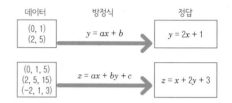

〈그림 5.59〉 차원의 저주. 특징(차원)의 수가 커질수록 정보량이 많아지지만, 문제를 풀기 위해 필요한 데이터의 수도 함께 커진다

방정식을 풀기 위해 적어도 10개의 데이터 샘플이 필요한 것과 마찬가지다. 정확한 값이 주어지는 중고교 수학 문제와는 달리, 현실의 데이터에는 오차(노이즈)가 섞여 있기 때문에, 차원이 커짐에 따라 필요한 데이터 샘플의 수는 기하급수적으로 커지게 된다. 이와 같은 문제를 차원의 저주라고 한다.

주성분 분석은 데이터의 분산 값이 최대화되도록 데이터의 차원 축을 새롭게 구성한 후 중요도에 따라 나열하는 데이터 분석법이다. 앞의 기업 재무현황 데이터 분석에서 PC1, PC2와 같이 나타난 것이 새롭게 구성된 차원의 이름이며, PC 뒤의 숫자가 작을수록 더 중요한 (분산값이 큰) 축이다. 〈그림 5.60〉은 2차원 데이터를 주성분 분석을 사용해 1차원으로 만드는 예다.

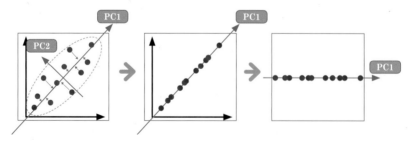

〈그림 5.60〉 주성분 분석의 동작과 활용. 데이터의 분포를 감안하여 데이터의 축을 새로 만들고 그 중 데이터의 분산이 가장 큰 축에 데이터를 매핑하여 차원을 축소한다

연습문제

1. 인공지능 모델은 학습시키는 방식에 따라 지도 학습과 비지도 학습으로 나뉜다. 비지도 학습에 대해 설명하고 비지도 학습의 예를 3가지 들어보시오.

2. 다음 중 비지도 학습 위젯이 아닌 것을 모두 고르시오.

   ① Self Organized Map   ② Hierarchical Clustering

   ③ Distributions   ④ K-means   ⑤ Neural Networks

3. Hierarchical Clustering 위젯을 사용하기 위해서는 인스턴스 사이의 거리를 계산해 주어야 한다. 이를 위해 사용하는 위젯의 이름은 무엇인가?

4. 계층적 군집 분류(Hierarchical Clustering)는 비지도 학습 방법 중 하나이다. 계층적 군집 분류에는 데이터 샘플 간의 거리를 계산하는 4가지 방법이 있다. 계층적 군집 분류에 대해 설명하고 인스턴스 간의 거리를 계산하는 방법에 대해 설명하시오.

5. MDS 위젯과 Scatter Plot 위젯의 차이에 대해 설명하시오.

6. 5.3장에서 동물원 데이터셋을 K-means 위젯을 사용하여 분석할 때 K의 값은 7로 설정하였다. K의 값을 8부터 10까지 증가시켜 가면서 데이터의 그룹이 어떻게 바뀌는지 확인하고 그 의미에 대해 설명하시오.

7. 5.4장에서는 스키장 데이터셋을 자기조직화 지도를 사용하여 분석하기 전에 수치형 데이터를 0과 1 사이의 값으로 정규화하였다. 이 외의 다른 정규화 방법을 적용해 보고 정규화 방법에 따라 결과에 어떤 차이가 있는지를 조사하시오.

8. Course Grade 데이터셋은 오렌지의 Datasets 위젯에서 제공하는 데이터셋으로 학생들의 7개 과목 성적으로 구성되어 있다. K-Means 위젯을 사용하여 학생들을 5개 그룹으로 나누고 PCA 위젯을 사용하여 2개의 주성분을 구한 후, Scatter Plot 위젯을 사용하여 데이터를 시각화하시오. 이때, Scatter Plot의 두 축은 두 개의 주성분으로 각각 지정하시오.

9. 오렌지에서 제공하는 Iris 데이터셋을 이용하여 3가지 종류의 붓꽃을 분석하시오. 1) ~ 3)에 따라 분류를 수행하여 시각화한 결과를 분석하시오.
   1) K-Means와 MDS 위젯 이용

   2) Self-Organizing Map 위젯 이용

   3) MDS와 Self-Organizing Map 분석 비교

10. 오렌지에서 제공하는 Glass 데이터셋에는 6가지 종류의 유리에 대한 9가지 산화물 함량 정보가 들어 있다. 산화물 함량으로 유리의 종류를 정확하게 식별할 수 있으면 범죄 현장에 남겨진 유리가 증거로 채택될 수 있다고 한다. 비지도 학습 기법들을 활용하여 데이터를 특징별로 분석하시오.

지도 학습과 데이터 분류

contents

6.1 지도 학습이란?

> 지도 학습은 정답이 제공되는 데이터를 사용하여 인공지능을 학습시키는 방법이다.

 지도 학습 vs 비지도 학습

데이터별 정답을 확인하며 학습　　데이터의 특성을 사용하여 학습
답을 알고 있는 문제　　　　　　답을 모르는 문제
예측, 분류　　　　　　　　　　　군집 분석

〈그림 6.1〉 지도 학습과 비지도 학습

갓 대학에 입학한 어떤 학생에게 새로운 수학 개념을 가르쳐야 하는 상황을 생각해 보자. 교수가 먼저 개념과 예제 문제를 풀어 주고 학생은 따라서 문제를 푼다. 예제 문제가 어느 정도 익숙해지면, 비슷하지만 조금 다른 문제를 내어 학생의 이해도를 확인한다. 만약 연습문제를 틀렸다면 정답을 가르쳐 주고, 문제를 맞힐 때까지 반복해서 연습문제를 풀도록 한다.

데이터 분석에서는 데이터가 그 자체로 문제가 된다. 주어진 데이터가 무엇인지, 어떤 의미인지를 알아내어야 하는데 이와 같은 정보가 미리 계산되어 제공된다면, 우리는 지도 학습 방식으로 인공지능을 학습시킬 수 있다.

그런데 정답을 이미 다 알고 있다면, 왜 다시 인공지능을 학습시키는 것일까? 그것은 지도 학습의

최종 목표가 단순히 데이터를 분석하는 것을 넘어서기 때문이다. 지도 학습의 목표는 아기와 같은 인공지능 모델을 교육시켜서 새롭게 주어지는 데이터에 대해서도 척척 답을 내어 놓을 수 있는 인공지능 모델을 만드는 것이다〈그림 6.2〉.

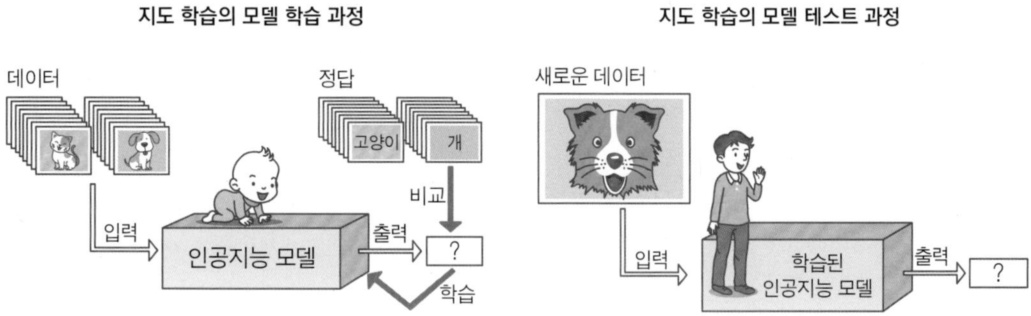

지도 학습의 모델 학습 과정   지도 학습의 모델 테스트 과정

〈그림 6.2〉 지도 학습에서의 모델 학습과 테스트 과정

따라서 지도 학습에서는 학습된 모델의 평가가 필수적인데, 인공지능 모델의 평가는 전체 데이터를 학습용과 테스트용으로 나누어서 진행한다〈그림 6.3〉. 컴퓨터의 기억 능력은 사람에 비해 매우 뛰어나므로, 학습에 사용된 데이터로 테스트를 진행할 경우 단순히 정답을 암기한 것인지, 아니면 데이터를 이해한 것인지를 구분할 수 없기 때문이다.

〈그림 6.3〉 학습용 데이터와 테스트용 데이터의 분리

1. 지도 학습을 사용하는 예

1) 수치예측 모델

수치예측 모델은 주어진 입력 데이터(특징)로부터 출력(타겟) 값의 수치를 예측하는 문제를 다룬다. 한 예로, 키로부터 학생들의 몸무게를 예측하는 문제를 생각해 보자〈그림 6.4(a)〉. 몸무게가 키에 비례한다고 가정한다면, 몸무게(y)는 키(x)와 선형 관계를 가지는 식($y = ax + b$)으로 생각해 볼 수 있다. 선형 관계를 가지는 수치예측 모델은 특징과 타겟의 관계를 나타내는 1차 방정식이다.

2) 분류 모델

분류 모델은 주어진 입력 데이터(특징)로부터 범주형 데이터인 출력(타겟) 값을 예측하는 문제를 다룬다. 분류 모델의 출력은 다양한 수치 값이 아닌 0, 1, 2, … 등으로 표현할 수 있는 제한된 개수의 범주다. 한 예로 X-ray 영상에서 나타난 종양의 넓이와 길이로부터 암세포 여부를 판단하는 문제를 생각해 보자〈그림 6.4(b)〉. 데이터 공간상의 선을 찾는 것은 수치예측 모델과 같지만, 데이터를 범주별로 구분할 수 있는 선을 찾는다는 것은 수치예측 모델과 다르다. 〈그림 6.4(b)〉에서는 직선을 기준으로 데이터가 2개 범주로 올바르게 분리된 것을 볼 수 있다.

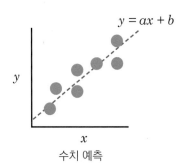

키	몸무게
160	55
170	60
180	82
175	?

(a)

넓이	길이	분류
3.90	3.14	암세포
0.05	0.48	정상
0.09	0.11	정상
7.14	7.96	?

(b)

〈그림 6.4〉 수치예측 모델(a)과 분류 모델(b)

오렌지로 쉽게 배우는 머신러닝과 데이터 분석

2. 지도 학습의 주요 위젯

지도 학습 위젯들은 오렌지의 Model 섹션에서 찾을 수 있으며〈그림 6.5〉, 이 책에서는 실제 데이터 분석에 널리 사용되는 8개 위젯을 사용하여 데이터를 분석한다〈표 6.1〉.

〈표 6.1〉데이터 분석에 사용할 전통적인 지도 학습 위젯

위젯 이름	한글 이름	기능
Linear Regression	선형 회귀	특징과 타겟의 관계를 선형으로 가정하고 수치 예측
Logistic Regression	로지스틱 회귀	로지스틱 함수를 사용하는 분류
Naive Bayes	나이브 베이즈	사전/사후 확률을 사용하는 분류
kNN	K-최근접 이웃	알려진 K개 데이터의 분류 정보를 사용하여 미지의 데이터를 분류
Tree	의사결정 트리	조건에 따라 분기하는 트리를 사용하여 분류
Random Forest	랜덤 포레스트	다수의 트리를 사용하여 분류의 안정성 향상
SVM	서포트 벡터 머신	두 집단을 나누는 초평면을 사용하여 데이터 분류
Neural Network	인공신경망	두뇌 구조를 모방하여 만든 분류 모델

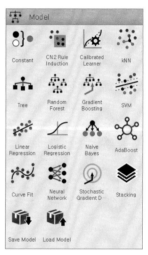

〈그림 6.5〉지도 학습 위젯

6.2 주택 가격을 예측해 보자(회귀분석)

Step 1 데이터셋 불러오기

미국 워싱턴 외곽에 사는 A 씨는 다른 지역으로 이사를 가기 위해서 집을 팔려고 한다. 문제는 지금 살고 있는 집이 오래된 주택이고 주변에 비슷한 크기의 집이 거의 없어 적당한 가격이 얼마쯤 될지 예측하기 힘들다는 것이다. 이리저리 정보를 찾던 중, A 씨는 비슷한 규모의 도시인 보스턴〈그림 6.6〉의 주택 가격 데이터셋을 발견했다. 보스턴과 워싱턴의 집값이 비슷한 규칙에 의해 형성된다고 가정한다면, 이 데이터셋을 통해 A 씨가 팔려고 하는 집의 적정 가격을 예측할 수 있을까?

〈그림 6.6〉보스턴 지도
(※ 출처: 위키피디아)

보스턴의 집값 데이터[1]는 오렌지의 ❶ Datasets 위젯을 사용하여 불러올 수 있다〈그림 6.7~9〉. 데이터는 범죄율, 강 인근 여부 등 14개의 특징으로 구성되어 있으며〈표 6.2〉, 보스턴 시내 506개 지역에 대해 각 특징의 값들이 기록되어 있다. 이 중 MEDV로 명명된 해당 지역의 중위 집값이 예측해야 할 타겟이다.

〈그림 6.7〉 데이터 선택과
확인을 위한 위젯 구성

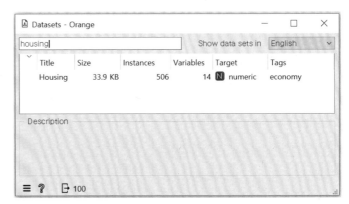

〈그림 6.8〉 보스턴 집값 데이터의 선택

		MEDV	CRIM	ZN	INDUS	CHAS	NOX	RM	AGE	DIS
	42	26.6	0.12744	0.0	6.91	0	0.4480	6.770	2.9	5.7209
	75	24.1	0.07896	0.0	12.83	0	0.4370	6.273	6.0	4.2515
	74	23.4	0.19539	0.0	10.81	0	0.4130	6.245	6.2	5.2873
	44	24.7	0.15936	0.0	6.91	0	0.4480	6.211	6.5	5.7209
	43	25.3	0.14150	0.0	6.91	0	0.4480	6.169	6.6	5.7209
	71	24.2	0.08826	0.0	10.81	0	0.4130	6.417	6.6	5.2873
	253	29.6	0.08221	22.0	5.86	0	0.4310	6.957	6.8	8.9067
	73	22.8	0.09164	0.0	10.81	0	0.4130	6.065	7.8	5.2873
	244	23.7	0.12757	30.0	4.93	0	0.4280	6.393	7.8	7.0355
	254	42.8	0.36894	22.0	5.86	0	0.4310	8.259	8.4	8.9067
	252	24.8	0.21409	22.0	5.86	0	0.4310	6.438	8.9	7.3967
	215	23.7	0.28955	0.0	10.59	0	0.4890	5.412	9.8	3.5875

Data Table - Orange

Info
506 instances (no missing data)
13 features
Numeric outcome
No meta attributes.

Variables
☑ Show variable labels (if present)
☐ Visualize numeric values
☑ Color by instance classes

Selection
☑ Select full rows

Restore Original Order

☑ Send Automatically

≡ ? 🗋 | ⤇ 506 ⤆ 506 | 506

〈그림 6.9〉 보스턴 집값 데이터

---

1) 보스턴 집값 데이터는 1970년대 후반의 보스턴의 주택 정보이다. 조금 오래되긴 했으나, 인공지능 알고리즘을 테스트하기 위해서 여전히 활용되고 있는 유명 데이터셋이다.

Step 2 데이터 기초 분석

데이터를 올바르게 분석하기 위해서는 데이터에 대한 기초적인 정보를 먼저 숙지해야 한다. 여기에서는 ❷ Correlations 위젯을 사용하여 각 특징과 타겟 사이의 상관관계를 파악해 보자〈그림 6.10〉.

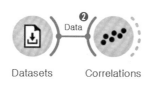

Datasets   Correlations

〈그림 6.10〉 상관관계 분석

〈표 6.2〉 보스턴 집값 데이터의 특징

특징	설명
MEDV	해당 지역의 주택 가격(중앙값)
CRIM	범죄율
ZN	거주 지역 비율
INDUS	비 소매상업 지역 토지 비율
CHAS	찰스 강 인근 여부
NOX	일산화질소
RM	평균 방의 개수
AGE	1940년 이전에 건축된 주택 비율
DIS	보스턴 직업센터 접근성 지수
RAD	고속도로 접근성 지수
TAX	재산세율
PTRATIO	학생/교사 비율
B	아프리카계 미국인 비율
LSTAT	저소득층 비율

1	-0.738	LSTAT	MEDV
2	+0.695	MEDV	RM
3	-0.508	MEDV	PTRATIO
4	-0.484	INDUS	MEDV
5	-0.469	MEDV	TAX
6	-0.427	MEDV	NOX
7	-0.388	CRIM	MEDV
8	-0.382	MEDV	RAD
9	-0.377	AGE	MEDV
10	+0.360	MEDV	ZN
11	+0.333	B	MEDV
12	+0.250	DIS	MEDV
13	+0.175	CHAS	MEDV

하위계층 비율 (집값에 반비례)

방의 개수 (집값에 비례)

교사 대비 학생 수 비율 (집값에 반비례)

〈그림 6.11〉 집값과의 상관계수

상관계수는 절댓값이 1에 가까울수록 특징 간의 관계가 밀접하므로, 〈그림 6.11〉로부터 하위 계층 비율과 방의 크기가 집값에 큰 영향을 미치는 것을 알 수 있다. 저소득층의 비율이 적을수록, 방의 개수가 많을수록 가격이 높다. 교육 환경도 많은 영향을 끼치고 있다. 교사 대비 학생 수가 작을수록 더 집값이 높다. 물론, 데이터의 분석은 항상 주의를 기울여서 다각도로 살펴보아야 한다. 연관이 있는 두 특징 중 어느 것이 원인인지는 이것만으로는 알 수 없기 때문이다. 예를 들어, 데이터는 하위 계층의 비율과 집값이 반비례 관계임을 보여주고 있으나, 저소득층이 많아 집값이 낮은 것이 아니라, 낮은 집값으로 인해 저소득층의 거주율이 높아졌을 가능성이 더 많다.

Datasets   Scatter Plot
〈그림 6.12〉 Scatter Plot 위젯을
통한 상관관계 분석

상관계수의 의미는 ❸ Scatter Plot 위젯〈그림 6.12〉을 사용하면 더 직관적으로 파악할 수 있다. 위젯의 Axes 옵션에서 어떤 특징들 사이의 관계를 볼 것인지 선택하면 특징들 사이의 관계가 산점도로 나타난다〈그림 6.13〉. 데이터 분포가 직선에 가까워질수록(비례 또는 반비례) 상관계수의 절댓값이 커지고 데이터의 분포가 무작위에 가까워질수록 상관계수의 절댓값이 작아진다.

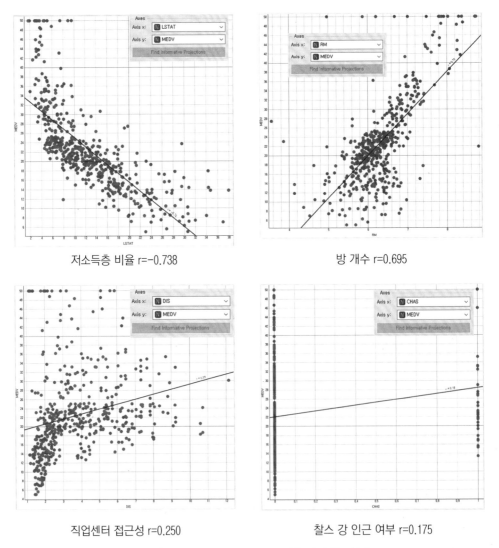

저소득층 비율 r=-0.738   방 개수 r=0.695

직업센터 접근성 r=0.250   찰스 강 인근 여부 r=0.175

〈그림 6.13〉 각 특징과 집값의 상관관계를 나타내는 산점도

Step 3 학습-테스트 데이터 분할

앞서 살펴본 바와 같이 지도 학습에서는 전체 데이터를 학습용과 테스트용으로 나누어 분석을 수행해야 한다. 오렌지에서는 Data Sampler 위젯을 사용하여 데이터를 손쉽게 분할할 수 있다〈그림 6.14〉. ❶ Data Sampler 위젯을 연결한 후, 더블클릭하여 ❷ Fixed proportion of data 항목의 값을 80%로 맞추자〈그림 6.15〉.

〈그림 6.14〉 학습-테스트 데이터의 분할

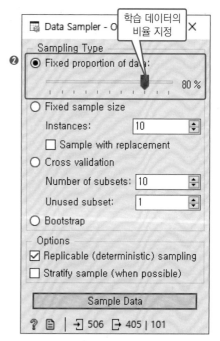

〈그림 6.15〉 Data Sampler 위젯 설정

Step 4 선형 회귀 모델의 학습

선형 회귀모델은 특징과 타겟 사이의 관계를 다항 1차 방정식으로 나타내는 모델이다. 둘 사이의 관계가 비교적 단순할 때 좋은 결과를 기대할 수 있다. 보스턴 집값 데이터는 앞서 Correlations, Scatter Plot 위젯을 사용하여 분석해 본 바와 같이, 각각의 특징과 타겟 사이에 선형 관계가 발견되므로 선형 회귀 모델이 데이터를 설명할 수 있을 것으로 기대된다.

이전 Step에서 사용한 Data Sampler 위젯의 출력은 2개가 있는데, 이 중 Data Sample은 랜덤하게 선택된 80%의 데이터, Remaining Data는 나머지 20%의 데이터다. ❶ Data Sampler 위젯의 출력을 ❷ Linear Regression 위젯에 연결하면 선형 회귀 모델이 학습된다〈그림 6.16〉.

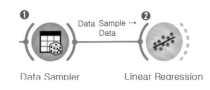

〈그림 6.16〉 선형 회귀 모델

❶ Predictions 위젯을 사용하여 학습된 모델을 검증해 보자. ❷ Linear Regression 위젯의 출력을 Predictions 위젯과 연결하고 ❸ Data Sampler 위젯의 Remaining Data 출력을 Predictions 위젯의 Data 입력으로 연결한다〈그림 6.17〉.

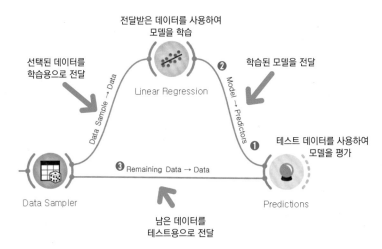

〈그림 6.17〉 선형 회귀를 사용하는 예측

Predictions 위젯을 더블클릭하면 검증 결과를 확인할 수 있다〈그림 6.18〉. 결과 창 상단의 오른쪽에는 예측에 사용된 특징이, 왼쪽에는 예측된 값과 정답 값이 표시되어 있으며, 하단에는 예측결과의 평가 지표가 표시되어 있다.

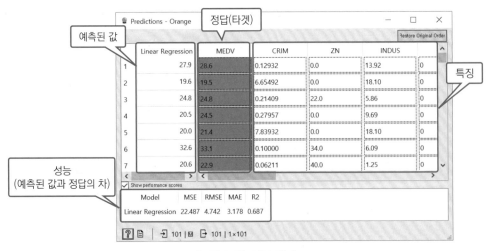

〈그림 6.18〉 검증 결과

〈표 6.3〉 예측 모델의 평가

지표	우리말 이름	계산 방법	해석 방법
MSE	평균 제곱 오차	각 데이터에서 발생한 오차를 제곱한 후 계산된 평균	예측 결과가 정확할수록 0에 가까운 값을 가짐
RMSE	평균 제곱근 오차	MSE의 제곱근	
MAE	평균 절대 오차	각 데이터에서 발생한 오차 절댓값의 평균	
R2	결정 계수	분산을 사용해 정규화된 MSE를 1에서 뺀 값	예측 결과가 정확할수록 1에 가까운 값을 가짐

Predictions 위젯에서는 MSE, RMSE, MAE, R2의 4개 지표를 사용하여 모델을 평가한다. 이 4개 지표는 예측 모델을 평가하는 데 널리 사용되므로 각 지표의 개념을 알아두면 좋다〈표 6.3〉. MSE, RMSE, MAE는 오차의 크기를 나타내는 지표로 예측 결과가 정확할수록 0에 가까운 값을 가지며, R2는 1에서 오차의 크기를 뺀 값으로 결과가 정확할수록 1에 가까워진다. R2는 타겟 값들의 분산을 사용하여 정규화된 값이기 때문에 다양한 데이터들에 대한 결과를 직접 비교하는 경우 유용하다.

여러 지표들 중 해석이 가장 간편한 것은 MAE(평균 절대 오차)다. MAE의 값이 3.178이므로 예측된 집값의 오차가 3.178이라는 것을 알 수 있다.

Step 6 시각화

❶ Scatter Plot 위젯을 사용하면 예측 결과를 시각화해서 살펴볼 수 있다. ❷ Predictions 위젯의 출력을 Scatter Plot 위젯에 연결하자〈그림 6.19〉.

〈그림 6.19〉 Scatter Plot 위젯 연결

Scatter Plot 위젯을 〈그림 6.20〉과 같이 설정하면, 예측한 값이 실제 집값과 어느 정도로 비슷한지 시각적으로 확인할 수 있다〈그림 6.21〉.

〈그림 6.20〉 Scatter Plot 위젯의 설정

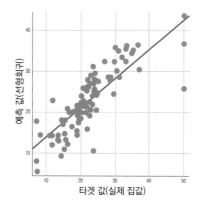

〈그림 6.21〉 예측 값과 타겟 값의 분포도

회귀식 확인

선형 회귀분석은 특징과 타겟의 관계를 1차
방정식으로 나타내므로 선형 회귀분석의
결과를 사용하여 데이터를 나타내는 방정
식(이를 회귀식이라고 한다)을 도출할 수
있다.[2]

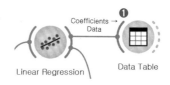

〈그림 6.22〉 회귀식 도출을 위한 위젯 구성

❶ Data Table 위젯을 Linear Regression
위젯에 연결해서〈그림 6.22〉 특징별 계수를
확인해 보자〈표 6.4〉. 특정 지역의 집값을 알
고 싶다면 각 특징의 값에 계수를 곱한 후
각 항을 Y절편과 함께 더하면 된다.

〈표 6.4〉 선형 회귀식에서의 특징별 계수

특징	설명	계수
CRIM	범죄율	−0.10
ZN	거주 지역 비율	0.05
INDUS	비 소매상업 지역 토지 비율	−0.02
CHAS	찰스 강 인근 여부	2.32
NOX	일산화질소	−17.25
RM	평균 방의 개수	3.60
AGE	1940년 이전 건축된 주택 비율	0.01
DIS	보스턴 직업센터 접근성 지수	−1.54
RAD	고속도로 접근성 지수	0.33
TAX	재산세율	−0.01
PTRATIO	학생/교사 비율	−0.91
B	아프리카계 미국인 비율	0.01
LSTAT	저소득층 비율	−0.55
intercept	해당 없음(Y절편)	37.92

---

2) 더 알아보기 참고

보스턴 집값 데이터 분석을 위한 위젯들의 전체 구성은 〈그림 6.23〉과 같다.

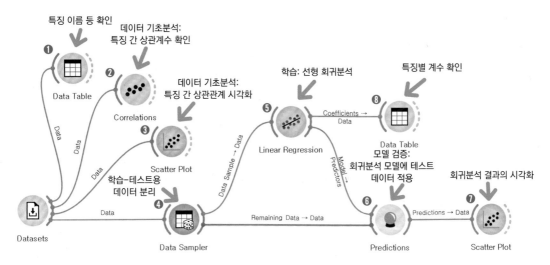

〈그림 6.23〉 보스턴 집값 데이터 분석을 위한 전체 위젯 구성

더 알아보기!

선형 회귀분석

선형 회귀분석은 데이터를 가장 잘 설명하는 직선 방정식을 찾는 데이터 분석 방법이다.

선형 회귀분석은 특징과 타겟의 관계를 선형으로 가정하고 이를 가장 잘 표현하는 직선방정식을 찾는 데이터 분석 방법이다. 가장 단순한 경우인 특징의 개수가 1개인 경우를 살펴보자. 특징을 x, 타겟을 y라고 한다면, 둘 사이의 관계를 표현하는 직선 방정식은 $y = ax + b$로 나타낼 수 있다. 만약 데이터가 〈그림 6.24〉의 표와 같다면, 데이터를 가장 잘 설명하는 방정식은 $y = 2x + 1$이 될 것이다.

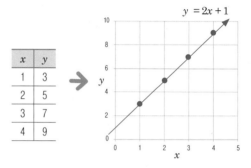

x	y
1	3
2	5
3	7
4	9

〈그림 6.24〉 보스턴 집값 데이터 분석을 위한 전체 위젯 구성

하지만 실제 데이터에서 모든 데이터를 완벽히 설명하는 직선이 존재하는 경우는 거의 없다. 실제 데이터에는 잡음(Noise)이 존재하기도 하고 데이터화되지 않은 다양한 원인 요소들이 있기 때문이다. 이 때문에 데이터를 설명하는 직선에는 항상 오차(Error)가 발생하게 된다.

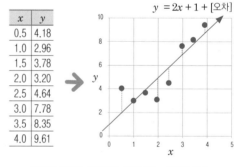

x	y
0.5	4.18
1.0	2.96
1.5	3.78
2.0	3.20
2.5	4.64
3.0	7.78
3.5	8.35
4.0	9.61

〈그림 6.25〉 오차를 허용하는 회귀분석

선형 회귀분석은 오차를 최소화하는 직선을 해당 데이터를 설명하는 모델로 제시하는 방법이다. 특징이 1개인 경우에는 $y = ax + b$와 같은 일차방정식으로, 특징이 여러 개인 경우에는 $y = a_1x_1 + a_2x_2 + \cdots + a_nx_n + b$와 같은 다항 일차방정식으로 모델이 도출된다. 이때, 계수 a의 값은 각 특징에 대한 가중치로 해석될 수 있으므로, 특징의 중요도를 분석하는 방법으로도 많이 사용된다.

6.3 건강검진 데이터로 흡연 여부를 알 수 있을까?
(로지스틱 회귀분석과 나이브 베이즈)

 Step 1 데이터 준비

새해가 되면 많은 사람들이 담배를 끊겠다는 결심을 한다. 금연을 통해 더욱 건강한 몸을 가지고 싶다는 생각일 것이다. 그렇다면, 흡연자와 비 흡연자의 몸 상태는 얼마나 다를까? 그리고, 몸 상태를 살펴보는 것만으로 어떤 사람이 흡연자인지 알 수 있을까? 이번 장에서는 혈압, 체중, 콜 레스테롤 등의 정보로부터 흡연 여부를 예측하는 모델을 만들어 보도록 하자.

〈그림 6.26〉 금연 아이콘

캐글(Kaggle)의 'Smoker Status Prediction using Bio-Signals' 데이터셋[3]에는 약 4만여 명의 건강 정보(혈압, 체중, 콜레스테롤 등)가 들어 있다. 이 데이터셋에는 흡연 정보가 함께 기록되어 있어, 건강 정보로부터 흡연 여부를 예측하고 학습된 모델을 테스트해 볼 수 있다.

〈그림 6.27〉 캐글의 흡연 관련 데이터셋

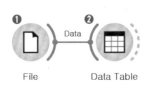

〈그림 6.28〉 데이터 내용 확인

〈그림 6.29〉 File 위젯 설정

캐글의 해당 데이터셋 페이지에 접속한 후, 'Download' 버튼을 눌러 데이터를 내려 받고 ❶ File 위젯과 ❷ Data Table 위젯을 사용하여 train_dataset.csv 파일의 내용을 확인하자〈그림 6.28〉. test_dataset.csv 파일의 데이터에는 정답이 제공되지 않으므로 이번 장에서는 train_dataset. csv 파일만 사용하여 데이터를 분석할 것이다.

---

3) https://www.kaggle.com/datasets/gauravduttakiit/smoker-status-prediction-using-biosignals

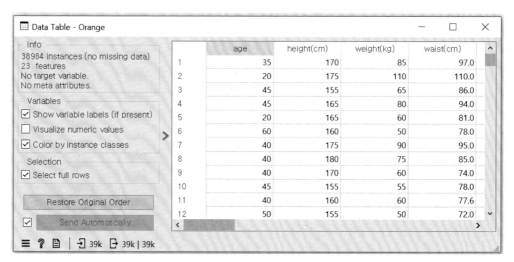

〈그림 6.30〉 Data Table 위젯으로 살펴본 흡연 데이터셋

Data Table 위젯으로 살펴본 흡연 데이터셋은 〈그림 6.30〉과 같다. 이 데이터셋에는 흡연 여부 정보를 포함해 총 23개의 특징이 있는데, 대체로 종합 건강검진을 통해 알 수 있는 건강 정보다〈표 6.5〉.

〈표 6.5〉 흡연 데이터의 특징 정보

종류	이름	설명
특징 (Feature)	age	나이(5살 단위)
	height(cm)	키
	weight(kg)	몸무게
	waist(cm)	허리둘레
	eyesight(left)	시력(왼쪽 눈)
	eyesight(right)	시력(오른쪽 눈)
	hearing(left)	청력(왼쪽 귀)
	hearing(right)	청력(오른쪽 귀)
	systolic	수축기 혈압
	relaxation	이완기 혈압
	fasting blood sugar	공복 시 혈당
	Cholesterol	총 콜레스테롤
	triglyceride	중성지방

종류	이름	설명
특징 (Feature)	HDL	HDL 콜레스테롤
	LDL	LDL 콜레스테롤
	hemoglobin	헤모글로빈
	Urine protein	단백뇨
	serum creatinine	혈청 크레아티닌(신장 기능 검사)
	AST	아스파르테이트아미노 전달효소(간 기능 검사)
	ALT	알라닌아미노 전달효소(간 기능 검사)
	Gtp	γ-GTP(간 기능 검사)
	dental caries	충치
타겟(Target)	smoking	흡연

Step 2 기초 통계 분석

❶ Feature Statistics와 ❷ Box Plot 위젯을 사용하면〈그림 6.31〉각 특징에서 그룹별 차이를 시각화하여 살펴볼 수 있다〈그림 6.33~34〉. 이때, Feature Statistics 위젯의 Color 값은 smoking으로 선택해야 한다〈그림 6.32〉.

Color: ⓒ smoking

〈그림 6.32〉 Feature Statistics 위젯 설정

〈그림 6.31〉 기초 통계 분석

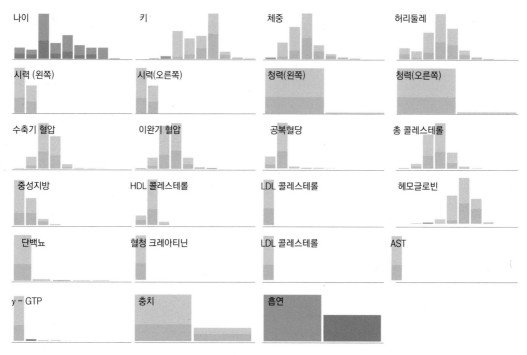

〈그림 6.33〉특징별 Feature Statistics 결과(짙은 파랑색: 흡연자, 옅은 파랑색: 비흡연자)

기초 통계 분석 결과를 살펴보면 많은 특징들에서 흡연자와 비흡연자의 차이가 나타나는 것을 알 수 있다. 예를 들어, 흡연자는 비흡연자에 비해 키가 크고 체중이 많이 나가며, 공복 혈당, 중성 지방, HDL 콜레스테롤, 헤모글로빈 등 대부분의 지표에서 상대적으로 큰 값을 가지는 것으로 나타났다. 단, 이 수치는 그룹 간 평균을 비교한 것으로 개별적인 지표 값만으로 흡연자와 비흡연자를 구분할 수는 없다〈그림 6.34〉.

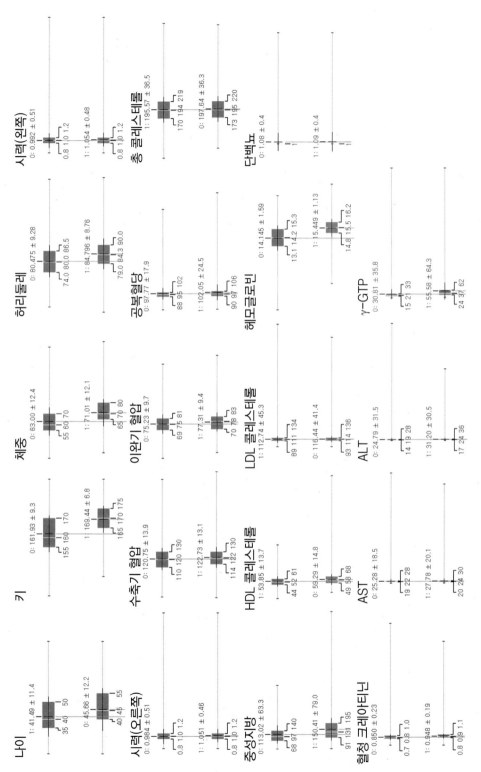

〈그림 6.34〉 특징별 Box Plot 결과(특징별 상단: 비흡연자, 하단: 흡연자 그룹)

기초 통계 분석 결과를 바탕으로 흡연 예측 모델에 사용하지 않을 특징을 선택해 제거해 보자. File 위젯에 ❶ Select Columns 위젯을 연결한 후, Select Columns 위젯의 설정 창에서 ❷ 시력(eyesight(left), eyesight(right)) 및 청력(hearing(left), hearing(right)), 단백뇨(Urine protein), 콜레스테롤(Cholesterol) 등을 제거(Ignored)하자〈그림 6.36〉.

〈그림 6.35〉 특징 선택

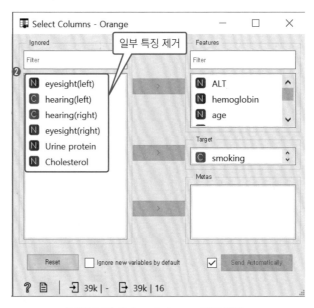

〈그림 6.36〉 Select Columns 위젯 설정

Step 4 인공지능 모델의 학습과 검증(로지스틱 회귀, 나이브 베이즈)

이번 분석에서는 로지스틱 회귀와 나이브 베이즈 방법을 사용하여 흡연 여부를 예측하는 모델을 만들어 보도록 하자. 로지스틱 회귀와 나이브 베이즈는 타겟 데이터가 범주형 데이터일 때 사용이 가능한 분류 모델이다. 실숫값을 직접 예측하는 선형 회귀분석과는 달리, 데이터가 어느 범주(카테고리)에 속하는지를 예측한다. 이 모델들은 그룹 간 특징 분포의 차이가 뚜렷이 나타나는 경우 좋은 성능을 기대해 볼 수 있다. 그룹 간 특징 분포의 차이는 〈그림 6.34〉와 같이 Box Plot 위젯을 활용하여 알아볼 수 있다.

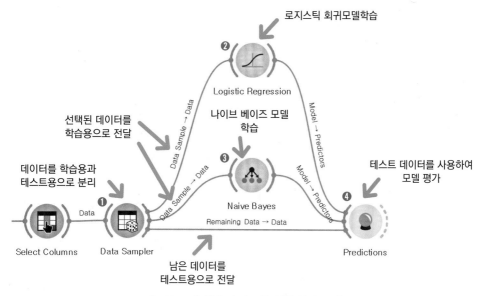

로지스틱 회귀모델학습

② Logistic Regression

선택된 데이터를
학습용으로 전달

나이브 베이즈 모델
학습

데이터를 학습용과
테스트용으로 분리

③ Naive Bayes

테스트 데이터를 사용하여
모델 평가

Data Sample → Data

Data Sample → Data

Model → Predictors

Model → Predictors

① Data

Remaining Data → Data

④

Select Columns Data Sampler

Predictions

남은 데이터를
테스트용으로 전달

〈그림 6.37〉 학습과 검증을 위한 위젯 구성

인공지능 모델의 학습과 검증을 위한 위
젯 구성은 〈그림 6.37〉과 같이 한다. 위
젯의 전반적인 구성은 선형 회귀분석
(Linear Regression)과 동일하나, 모
델 위젯의 종류만 달라졌다. ❶ Data
Sampler는 데이터를 학습용과 테스트용

☑ Show perfomance scores   Target class: (Average over classes)

Model	AUC	CA	F1	Precision	Recall
Logistic Regression	0.804	0.721	0.717	0.716	0.721
Naive Bayes	0.770	0.692	0.697	0.715	0.692

〈그림 6.38〉 검증 결과

으로 분리하고 인공지능 모델들은 학습용 데이터를 사용하여 학습된다. ❹ Predictions 위젯은
테스트 데이터를 받아 학습된 모델을 평가한다.

Predictions 위젯을 더블클릭하면 검증 결과를 확인할 수 있다〈그림 6.38〉. 표시되는 검증 지표는
선형 회귀의 결과와 달리, AUC, CA, F1, Precision, Recall로 표시되어 있다. 이중 가장 보편적
으로 사용되는 것은 '분류 정확도(Classification Accuracy: CA)'로 전체 데이터 중 올바르게 분
류한 데이터의 비율을 의미한다.

검증 결과 로지스틱 회귀분석이 72.1%의 정확도로 69.2%의 나이브 베이즈 방법에 비해 높은 성
능을 보였다. 로지스틱 회귀분석, 나이브 베이즈 방법, 그리고 다른 평가 지표들은 [더 알아보기]
에서 조금 더 자세히 설명하도록 한다.

❶ Confusion Matrix 위젯을 Predictions 위젯의 출력과 연결하여 사용하면 모델의 예측 결과를 보다 구체적으로 분석할 수 있다〈그림 6.39〉.

〈그림 6.39〉 혼동행렬의 계산

〈그림 6.40〉는 혼동행렬의 기본 구조. 혼동행렬은 데이터가 어떻게 예측된 것인지를 통계화해서 나타내 주는 것으로 흡연 데이터셋과 같이 이진 분류 모델이 구성된다면 발생하는 4개 경우의 수에 대해 빈도를 계산한다. 흡연 데이터에 대한 4개 경우의 수는 다음과 같다.

1) TN: 0(비흡연)인 타겟을 비흡연(0)으로 인식

2) FP: 0(비흡연)인 타겟을 흡연(1)으로 인식

3) FN: 1(흡연)인 타겟을 비흡연(0)으로 인식

4) TP: 1(흡연)인 타겟을 흡연(1)으로 인식

〈그림 6.40〉 혼동행렬의 기본 형태

〈그림 6.41〉은 혼동행렬 계산의 한 예다. 각각의 데이터에 대해 타겟 값과 예측 값을 비교하고 예측 값에 따라 P 또는 N의 기호를, 예측 값의 정답 여부에 따라 T 또는 F의 기호가 결정된다. 여기서 기호의 발생 빈도를 표로 만든 것이 바로 혼동행렬이다.

ID	타겟 값	예측 값	정답 여부	예측 기호
1	1(흡연)	1(흡연)	T	P
2	1(흡연)	0(비흡연)	F	N
3	0(비흡연)	0(비흡연)	T	N
4	0(비흡연)	1(흡연)	F	P
5	1(흡연)	1(흡연)	T	P
6	1(흡연)	1(흡연)	T	P
7	0(비흡연)	0(비흡연)	T	N

〈그림 6.41〉 혼동행렬 계산의 예

혼동행렬의 표시 방법을 ❷ 'Proportion of actual'로 선택하면 두 모델의 결과를 보다 분명하게 비교할 수 있다〈그림 6.42〉. 로지스틱 회귀분석의 정확도는 72.1%로 나이브 베이즈의 69.2%보다

2.9% 높지만, 로지스틱 회귀분석은 흡연자의 44.1%를 비흡연자로 판단하는 등, 흡연자 분류에 대한 정확도는 나이브 베이즈 방법에 비해 떨어지는 것을 볼 수 있다.

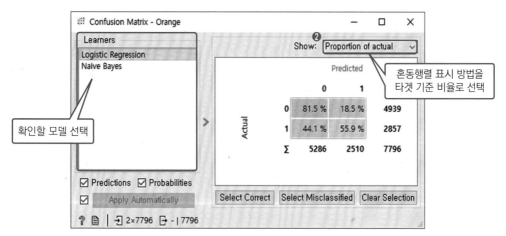

로지스틱 회귀의 혼동행렬

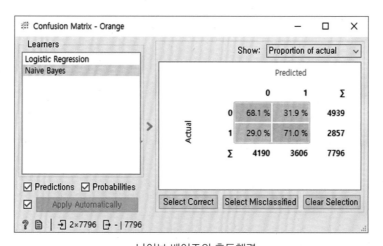

나이브 베이즈의 혼동행렬

〈그림 6.42〉 Confusion Matrix 위젯의 결과

더 알아보기!

로지스틱 회귀분석

> 로지스틱 회귀분석은 임계치를 기준으로 데이터를 분류하되, 0과 1 사이의 실숫값으로 분류 가능성을 표현하는 분석 방법이다.

데이터를 분류하는 방법 중 가장 단순한 것은 임계치(Threshold)를 사용하는 방법으로 임계치를 기준으로 데이터를 두 그룹으로 나누어 분류한다.

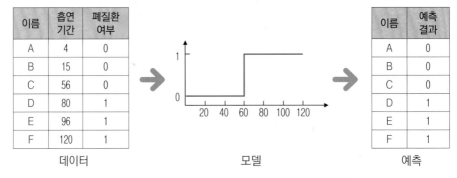

이름	흡연 기간	폐질환 여부
A	4	0
B	15	0
C	56	0
D	80	1
E	96	1
F	120	1

데이터

모델

이름	예측 결과
A	0
B	0
C	0
D	1
E	1
F	1

예측

〈그림 6.43〉 임계치 모델에서의 예측 값 계산 방법

임계치 모델은 데이터의 분포가 그룹별로 명확히 나누어지는 경우 잘 동작한다. 하지만 모든 데이터를 0 또는 1로 분류해 버리기 때문에 명확하게 분류되는 데이터와 애매한 데이터를 구분하지 못한다는 단점이 있다.

로지스틱 회귀분석은 로지스틱(logistic) 함수를 사용하여 특징과 타겟 사이의 관계를 정의하고 이를 사용하여 0과 1 사이의 실수로 예측 결과를 나타낸다〈그림 6.44〉.

로지스틱 회귀분석은 단순하게 0, 1로 분류하기 어려운 데이터를 0과 1 사이의 가능성으로 나타내어 보다 유연하게 데이터를 해석할 수 있다.

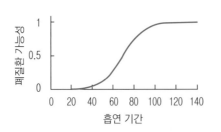

이름	예측 결과
A	0.001
B	0.004
C	0.19
D	0.73
E	0.93
F	0.99

〈그림 6.44〉 로지스틱 회귀모델에서의 예측 값 계산 방법

더 알아보기!

나이브 베이즈

> 나이브 베이즈는 사전/사후 확률 사이의 관계를 사용하는 데이터 분석 방법이다.

나이브 베이즈는 사전/사후 확률 사이의 관계를 사용하여 데이터를 분석하는 방법이다. 단, 모든 특징들이 서로 관계가 없다(독립)고 가정하기 때문에 단순하다는 의미로 나이브(Naïve)라는 이름이 붙여졌다.

나이브 베이즈는 확률의 순서를 뒤집어서(사후 확률 → 사전 확률) 예측 값을 계산한다. 예를 들어, 어떤 사람이 키가 170cm이고 체중이 80kg일 때, 이 사람이 남성인지 예측을 하고 싶다면,

[키 170cm, 체중 80kg인 사람이 남성일 확률] =
[남성일 확률]×[남성이면서 키가 170cm일 확률]×[남성이면서 체중이 80kg일 확률]

로 계산 가능하다. 위 식에서 [남성이면서 키가 170cm일 확률]과 [남성이면서 체중이 80kg일 확률]은 데이터의 분포 〈그림 6.45〉로부터 계산 가능하고, 어떤 사람이 [남성일 확률]은 전체 인원 대비 남성의 비율과 동일하다.

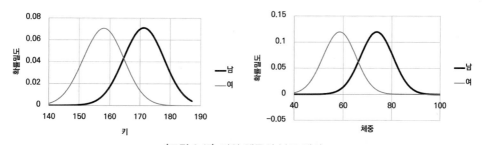

〈그림 6.45〉 키와 체중의 분포 예시

학습 과정에서 나이브 베이즈 모델은 주어진 데이터를 가장 잘 표현하는 분포식(가우스 분포 등)을 찾으며, 테스트 시에는 그룹별 확률을 계산한 후, 가장 큰 확률을 나타내는 분포식의 그룹으로 데이터를 분류한다.

더 알아보기!

지도 학습의 성능 평가

> 지도 학습의 성능을 평가하는 방법에는 분류 정확도, 정밀도, 재현율,
> F1 score, AUC 등이 있다.

〈표 6.6〉 정확도 지표와 계산 방법

지표	계산
분류 정확도	CA = (TP + TN)/Total
정밀도	Precision = TP/(TP + FP)
재현율	Recall = TP/(TP + FN)
F1 score	$F1\ score = \dfrac{2}{\dfrac{1}{Precision} + \dfrac{1}{Recall}}$
TPR	TPR = TP/(FN + TP)
FPR	FPR = FP/(TN + FP)
AUC	AUC = TPR – FPR 커브의 아래쪽 면적

〈표 6.7〉 정확도와 관련된 용어 정의

용어	정의
Total	전체 데이터의 개수
TP	예측 결과가 1이고 정답인 데이터의 개수
FP	예측 결과가 1이고 오답인 데이터의 개수
TN	예측 결과가 0이고 정답인 데이터의 개수
FN	예측 결과가 0이고 오답인 데이터의 개수
T	예측 결과가 정확한 샘플의 개수(TN+TP)
F	예측 결과가 틀린 샘플의 개수(FN+FP)

정확도를 나타내는 지표에는 분류 정확도, 정밀도 등이 있으며, 이
들 지표는 〈표 6.6〉과 같이 계산된다. TP, TN, FN, FP 등은 혼동행
렬의 각 칸을 의미하며, 〈표 6.7〉과 같이 정의된다.

일반적으로 인공지능 모델로부터 예측되는 값은 0과 1 사이의 실숫값
을 가지기 때문에, 최종 인식 결과를 나타낼 때는 임계치를 사용하여
0(Negative) 또는 1(Positive)로 분류하게 된다. 이때, 임계치는 0.5를
사용하는 것이 일반적이지만, 임계치를 조정하면 Positive로 예측하는
비율을 조정할 수 있다. 이때, 임계치를 낮추면 Positive로 예측하는

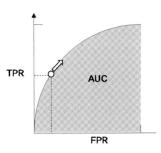

〈그림 6.46〉 AUC의 개념

비율이 높아져 결과적으로 FPR(Positive가 아닌데 Positive라고 예측하는 에러율)과 TPR(Positive를 놓치지 않
고 찾아내는 비율)이 높아지며, 반대로 임계치를 높이면 (Positive로 예측하는 비율이 낮아지므로) FPR과 TPR
모두 낮아진다〈그림 6.46〉.

정확도 지표의 하나인 AUC는 TPR과 FPR을 그래프(이 커브를 ROC 커브라고 한다)로 그린 후 그래프의 아
래쪽 면적으로 계산된다. AUC가 크다는 것은 정확도가 임계치에 영향을 많이 받지 않는다는 의미이며, 따라
서 AUC가 높을수록 모델은 더욱 안정적으로 동작한다.

6.4 이번 펀딩은 성공할 수 있을까?(K-NN, 의사결정 트리, 랜덤 포레스트)

Step 1 데이터 준비

한국대학교 2학년인 B 학생은 친구들과 함께 게임을 개발하면서, 자금을 모으기 위해 프로젝트를 킥스타터(KickStarter)[4]에 올리기로 했다.

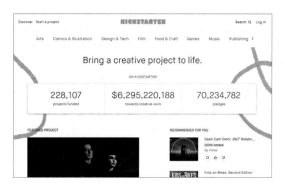

〈그림 6.47〉 킥스타터 홈페이지

킥스타터는 미국의 크라우드 펀딩 플랫폼으로 프로젝트를 제안하고 후원자들에게서 소규모 후원을 받을 수 있다. 킥스타터는 후원 목표 금액을 달성해야 후원금을 프로젝트 제안자에게 주는 방식으로 운영되기 때문에, 킥스타터에서 자금을 조달하는 것은 생각만큼 쉽지 않다.

〈그림 6.48〉 데이터 선택과 확인을 위한 위젯 구성

B 학생은 펀딩에 성공할 수 있을까? 이번 장에서는 킥스타터에서 펀딩에 성공/실패한 사례를 사용하여 프로젝트 정보로부터 펀딩의 성공 여부를 예측하는 모델을 만들어 보자.

〈그림 6.49〉 킥스타터 데이터 선택

---

4) https://www.kickstarter.com/

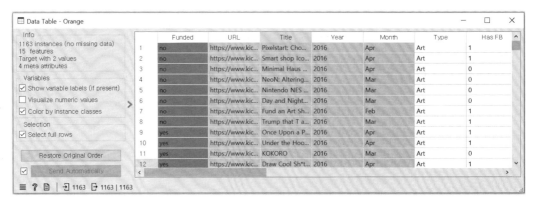

<그림 6.50> 킥스타터 데이터

킥스타터 데이터셋은 15개의 특징과 1개의 타겟(Funded)으로 구성되어 있다<표 6.8>. 이번 장에서는 별도의 특징 선택 과정 없이 모든 특징을 사용해서 타겟을 예측해 보도록 한다.

<표 6.8> 킥스타터 데이터의 특징 정보

종류	이름	설명
특징(Feature)	Type	프로젝트 종류(Art, Game 등)
	Has FB	제안자의 페이스북 페이지 연결
	Backed Projects	제안자가 후원한 프로젝트 수
	Previous Projects	제안자의 이전 프로젝트 수
	Creator Desc Len	제안자 소개글 길이
	Title Len	프로젝트 제목 길이
	Goal	목표 금액
	Duration	펀딩 기간
	Pledge Levels	펀딩 단위 개수(5$, 10$ 등)
	Min Pledge Tiers	최소 펀딩 단위 기준(5$, 10$ 등)
	Max Pledge Tiers	최대 펀딩 단위 기준(5$, 10$ 등)
	Proj Desc Len	프로젝트
	Images	이미지 개수
	Videos	비디오 개수
	Has Video	비디오 유무(비디오 개수가 0보다 큰 경우)
타겟(Target)	Funded	펀딩 성공 여부

이번 분석에서는 K-NN, 의사결정 트리, 랜덤 포레스트 방법을 사용하여 펀딩의 성공 여부를 예측하는 모델을 만들어 보도록 하자. K-NN은 정답을 알고 있는 다른 데이터와 직접 비교하여 테스트 데이터를 분류하는 방법으로 비교적 단순한 전통적 방법이다. 최근엔 그리 많이 쓰이고 있지는 않으나, 지도 학습의 기초적인 개념을 익히는 데 유용하다.

의사결정 트리(Decision Tree)와 랜덤 포레스트(Random Forest)는 각 특징에 대한 조건식으로 학습 모델을 구성하는 방법이며, 각 특징이 분류에 미치는 영향을 매우 구체적으로 확인할 수 있어 분석 결과의 활용도가 매우 높다. 또한, 적은 수의 데이터로부터도 비교적 높은 성능을 기대할 수 있어 지금도 다양한 문제 해결에 널리 사용되는 모델이다.

오렌지에서 이들 모델을 사용하는 방법은 매우 간단하다. 데이터셋을 각 ❶ 모델 위젯과 연결하고 모델의 출력을 ❷ Test and Score 위젯과 연결한다.

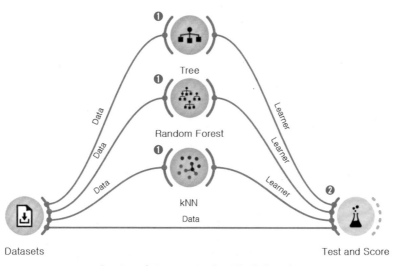

〈그림 6.51〉 학습과 검증을 위한 위젯 구성

3개 모델(❸ Tree, ❹ Random Forest, ❺ kNN)의 설정은 〈그림 6.52~54〉와 같이 한다. 각 모델에 대한 자세한 설명은 [더 알아보기]를 참고하기 바란다.

Test and Score 위젯은 데이터를 잘게 쪼개어 검증하는 n-Fold 검증을 할 수 있는 위젯이다. 학습된 모델을 데이터와 함께 받아 검증을 한다. 인공지능 모델의 학습은 본래 학습과 테스트 데이터로 나누어 진행해야 하지만, Test and Score 위젯은 내부적으로 학습과 테스트 데이터를 분리하는 기능이 포함되어 있어 간편하게 사용할 수 있다.

〈그림 6.52〉 kNN 위젯 설정

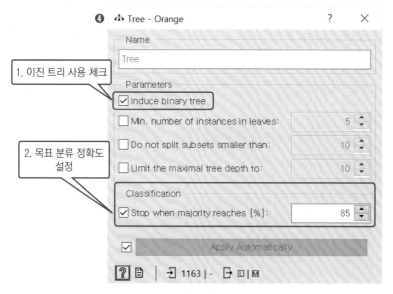

〈그림 6.53〉 Tree 위젯 설정

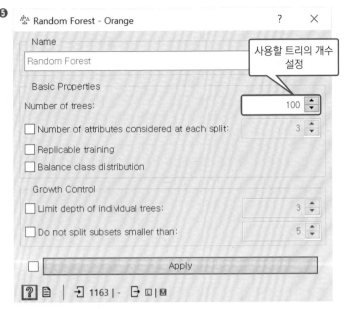

〈그림 6.54〉 Random Forest 위젯 설정

Test and Score 위젯에서는 교차검증 기법[5]을 사용하여 모델을 검증할 수 있다. 이전 장에서는 학습-테스트 데이터를 나눈 후 테스트를 1회만 수행하였으나, 학습-테스트 데이터를 어떻게 분리하는지에 따라 결과가 달라지게 되므로 비슷한 성능을 보이는 모델들의 성능을 평가하는 데는 적절하지 않다.

Test and Score 위젯의 설정은 〈그림 6.55〉와 같이 한다. ❻ Cross validation으로 표기된 교차검증의 옵션을 선택하고 ❼ Number of folds를 5로 설정한다.

검증 결과 3개 모델 중 Random Forest가 85.3%로 정확도가 가장 높았으며, Tree(의사결정 트리)도 83.8%의 그리 나쁘지 않은 성능을 보였다.[6] 반면, kNN 모델은 상대적으로 저조한 성능을 보였는데, kNN은 비교적 단순한 모델이라는 점을 감안해야 한다.

---

5) 교차검증 기법은 학습-테스트 데이터를 분리시키고 모델을 평가하는 작업을 여러 번 반복하여 평가 신뢰도를 향상시키는 방법이다. 이와 관련된 더 자세한 내용은 [더 알아보기]에서 살펴보도록 하자.

6) 랜덤성 때문에 실행할 때마다 결과가 조금씩 달라질 수 있다.

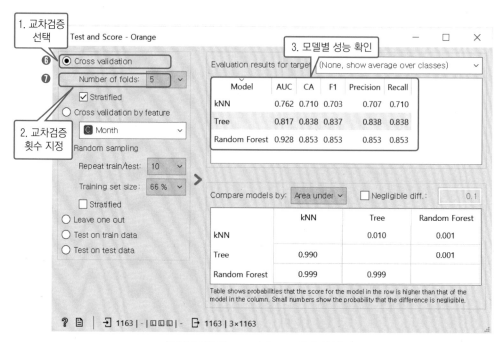

〈그림 6.55〉 Test and Score 위젯 설정

Step 3 Tree Viewer를 사용하는 결과 분석

의사결정 트리(Tree)와 랜덤 포레스트(Random Forest) 모델의 특징은 값에 따라 데이터를 여러 그룹으로 분류하는 모델로 나무의 가지가 뻗어 나가는 모양과 유사하여 "나무(Tree)"나 "숲(Forest)"이라는 이름이 붙었다.

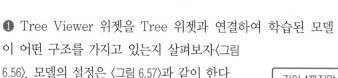

〈그림 6.56〉 Tree Viewer 위젯

❶ Tree Viewer 위젯을 Tree 위젯과 연결하여 학습된 모델이 어떤 구조를 가지고 있는지 살펴보자〈그림 6.56〉. 모델의 설정은 〈그림 6.57〉과 같이 한다.

〈그림 6.58〉은 학습된 의사결정 트리 모델을 ❷ 깊이 4까지 표시한 것이다. 모델을 설정할 때 이진 트리로 설정했으므로 각 단계마다 최대 2개의 그룹으로 나뉜다.

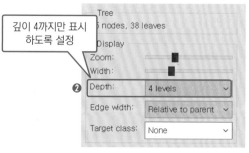

〈그림 6.57〉 Tree Viewer 위젯 설정

모델은 먼저 프로젝트의 종류에 따라 데이터를 분류한다. 디자인이나 비디오 타입은 펀딩을 받은 경우가 많았지만, 나머지 타입은 펀딩을 못 받은 경우가 더 많았기 때문이다.

디자인, 비디오 타입인 경우 펀딩을 받은 경우가 많았으나 예외적으로, 프로젝트 소개글의 길이가 짧은 경우에는 펀딩을 못 받은 경우가 더 많았다(62.3%). 게임 등과 같은 그 외 타입의 경우 펀딩을 못 받은 경우가 더 많았다. 하지만 예술, 공예품, 다목적 기구 타입인 경우, 제안자가 이전에 후원받았던 프로젝트의 수가 많다면(3회 이상), 비교적 높은 확률(64%)로 펀딩을 받을 수도 있었다.

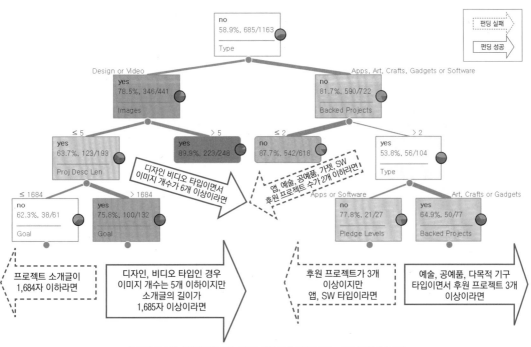

〈그림 6.58〉 프로젝트의 성공 여부를 판단하는 의사결정 트리

Step 4 새로운 데이터의 예측: 이번 프로젝트는 펀딩에 성공할 수 있을까?

이번에는 새로운 프로젝트의 정보를 입력하고 해당 프로젝트가 펀딩에 성공할 수 있을지 살펴보자. 먼저, 엑셀 등의 스프레드시트 프로그램을 사용하여 새로운 데이터를 만들어 보자〈그림 6.59〉. 엑셀의 첫 번째 행에는 학습에 사용된 데이터와 똑같은 이름의 열 정보가 들어 있어야 한다. 여기서는 핸드폰 앱(Apps) 타입, 모금액이 $2,000인 경우에 대해 조건을 조금씩 바꾸어 데이터를 만들어 보았다.

Type	Has FB	Backed Projects	Previous Projects	Creator Desc Len	Title Len	Goal	Duration	Pledge Levels	Min Pledge Tiers	Max Pledge Tiers	Proj Desc Len	Images	Videos	Has Video
Apps	1	0	0	200	60	2000	50	3	1	100	5000	5	1	1
Apps	1	3	0	200	60	2000	50	12	1	100	10000	5	1	1
Apps	1	3	0	200	60	2000	50	12	1	100	15000	15	1	1
Apps	1	5	0	200	60	2000	30	13	1	100	17025	20	1	1

〈그림 6.59〉 엑셀로 만든 새로운 프로젝트 데이터

위젯 구성은 기존의 구성과 유사하게 ❶ 킥스타터 데이터셋을 사용하여 모델을 학습시킨다. ❷ 새로 만든 엑셀 데이터는 File 위젯을 사용하여 읽어온 후, ❸ Predictions 위젯과 연결하여 테스트한다〈그림 6.60〉[7].

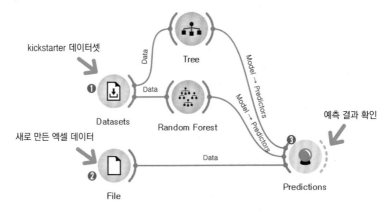

〈그림 6.60〉 새로운 데이터를 예측하기 위한 위젯 구성

Predictions 위젯을 더블클릭하면 새로 입력한 데이터에 대한 두 모델의 예측 결과를 볼 수 있다〈그림 6.61〉. 두 모델의 예측 결과가 조금씩 다르지만, ❶ 이전에 수행한 프로젝트가 없더라도 ❷ 후원한 프로젝트의 수(5개 이상)가 많고 ❸ 펀딩 단위의 개수가 많으며(13개 이상), ❹ 프로젝트에 대한 설명이 충실하고(17,000자 이상) ❺ 많은 이미지(20개 이상)를 사용해서 프로젝트를 설명한다면, 높은 확률로 펀딩에 성공할 수 있다는 것을 알 수 있다.

---

7) Train and Test 위젯도 별도 테스트 파일을 활용하는 것이 가능하지만, 옵션 설정 등이 조금 번거롭다.

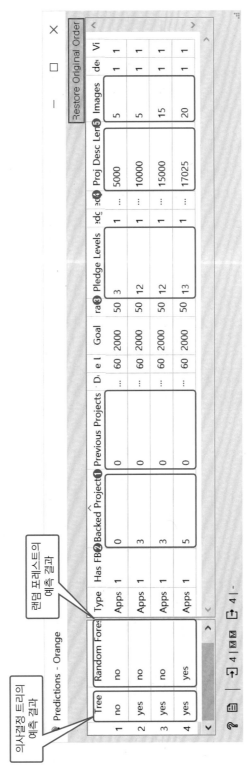

〈그림 6.61〉 새로 입력된 데이터의 예측 결과

더 알아보기!

교차검증(Cross-Validation)

> 교차검증은 테스트 데이터를 바꾸어 가면서 학습과 테스트를 반복하는 방법이다.

모델의 검증은 전체 데이터를 학습과 테스트 데이터로 나누어 수행하는 것이 일반적이다. 하지만 전체 데이터의 규모가 작다면 테스트 데이터의 수도 함께 작아져 검증의 신뢰도가 떨어지는 문제가 생길 수 있다. 전체 데이터의 수가 20개라면, 테스트 데이터는 4개 정도밖에 되지 않는다.

교차검증은 이와 같은 문제를 위해 개발된 모델 검증 방법이다. 먼저, 전체 데이터를 N개의 그룹으로 나누고 한 개 그룹을 테스트 데이터로, 나머지 그룹을 학습 데이터로 사용한다〈그림 6.62〉. 이때, 학습과 테스트를 N번 반복하면서 모든 그룹이 한 번씩은 테스트 데이터로 사용되도록 하면, 테스트 데이터의 수가 증가하여 검증의 신뢰도가 높아진다.

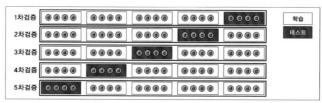

〈그림 6.62〉 교차검증의 예(20개 데이터를 5개의 그룹으로 나누어 검증)

K-최근접 이웃(K-NN)

> K-최근접 이웃은 가장 가까운 K개(이웃) 데이터의 분류에 따라
> 테스트 데이터를 분류하는 방법이다.

정답을 모르는 데이터를 분류한다는 것은 정답을 알고 있는 학습용 데이터의 사이에 새로운 데이터가 뚝 떨어진 것과 같다. 이 데이터를 어떻게 분류하는 것이 가장 합리적일까?

K-최근접 이웃 알고리즘은 새로운 데이터가 주어졌을 때, 기존의 모든 데이터 중에서 가까운 순서대로 K개를 선택한다. 새로운 데이터는 선택된 데이터의 그룹들 중 다수를 차지하는 그룹으로 분류된다. '친구 따라 강남 간다.'는 속담이 어울리는 학습 방법이다.

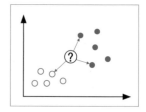

〈그림 6.63〉 테스트 데이터의 분류

여기서 K는 살펴볼 이웃의 개수다. 예를 들어, 만약 K가 1이라면 가장 가까운 데이터의 그룹으로 분류하고 K가 3이라면 3개를 선택한 후, 3개 중 다수 그룹으로 분류한다. kNN 위젯에서 조정했던 옵션이 바로 이 K다.

더 알아보기!

의사결정 트리(Decision Tree)

> 의사결정 트리는 특징의 값을 기준으로 하나씩 사용하여 데이터를 분류하는 방법이다.

트리(Tree)는 노드와 에지로 구성된 그래프로 나무줄기에서 가지가 뻗어 나가는 형태를 가진다. 이번 장에서 사용한 의사결정 트리는 트리 형태의 모델을 이용하여 데이터를 분류하는 방법이다.

의사결정 트리(줄여서 트리로 부르자)는 〈그림 6.64〉와 같이 2차원 공간상에 두 그룹의 데이터가 흩어져 있을 때, ❶ 특징 x만을 사용하여 두 그룹의 데이터를 가장 잘 나누는 직선을 찾은 후, ❷ 나누어진 구역에서 데이터를 그룹에 따라 가장 잘 나누는 y의 값을 찾는다.

이를 트리 형태로 나타내면 〈그림 6.64〉의 가장 오른쪽 그림과 같이 된다. 네모 상자를 노드(Node)라고 하며, 각 노드는 여러 데이터를 가지는 데이터 공간상의 영역이 된다. 노드는 특징의 값을 기준으로 분기되어 아래로 내려가는데, 트리의 세로 방향 길이를 트리의 깊이(Depth)라고 한다. 〈그림 6.64〉의 트리는 깊이는 3이다.

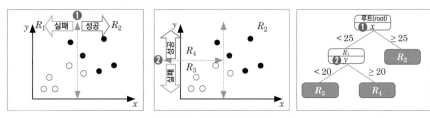

〈그림 6.64〉 의사결정 트리의 동작

의사결정 트리는 자칫 잘못하면 불필요하게 복잡한 트리가 만들어지기 쉬워, 여러 가지 옵션을 사용하여 학습을 수행하는 경우가 많다. 오렌지에서 제공하는 옵션은 〈그림 6.65〉와 같다.

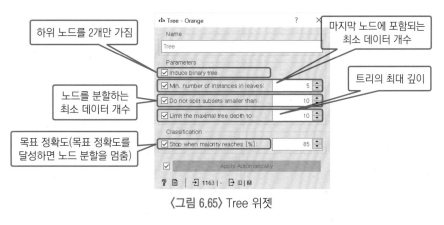

〈그림 6.65〉 Tree 위젯

더 알아보기!

랜덤 포레스트(Random Forest)

> 랜덤 포레스트는 여러 개의 의사결정 트리를 사용하여
> 가장 많이 나온 결과를 사용하는 방법이다.

랜덤 포레스트는 여러 의사결정 트리를 함께 사용하는 모델이다. 나무(Tree) 여러 개를 사용하므로 숲(Forest)이란 이름이 붙었다.

랜덤 포레스트의 기본 개념은 비교적 단순하다. 여러 개의 트리를 학습시킨 후 투표를 통해서 최종 의사결정을 한다. 일종의 집단지성이라고 할 수 있겠다.

〈그림 6.66〉 랜덤 포레스트의 구조

한편, 여러 개의 모델이 모두 똑같은 답을 낸다면 여러 모델을 사용하는 의미가 없어지므로 랜덤성을 넣어 서로 다른 형태의 트리가 생성되도록 한다. 구체적으로는 트리를 학습시킬 때, ❶ n개의 특징 후보를 랜덤하게 선택한 후, ❷ 후보군 중 데이터를 가장 잘 나누는 특징을 사용하여 트리를 분기시킨다〈그림 6.67〉.

랜덤 포레스트는 의사결정 트리보다 높은 성능을 보이는 것이 일반적이나, 시간이 많이 걸리고 트리의 개수가 많아 학습된 모델을 분석하기가 어렵다.

❶에서 n의 값은 Random Forest 위젯의 ☑ Number of attributes considered at each split: 옵션에서 선택할 수 있다.

❶ n개의 특징을 랜덤하게 선택 (후보)

❸ n개의 특징을 랜덤하게 선택 (후보)

| 목표 금액 |
| 이전 프로젝트 수 |
| 비디오 유무 |

❷ 후보군 중, 데이터를 가장 잘 나누는 특징 선택

❷ 후보군 중, 데이터를 가장 잘 나누는 특징 선택

| 프로젝트 종류 |
| 펀딩 기간 |
| 목표 금액 |

루트(root)
프로젝트 종류

앱   디자인

R_1
이전 프로젝트 수 R_2

< 10   ≥ 10

R_3 R_4

〈그림 6.67〉 랜덤 포레스트에서 하나의 트리를 만드는 절차

6.5 심장병이 있는지 예측해 보자(서포트 벡터 머신과 인공신경망)

Step 1 데이터 준비

관상동맥질환은 우리나라 사망 원인 2위[8]인 심혈관질환의 일종으로, 심장의 관상동맥이 좁아지거나 막혀서 심장 근육에 충분한 혈액 공급이 이루어지지 못해 나타나는 질환이다.[9]

〈그림 6.68〉 심장 검사(※ 출처: freepik.com)

관상동맥질환은 혈관조영술이나 초음파 장비를 통해 비교적 정확하게 진단할 수 있으나, 심장 혈관 내에 카테터나 초음파 장치를 직접 넣어서 검사하여야 하므로 특별한 증상이 없다면 검사를 결정하기가 쉽지 않다.

조금 더 간단한 검사만으로 관상동맥질환 여부를 예측할 수는 없을까? 간단한 검사를 통해 심장의 이상 여부를 어느 정도 예측할 수 있다면, 정밀검사가 필요한 환자들을 찾아내는 용도로 사용할 수 있을 것이다.

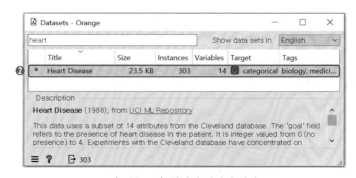

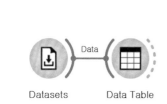

〈그림 6.69〉 데이터 선택과 확인을 위한 위젯 구성

〈그림 6.70〉 심장병 데이터 선택

오렌지의 ❶ Datasets 위젯에서 ❷ Heart Disease 데이터셋을 선택하고 ❸ Data Table 위젯을 사용하여 살펴보자〈그림 6.69~71〉. Data Table 위젯에서는 특징의 수, 종류, 결측치의 비율 등을 알 수 있다.

---

8) 2021년 사망 통계(https://www.korea.kr/news/policyBriefingView.do?newsId=156527816)

9) 고려대학교안암병원 질병 정보(http://anam.kumc.or.kr/dept/disease/deptDiseaseInfoView.do?BNO=267&cPage=&DP_CODE=AACS&MENU_ID=004005)

심장병 데이터셋은 13개의 특징과 1개의 타겟으로 이루어져 있으며, 각 특징의 설명은 〈표 6.9〉와 같다. 특징으로부터 관상동맥질환 여부를 판별하는 것이 목표다.

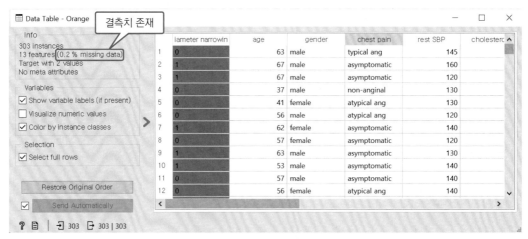

〈그림 6.71〉 Heart Disease 데이터

〈표 6.9〉 심장병 데이터의 특징 정보

종류	이름	설명
특징(Feature)	age	나이
	gender	성별
	chest pain	가슴 통증 종류
	rest SBP	수축기 혈압
	cholesterol	콜레스테롤
	fasting blood sugar	공복 혈당
	rest ECG	휴식 상태에서 심전도
	max HR	최대 심박 수
	exerc ind ang	운동 부하 검사 시 협심증 발생 여부
	ST by exercise	운동에 의한 ST 분절 하강(심전도)
	slope peak exc ST	운동에 의한 ST 분절 피크 형태(심전도)
	major vessels colored	투시 조영 시 색상이 나타난 주요 혈관의 수
	thal	지중해빈혈(혈액질환)
타겟(Target)	diameter narrowing	관상동맥질환 여부(50% 이상 협착 소견을 보인 경우)

Step 2 데이터 전처리

인공지능 모델을 적용하기에 앞서 3가지 전처리 작업을 수행하자. ❶ 특징 선택, ❷ 결측치 처리, ❸ 수치화&정규화 작업이다. 데이터 전처리를 위한 위젯 구성은 〈그림 6.72〉와 같다.

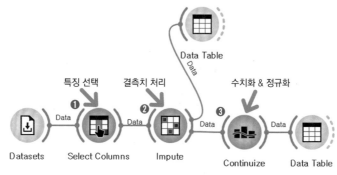

〈그림 6.72〉 데이터 전처리를 위한 위젯 구성

1) 특징 선택

여러 특징 중 major vessels colored는 투시 조영 검사에 의한 결과로 조영제를 사용하거나 시간이 오래 걸리는 등의 불편함이 있으므로 이를 제거한 상태로 예측이 가능한지 살펴보도록 하자.

❹ Select Columns 위젯에서 'major vessels colored' 특징을 Ignored로 옮기자.

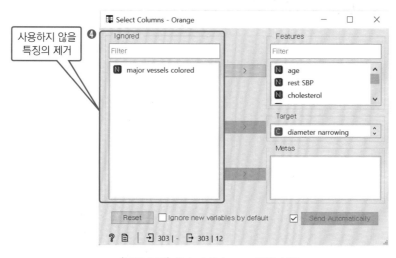

〈그림 6.73〉 Select Columns 위젯 설정

2) 결측치 처리

Heart Disease 데이터셋에는 결측치가 존재하므로 인공지능 모델 등을 만들기에 앞서 결측치를 처리해야 한다. 다행히 결측치의 비율이 0.2%밖에 되지 않으므로 결측치를 모두 제거하더라도 모델 학습과 테스트에 별다른 영향을 끼치지 않는다.

Impute 위젯을 사용하여 ❺ 결측치 제거 옵션(Remove instances with unknown values)을 활성화하자〈그림 6.74〉.

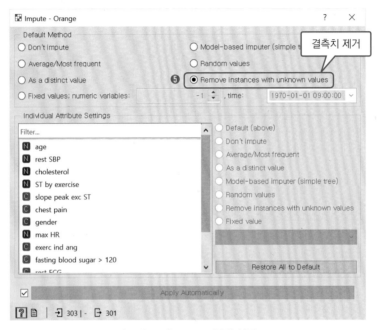

〈그림 6.74〉 Impute 위젯 설정

3) 수치화 & 정규화

이번 장에서 사용할 SVM, Neural Network는 모두 수치형 특징만을 사용할 수 있다.

이 조건을 만족시켜 주기 위해 오렌지의 Continuize 위젯을 사용하여 수치화 및 정규화를 진행하자〈그림 6.75〉. ❻ 수치화는 'One-hot encoding' 옵션을 선택하고 ❼ 정규화 방법은 0과 1 사이의 값으로 수치를 조정하는 'Normalize to interval [0, 1]' 옵션을 선택하자.

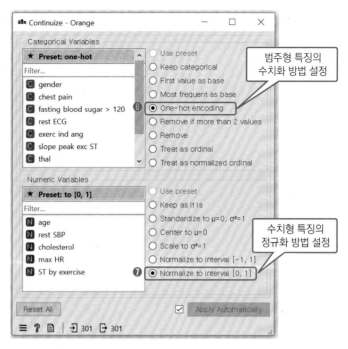

〈그림 6.75〉 Continuize 위젯 설정

Step 3 인공지능 모델의 학습과 검증(서포트 벡터 머신, 인공신경망)

이번 장에서는 범주형 및 수치형 데이터의 분류에 널리 사용되는 서포트 벡터 머신(Support Vector Machine: SVM)과 인공신경망(Neural Network)을 사용하여 인공지능 모델을 만든다. 서포트 벡터 머신은 테이블 형태로 나타나는 정형 데이터의 분류에 널리 사용되고 있으며, 인공신경망은 다양한 분야에 널리 사용되는 딥러닝의 기초가 되는 모델이다.

위젯을 〈그림 6.76〉과 같이 연결하여 두 모델을 학습시키고 결과를 확인해 보자.

❶ SVM 위젯과 ❷ Neural Network 위젯을 Continuize 위젯에 연결하고 ❸ Test and Score 위젯을 두 모델과 Contiunize 위젯에 연결하여 교차검증을 수행한다.

SVM과 Neural Network 위젯의 설정은 〈그림 6.77~78〉과 같이 하자. SVM 위젯의 설정값은 기본 값 그대로 사용하며, Neural Network 위젯은 ❹ Neurons in hidden layers(은닉층의 노드 개수)만 조정한다. 옵션에 대한 구체적인 설명은 [더 알아보기]를 참고하기 바란다.

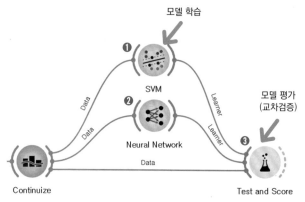

〈그림 6.76〉 학습과 검증을 위한 위젯 구성

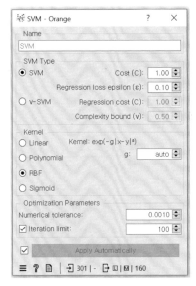

〈그림 6.77〉 SVM 위젯 설정

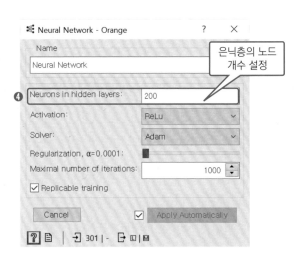

〈그림 6.78〉 Neural Network 위젯 설정

Test and Score 위젯에서 ❺ 교차검증(Cross validation)의 옵션만 체크하면 모델별 정확도를 확인할 수 있다〈그림 6.79〉. SVM이 Neural Network보다 5.3% 더 높은 정확도(79.4%)를 보였다.[10]

즉, SVM을 사용하면 기초 검사 결과로부터 79.4%의 정확도로 동맥질환 환자를 찾아낼 수 있다. 높은 정확도는 아니지만, 참고 자료로써 추가 검사가 필요한 환자를 찾는 데 도움이 될 수 있을 것이다.

---

10) 여기에서는 SVM이 더 좋은 성능을 보였으나, 모델의 옵션, 학습 데이터, 전처리 방법 등에 따라 조금씩 다른 결과를 나타낼 수 있다.

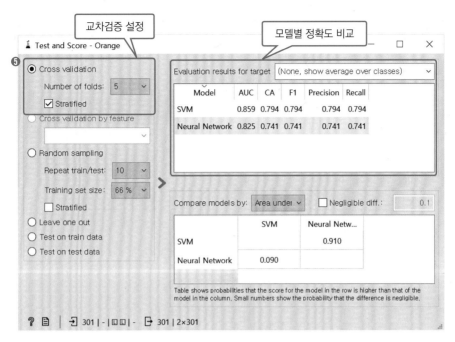

〈그림 6.79〉 Test and Score 위젯 설정과 교차검증 결과

더 알아보기!

서포트 벡터 머신(SVM)

> 서포트 벡터 머신은 데이터의 집단을 가장 잘 나누는 초평면을 찾는 방법이다.

두 개 그룹의 데이터가 〈그림 6.80〉과 같이 2차원 평면 위에 분포되어 있을 때, 두 그룹을 올바르게 분리하는 직선은 무수히 많이 존재한다.

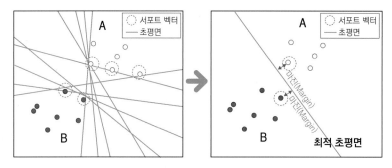

〈그림 6.80〉 서포트 벡터와 초평면

그러면 이렇게 많은 직선들 중 두 집단을 가장 잘 나누는 직선은 어느 직선일까?

서포트 벡터 머신(SVM)은 두 집단의 경계가 되는 데이터와 직선 사이의 거리가 가장 큰 직선을 선택하여 데이터를 분리하는 방법이다. 이때, 경계가 되는 데이터를 '서포트 벡터', 서포트 벡터와 직선 사이의 거리를 '마진(Margin)'이라고 한다.

서포트 벡터에서는 집단의 경계를 나누는 직선을 '초평면'이라고 하는데, 실제 데이터는 2차원 상에 존재하는 것이 아니라 고차원(특징의 수만큼 차원이 존재한다) 상에 존재하는데, 두 그룹을 나누는 것은 직선이 아니라 초평면이기 때문이다.

한편, 실제 데이터는 완벽하게 분리할 수 없는 경우가 대부분이며, 무리해서 완벽하게 분리하려다 보면 초평면과의 마진이 매우 작아질 수도 있다. SVM에서는 에러를 허용하면서 에러와 마진의 크기에 가중치를 부여하여 이 문제를 해결한다. SVM 위젯의 Cost 옵션

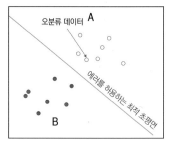

〈그림 6.81〉 에러를 허용하는 최적 초평면

이 이 가중치를 설정하는 것이며, Cost의 값이 1이면 마진과 에러를 같은 비율로, Cost의 값이 2라면 에러를 마진에 비해 2배 더 중요하게(에러를 줄이는 것을 더 중요하게) 고려한다.

더 알아보기!

인공신경망(Neural Network)

> 인공신경망은 가중치로 연결된 여러 개의 노드들로 구성되며, 노드 간에 일어나는 데이터의 전달을 통해 타겟을 예측하는 방법이다.

인공신경망은 입력 데이터의 곱과 합을 사용하여 출력(타겟)을 계산하는 방법으로 두뇌의 정보 전달 과정을 본떠 만든 방법이다.

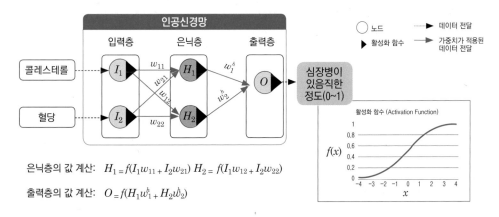

은닉층의 값 계산: $H_1 = f(I_1 w_{11} + I_2 w_{21})$ $H_2 = f(I_1 w_{12} + I_2 w_{22})$

출력층의 값 계산: $O = f(H_1 w_1^h + H_2 w_2^h)$

〈그림 6.82〉 인공신경망의 기본구조

기본적인 형태의 인공신경망은 입력층, 은닉층, 출력층의 3개 층(Layer)으로 구성되어 있으며, 각 층에 있는 노드(Node)들은 인접한 층의 노드와 가중치가 있는 에지(Edge)로 연결되어 있다〈그림 6.82〉. 입력층에 주어진 데이터는 에지를 따라 가중치가 곱해져 출력층까지 전달되며, 출력층의 노드 값은 각 데이터 샘플이 특정 그룹에 포함될 정도(또는 예측 값)를 의미한다.

인공신경망의 복잡도는 은닉층에 있는 노드 수에 따라 결정된다. 복잡한 데이터를 인식해야 하는 경우는 노드 숫자를 늘려야 하고 특징의 수가 작고 이해하기 쉽다면 노드를 적게 사용하는 것을 추천한다. Neural Network 위젯의 'Neurons in hidden layers' 옵션에서 이를 설정할 수 있다.

활성화 함수는 노드 값을 특정 범위로 모아 학습을 원활하게 하는 역할을 한다. ReLU, Sigmoid 함수 등이 주로 사용되며, 〈그림 6.82〉의 그래프는 Sigmoid 함수를 나타낸다.

🔘 연습문제

1. 지도 학습에 대해 설명하고 지도 학습을 사용하는 예를 3가지 들어보시오.

2. 다음은 예측 모델의 평가 지표다. 지표 1)~4)의 계산 방법과 해석 방법을 설명하시오.

   1) MSE

   2) RMSE

   3) MAE

   4) R2

3. 다음 중 특정 변수의 수치를 직접 예측하는 데에 사용하는 모델은 무엇인가?

   ① 로지스틱 회귀분석   ② 선형 회귀분석   ③ 랜덤 포레스트   ④ 의사결정 트리

4. 전체 데이터(인스턴스)의 수가 100개이고 fold의 수가 10인 교차검증을 수행한다고 하자. 이에 따라 학습-테스트의 과정이 10회 반복되는데, 한 번의 학습에 사용되는 인스턴스의 수는 얼마인가?

5. 의사결정 트리와 랜덤 포레스트의 차이에 대해 설명하시오.

6. 서포트 벡터 머신은 두 집단의 경계가 되는 데이터와 가장 거리가 먼 이것을 기준으로 데이터를 분리하는 방법이다. 이것은 무엇을 지칭하는가?

7. 인공신경망 위젯의 여러 옵션 중 Activation이 의미하는 것은 무엇인가?

8. 지도 학습의 성능 평가 지표에는 분류 정확도(CA), 정밀도(Precision), 재현율(Recall), F1 score, AUC 등이 있다. 혼동행렬(Confusion Matrix)을 이용하여 각 평가 지표를 계산하는 방법에 대해 설명하시오.

9. 6.4장에서 실습한 kickstarter projects 데이터셋을 사용하여 펀딩의 성공 여부를 예측하시오. 로지스틱 회귀(Logistic Regression), 나이브 베이즈(Naive Bayes), 서포트 벡터 머신(SVM) 위젯을 테스트한 후, kickstarter projects 데이터셋의 경우 어느 모델이 예측 모델로 가장 적절한지 선택하고 그 이유를 설명하시오.

10. 6.5장에서 SVM과 Neural Network 위젯을 이용하여 심장병이 있는지 학습하고 Test and Score 위젯으로 모델의 성능을 검증하였다. 이때, Neural Network 위젯의 Neurons in hidden layers 항목에서 은닉층의 노드 수와 은닉층의 수를 변화시키면 성능이 어떻게 달라지는지 분석하시오.

   1) 은닉층의 노드 수 증가(ex. 200, 400, 800, …)

   2) 은닉층의 노드 수 감소(ex. 800, 400, 200, …)

   3) 은닉층의 수 증가(반점(Comma)으로 은닉층의 수 구분. ex. 200, 400, 600)

07

딥러닝과 이미지 분류

contents

07 딥러닝과 이미지 분류

사진(Image) 데이터의 특성을 이해하고 딥러닝을 사용하는 이미지 분류 프로젝트를 진행해 보자.

7.1 사진 데이터와 딥러닝

1. 이미지(Image) 데이터의 특성

컴퓨터, 핸드폰 등에서 이미지는 커다란 배열 형태로 저장되어 관리된다. 핸드폰 등으로 촬영한 사진을 확대해 보면 자연스러웠던 이미지가 작은 상자 단위로 보여지는데, 이 작은 상자를 픽셀 (pixel)이라고 한다〈그림 7.1〉. 픽셀은 핸드폰의 사진 해상도를 얘기할 때 자주 사용되는 용어인 '화소'와 같은 뜻이다.

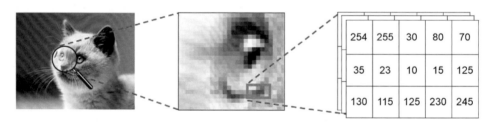

〈그림 7.1〉 사진 데이터가 저장되는 방법

이미지의 색상 정보는 각각의 픽셀마다 저장되는데, R(빨강), G(초록), B(파랑)의 3가지 색상 정보를 0~255의 값으로 나타내어 표시한다. 0이라면 색상이 하나도 들어 있지 않고 255라면 색이 최대로 들어 있다는 뜻이다. 예를 들어, R, G, B의 값이 각각 (255, 255, 0)이라면 노란색, (0, 0, 0)이라면 검은색이다.

이미지 데이터는 정형 데이터에 비해 데이터의 크기가 매우 큰 편이다. 각 픽셀마다 0~255의 값을 3개씩 가지고 있기 때문인데, 핸드폰의 사진 해상도가 5,000만 화소(픽셀)라면, 사진 한 장당

약 1억 5천만 개의 데이터가 존재하는 셈이기 때문이다.

2. 딥러닝의 개념

딥러닝 모델은 앞서 살펴본 인공신경망의 한 종류로, 데이터를 받아 답을 출력하는 일종의 함수다.

딥러닝은 이 모델이 올바른 결과를 도출할 수 있도록 모델의 내부를 고치는 학습 과정을 가리키는 말이다. 주어진 입력에 대한 출력을 정답과 비교하고 발생하는 에러를 분석하여 모델의 내부 구조를 조정한다.

딥러닝 모델에는 여러 가지 종류가 있는데, 그 중 이미지 인식에 보편적으로 사용되는 것은 '합성곱 신경망'이다.

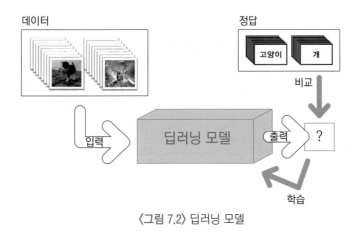

〈그림 7.2〉 딥러닝 모델

합성곱 신경망의 내부 구조는 〈그림 7.3〉과 같다. 모델은 여러 개의 층(Layer)으로 구성되어 있고 입력된 데이터는 입력층, 중간층을 거쳐 특징 벡터를 만들어 낸다. 특징 벡터는 주어진 사진의 특성을 나타내는 숫자들의 배열로, 이 특징 벡터는 인공신경망 등에 입력으로 사용되어 사진의 종류가 인식된다.[1]

---

1) 합성곱 신경망의 층(Layer)과 인공신경망을 합친 전체 딥러닝 모델도 '합성곱 신경망'이라고 한다.

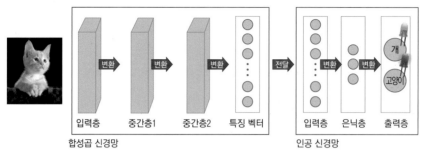

〈그림 7.3〉 딥러닝 모델의 내부 구조

합성곱 신경망의 층과 층 사이에서 데이터가 전달되는 과정은 인공신경망과 유사하지만, '합성곱'이라고 하는 연산을 통해 전달된다는 점이 다르다. 합성곱에 대한 조금 더 자세한 내용은 [더 알아보기]에서 살펴보도록 하자.

7.2 오렌지와 이미지 데이터

1. 애드온(Add-ons) 설치

오렌지에서 이미지 데이터를 처리하려면 애드온(Add-ons)을 추가해야 한다. 오렌지를 관리자 권한으로 실행하고 Options 메뉴에서 Add-ons...을 선택한다.

〈그림 7.4〉 오렌지를 관리자 권한으로 실행

여러 애드온 중 Image Analytics를 체크하고 OK 버튼을 누르면 해당 애드온이 설치된다〈그림 7.5〉.

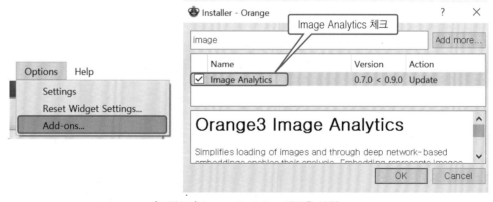

〈그림 7.5〉 Image Analytics 애드온 설치

2. 이미지 분석 위젯

이미지 분석 위젯들은 오렌지의 Image Analytics 섹션에서 찾을 수 있으며〈그림 7.6〉, 각 위젯에 대한 설명은 〈표 7.1〉과 같다.

〈표 7.1〉 이미지 분석 위젯

위젯 이름	한글 이름	기능
Import Images	이미지 가져오기	이미지 파일들을 가져오기
Image Viewer	이미지 뷰어	이미지들을 화면에서 확인
Image Embedding	이미지 임베딩	이미지를 특징 벡터로 변환
Image Grid	이미지 그리드	이미지를 격자 위에 표시
Save Images	이미지 저장	이미지들을 파일로 저장

〈그림 7.6〉 이미지 분석 위젯

7.3 이 꽃의 이름은?(이미지 임베딩과 합성곱 신경망)

Step 1 데이터 준비

길을 걷다 보면 종종 길가에 핀 예쁜 꽃을 발견하지만 이름을 몰라 궁금할 때가 많다. 핸드폰으로 사진을 찍어 검색하면 금세 결과를 알려 주지만, 항상 정확한 정보가 나오는 건 아니다. 딥러

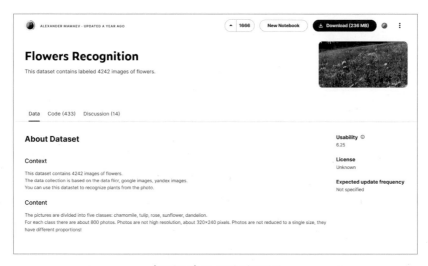

〈그림 7.7〉 꽃 사진 데이터셋

닝을 사용해 꽃 이름을 알아낼 수 있을까?

캐글의 Flowers Recognition은 5종의 꽃 사진을 모아 놓은 데이터셋이다.[2] 데이터를 내려 받아 컴퓨터에 저장하고 압축을 풀자. flower 폴더 안에 꽃 이름으로 된 5개의 하위 폴더가 있고 각 폴더마다 700장 이상의 꽃 사진이 들어 있는 것을 볼 수 있다.

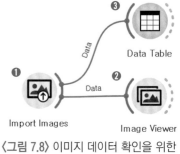

〈그림 7.8〉 이미지 데이터 확인을 위한 위젯 구성

오렌지의 Import Images 위젯과 Image Viewer 위젯, Data Table을 사용하면 내려 받은 이미지를 불러와 확인해 볼 수 있다.

❶ Import Images 위젯은 하드디스크에 있는 이미지를 오렌지로 가져오는 위젯이다. 위젯을 더블 클릭한 후, 사진이 저장된 폴더를 선택하면 된다〈그림 7.9〉. 이때, 선택된 폴더에는 이미지가 그룹별로 폴더에 나뉘어 있어야 한다. 꽃 사진 데이터셋은 사진이 5개의 폴더에 미리 나누어 저장되어 있으므로 바로 사용 가능하다.

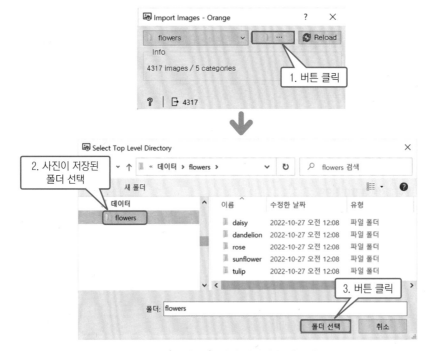

〈그림 7.9〉 사진 데이터 불러오기

---

2) https://www.kaggle.com/datasets/alxmamaev/flowers-recognition

❷ Image Viewer 위젯을 사용하면 데이터셋의 이미지를 위젯 상에서 확인할 수 있다. Title Attribute를 category로 지정하면 사진 아래쪽에 각 사진의 카테고리(범주) 이름이 나온다.

〈그림 7.10〉 Image Viewer 위젯을 통해 살펴본 꽃 사진 데이터

❸ Data Table 위젯에서는 각 파일의 이름, 경로, 사진의 카테고리 등에 대한 정보를 알 수 있다. 이 정보는 모델을 학습시킬 때 사용된다.

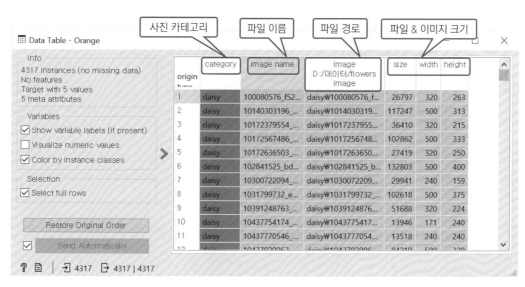

〈그림 7.11〉 Data Table 위젯

❶ Image Embedding 위젯은 픽셀들의 색상 값으로 되어 있는 이미지 데이터를 특징 벡터로 변환한다. 특징 벡터의 변환은 합성곱 신경망을 사용하여 이루어지며, 위젯 설정에서 사용할 합성곱 신경망의 종류를 선택할 수 있다〈그림 7.13〉.

〈그림 7.12〉 이미지 임베딩 위젯을 통한 특징 벡터 도출

오렌지에서 제공하는 합성곱 신경망들〈표 7.2〉은 대량의 데이터를 사용하여 미리 학습된 것이다. 각 신경망마다 구조가 조금씩 다르며, 학습에 사용된 데이터도 다르다. 일반적으로는 많은 양의 데이터를 사용해서 학습된 신경망의 성능이 더 좋지만, 목적에 따라 결과가 달라질 수 있으니 상황에 맞게 선택하면 된다.

〈표 7.2〉 이미지 임베딩 위젯에서 선택 가능한 합성곱 신경망

이름	사전학습에 사용된 데이터	비고
Inception v3	ImageNet의 사진(100만 장 이상) 데이터	온라인에서만 사용 가능(인터넷 연결 필수)
VGG-16		
VGG-19		
Painters	화가의 그림(약 8만 장) 데이터	
DeepLoc	현미경 세포 영상(약 2만 장) 데이터	
openface	얼굴 사진	
SqueezeNet	ImageNet의 사진 데이터	인터넷 연결 없이 사용 가능, 비교적 작은 크기의 모델

Image Embedding 위젯의 설정은 〈그림 7.13〉과 같이 한다. Image attribute는 이미지가 저장된 경로가 저장된 특징(Image)을 선택하고 Embedder는 Inception v3를 선택하여 이미지 데이터를 분석하자. Inception v3는 구글에서 개발하여 공개한 합성곱 신경망이다. 많은 데이터를 사용하여 학습된 만큼, 대부분의 사진 데이터에 대해 안정적인 성능을 보인다.

〈그림 7.13〉 Image Embedding 위젯 설정

Inception v3로 만들어진 특징 벡터의 길이는 2,048이다. 커다란 이미지 데이터가 2,048개로 압축되는 것이다. Image Embedding 위젯의 출력을 확인해 보고 싶다면 ❹ Data Table 위젯과 연결하여 살펴보기 바란다〈그림 7.14〉.

〈그림 7.14〉 Image Embedding 위젯을 통해 생성된 특징 벡터

Step 3 인공지능 모델의 학습과 검증

Image Embedding 위젯은 복잡한 이미지 데이터를 테이블 형태의 데이터(특징 벡터)로 바꾸어 주므로 Image Embedding 위젯의 출력을 인공신경망 등 여러 인공지능 모델을 사용하여 학습할 수 있다. 인공지능 모델의 학습과 검증은 일반적인 지도 학습에서의 방법을 그대로 따른다〈그림 7.15〉.

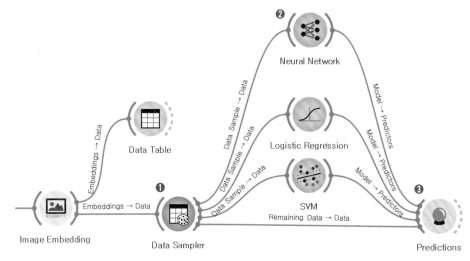

〈그림 7.15〉 인공지능 모델의 학습을 위한 위젯 구성

❶ Data Sampler 위젯을 사용하여 학습 데이터와 테스트 데이터를 분리한다. 여기서는 ❹ 70%를 학습 데이터로 사용하도록 하자〈그림 7.16〉.

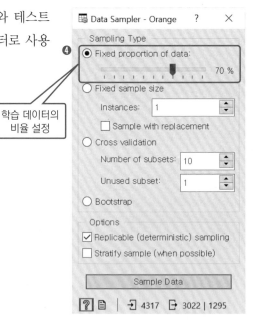

〈그림 7.16〉 Data Sampler 위젯 설정

❷ Neural Network 등의 위젯은 인공지능 모델을 학습시킨다. 인공신경망, 로지스틱 회귀, 서포트 벡터 머신 등 다양한 모델을 사용할 수 있으나, 딥러닝에서는 인공신경망(Neural Network)을 쓰는 것이 일반적이다. Neural Network 위젯은 〈그림 7.17〉과 같이 설정한다. 여기서는 ❺ 은

닉층 노드(Neurons in hidden layers)를 100개, ❻ 학습 반복 횟수(Maximal number of iterations)를 100회로 지정하였다.

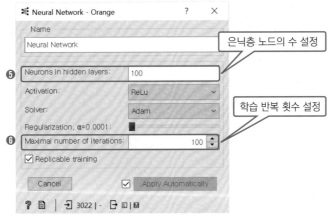

〈그림 7.17〉 Neural Network 위젯 설정

❸ Predictions 위젯에서는 모델별 인식 정확도를 확인할 수 있다〈그림 7.18〉. 여러 모델들 중 인공신경망(Neural Network)이 가장 높은 분류 정확도(91.0%)를 보였다. F1 score 등의 지표에서도 더 높은 성능을 나타냈다.

Model	AUC	CA	F1	Precision	Recall
Neural Network	0.988	0.910	0.910	0.910	0.910
SVM	0.988	0.902	0.902	0.903	0.902
Logistic Regression	0.988	0.907	0.907	0.908	0.907

〈그림 7.18〉 꽃 사진 인식 정확도

Step 4 검증 결과의 분석

이번에는 ❶ Confusion Matrix(혼동행렬)와 ❷ Image Viewer 위젯을 사용하여 모델의 예측 결과를 자세히 살펴보자〈그림 7.19〉.

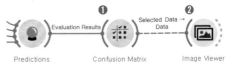

〈그림 7.19〉 혼동행렬과 결과 분석

앞서 살펴보았듯이, Confusion Matrix 위젯은 예측 결과를 카테고리별로 보여준다. 세로축이 타겟, 가로축이 예측 결과이며, 각 셀은 데이터를 (타겟, 예측)의 쌍으로 예측한 비율을 나타낸다. 예를 들어, 〈그림 7.20〉에서 선택된 4행 3열의 셀은 해바라기를 장미로 잘못 예측한 경우가 1.6%라는 뜻이다.

학습된 모델은 각 카테고리에 대해 90% 수준의 정확도를 보였지만, 데이지와 장미의 경우에는 정확도가 상대적으로 조금 낮았다. Confusion Matrix 위젯에서 선택된 셀에 해당되는 데이터는 Image Viewer 위젯에서 확인할 수 있다. 이 과정을 통해, 에러의 원인(비슷한 형태가 많거나 색상이 유사)을 파악해 볼 수 있다.

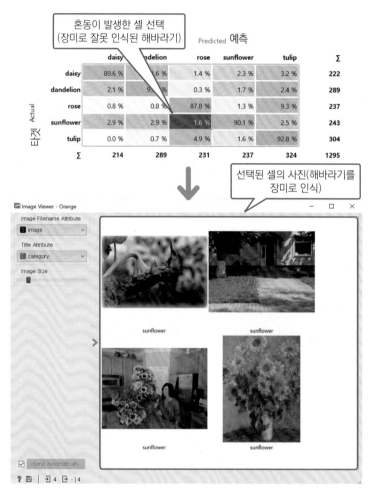

〈그림 7.20〉 잘못 인식된 사진의 확인

장미로 잘못 인식된 해바라기 사진은 총 4장인데, 이 중 한 장은 시든 꽃, 한 장은 실내에서 여러 꽃이 같이 촬영된 사진, 다른 한 장은 그림으로 학습 데이터에 유사한 사진이 없었던 것이 원인으로 파악된다. 나머지 한 장은 해바라기 꽃이 너무 작게 배치되어(창문 안쪽에) 있어 자세히 살펴보지 않으면 꽃이 있는지 알아보기가 어렵다.

더 알아보기!

합성곱(Convolutions)

> 합성곱은 이미지의 특징 추출에 사용되는 연산으로 원본 이미지의 각 픽셀과
> 작은 행렬과의 곱을 통해 계산된다.

합성곱은 이미지의 특징을 추출하기 위해 사용되는 연산으로 원본 이미지와 작은 행렬 간에 합성곱 연산을 통해 에지(사진 속 물체의 테두리)를 추출하거나 잡음(Noise)을 제거하는 데에 널리 사용

〈그림 7.21〉 이미지와 합성곱

된다. 합성곱의 결과는 행렬의 값에 따라 달라지는데, 〈그림 7.21〉과 같이 합성곱 행렬을 만들면 에지가 강조된 이미지를 얻을 수 있다.

합성곱 신경망은 여러 개의 합성곱 행렬들을 사용하여 구성된다. 복잡한 학습 과정을 통해, 이미지의 다양한 특징을 추출하는 합성곱 행렬 요소의 값을 찾으며, 합성곱을 반복적으로 적용하여 이미지의 다양한 특징을 추출하는 것을 목표로 한다.

합성곱은 두 행렬 사이에 정의되는 연산이며, 원본 이미지와 동일한 크기의 행렬이 결과로 나온다. 계산 방법은 〈그림 7.22〉와 같다. 원본 이미지에서 합성곱 행렬과 같은 크기의 영역을 선택하고 해당 영역의 픽셀값과 합성곱 행렬 요소의 값을 곱해서 더한다. 이때, 원본 이미지에서 선택되는 영역을 상하좌우로 이동하며, 계산을 반복하면 결과 이미지의 모든 픽셀값을 계산할 수 있다.

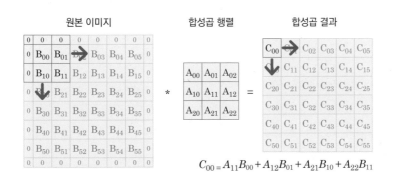

$$C_{00} = A_{11}B_{00} + A_{12}B_{01} + A_{21}B_{10} + A_{22}B_{11}$$

〈그림 7.22〉 합성곱 연산 방법

7.4 내 컴퓨터의 사진을 정리해 보자(이미지와 비지도 학습)

Step 1 데이터 준비

많은 사람들이 매일같이 사진을 찍는다. 맛있는 음식을 먹기 전에, 가족들과 나들이를 가서, 가끔은 그냥 기분이 좋아서 셀카를 찍기도 한다. 엄청난 양의 사진이 핸드폰과 클라우드에 저장되면서 아이러니하게도 지나간 사진을 찾아보는 건 생각보다 어렵다.

만약 내가 촬영한 사진을 자동으로 분류할 수 있다면, 지나간 사진을 살펴보기가 한결 쉬워질 것이다. 이번 장에서는 혼자 찍은 사진, 가족들과 같이 찍은 사진, 음식 사진 등을 비지도 학습 기법을 사용하여 분류해 보자.

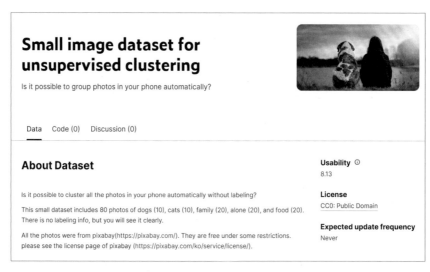

〈그림 7.23〉 사진 분류 데이터셋

사진 분류를 위한 데이터셋(Small Image Dataset for Unsupervised Clustering)은 캐글[3]에서 내려 받을 수 있다〈그림 7.23〉. 이 데이터셋은 개인, 가족, 개, 고양이, 음식의 5개 카테고리의 사진들로 구성되어 있으며, 총 80장의 작은 데이터셋이다. 비지도 학습용 데이터셋이므로 카테고리 정보는 포함되어 있지 않으나, 사진을 보면 쉽게 알 수 있다.

내려 받은 이미지를 Import Images 위젯을 사용하여 오렌지에서 불러오자〈그림 7.24〉.

---

3) https://www.kaggle.com/datasets/heavensky/image-dataset-for-unsupervised-clustering

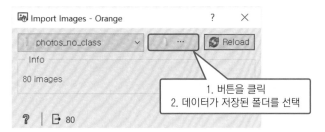

〈그림 7.24〉 이미지 불러오기

📑 **Step 2** 　이미지 임베딩과 이미지 그리드

Image Embedding과 Image Grid 위젯을 함께 사용하면, 별다른 설정 없이 비슷한 사진들을 한눈에 볼 수 있다〈그림 7.25〉.

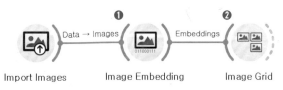

〈그림 7.25〉 Image Grid 위젯 사용

❶ Image Embedding 위젯은 앞서 살펴본 바와 같이 이미지를 특징 벡터로 변환한다.

❷ Image Grid 위젯은 이미지들을 2차원 격자 화면에 표시해 준다. 이때, 임베딩 결과를 사용하여 비슷한 이미지들을 가까이에, 다른 이미지는 멀리 표시하여 많은 이미지들을 한눈에 담을 수 있다.

〈그림 7.26〉은 Image Grid의 결과다. 사진이 종류대로 모여 있어, 전반적인 사진의 분포를 이해하기 쉽다. 우측 3번째 줄에 따로 떨어져 있는 인물 사진을 제외하고는 대부분의 사진이 카테고리별로 배치되어 있다. 따로 떨어진 인물 사진은 구도나 색상 면에서 다른 인물 사진과는 많은 차이가 있음을 볼 수 있다.

인물 사진은 단체 사진과 개인 사진이 구분되지 않고 전반적으로 섞여 있는 것을 볼 수 있는데, 이것은 이미지 임베더가 인물의 수를 나타내는 특징은 충분히 추출하지 못했기 때문이라고 이해할 수 있다.

한편, 사람과 개의 뒷모습이 촬영된 2개 사진은 인물 사진 주변에 배치되었고 개 사진과는 멀리 떨어져 있는데, 이것은 개의 뒷모습만으로는 개의 특징을 알기 어렵기 때문이다.

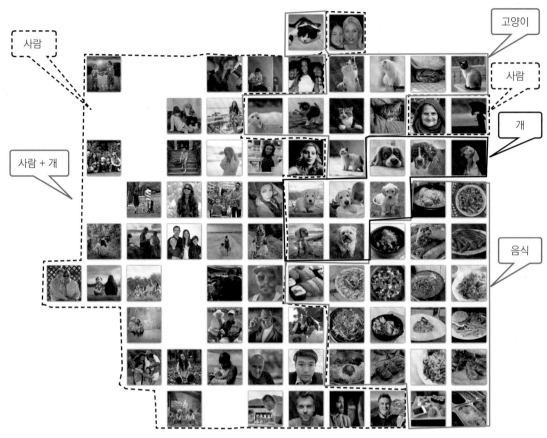

〈그림 7.26〉 Image Grid 위젯의 결과

Image Grid 위젯의 설정 화면은 〈그림 7.27〉과 같다. ❸ 이미지를 화면에 표시하는 방법과 ❹ 그리드의 크기를 설정할 수 있다.

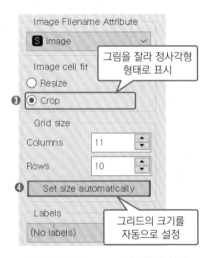

〈그림 7.27〉 Image Grid 위젯 설정

오렌지로 쉽게 배우는 머신러닝과 데이터 분석

Image Grid 위젯은 비슷한 이미지들을 한눈에 살펴볼 수 있다는 장점이 있으나, 사진을 자동으로 분류하는 기능은 제공하지 않는다. 사진을 자동으로 분류하려면 어떤 기능을 사용해야 할까?

사진 분류 데이터셋에는 타겟 정보가 존재하지 않지만, 비지도 학습 기법을 사용하면 비슷한 사진을 묶어 볼 수 있다.

오렌지 위젯을 〈그림 7.28〉과 같이 구성하자. ❶ Distances 위젯은 데이터 사이의 거리를 테이블 형태로 만들며, ❷ Hierarchical Clustering 위젯은 Distances 위젯의 결과를 받아 유사한 데이터들을 순차적으로 둘씩 군집으로 묶는다.

〈그림 7.28〉 이미지 데이터의 비지도 학습

Hierarchical Clustering 위젯의 설정과 분류 결과는 〈그림 7.29〉와 같다. ❸ 군집 개수는 15개로 원래 목표인 5개보다 조금 여유 있게 설정한다.

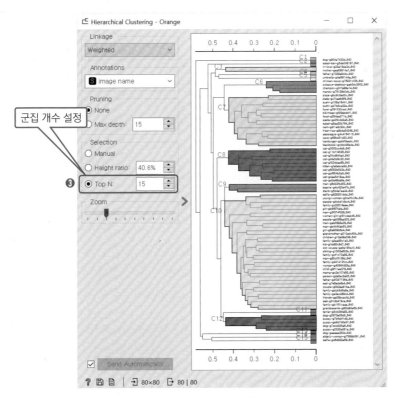

〈그림 7.29〉 Hierarchical Clustering 위젯의 설정과 분류 결과

80장의 사진이 15개의 군집으로 나누어졌다. 하지만 군집별로 어떤 사진이 들어 있는지 바로 확인할 수 없으므로 이 화면만으로는 잘 나누어졌는지 확인하기가 어렵다.

Step 4 군집 분류 결과 확인−이미지 뷰어

Select Rows와 Image Viewer 위젯을 사용하면 군집 분류 결과를 보다 쉽게 확인할 수 있다〈그림 7.30〉.

〈그림 7.30〉 Image Viewer 위젯을 사용하는 군집 분류의 결과 확인

❶ 먼저 Select Rows 위젯을 사용하여 확인하기 원하는 군집(Cluster)을 선택한다. Select Rows 위젯의 설정은 〈그림 7.31〉과 같이 한다. ❸ 행 선택의 조건(Conditions)에서 특징을 Cluster로, 비교 방법을 'is'로 하고 확인할 군집을 선택한다. 앞서 군집의 개수를 15로 해 두었으므로 C1~C15 중 하나를 선택할 수 있다.

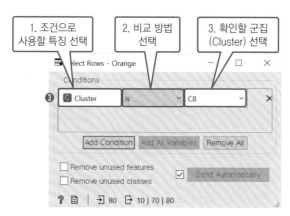

〈그림 7.31〉 Select Rows 위젯 설정

❷ Select Rows 위젯을 Image Viewer와 연결하면, 선택된 클러스터로 분류된 이미지 데이터를 Image Viewer 위젯에서 확인할 수 있다. Select Rows 위젯의 설정 화면에서 군집 종류를 바꾸면, 각 군집별 이미지를 확인 가능하다. 〈그림 7.32〉는 15개 클러스터별 이미지를 정리한 것이다.

〈그림 7.32〉의 결과로부터 Hierarchical Clustering이 이미지를 비교적 잘 분류하였음을 알 수 있다. 고양이는 모두 하나의 군집으로 분류되었고 개는 4개의 군집으로 분류되었으나 비슷한 종의 강아지들이 같은 군집으로 분류되었다.

3개의 군집으로 분류된 음식을 살펴보면 냄비나 뚝배기 그릇 등에 담긴 음식이 한 그룹, 뷔페의 반찬통에 담긴 음식이 다른 한 그룹, 나머지 음식이 한 그룹으로 나누어져 있다. 인물 사진의 경우, 가족 사진과 개인 사진을 분리하지는 못하였으나, 33개의 인물 사진이 하나의 그룹으로 묶여지는 등 무난하게 분류되었다.

한편, 개와 함께 촬영된 사람의 뒷모습은 인물 사진과 같은 그룹으로 분류되었는데, 이것은 개의 뒷모습을 학습할 만한 데이터가 충분하지 않았기 때문으로 보인다.

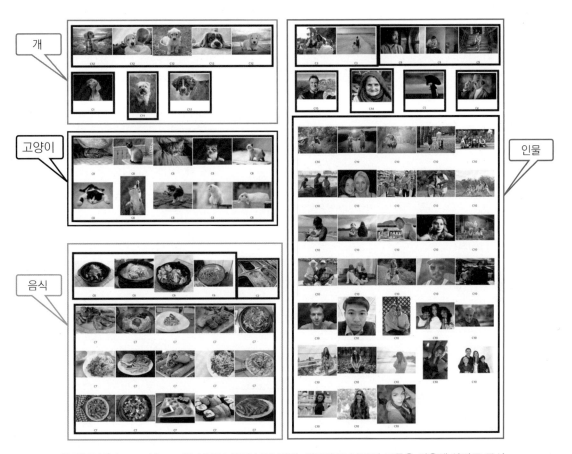

〈그림 7.32〉 Image Viewer로 살펴본 군집 분류 결과. 자동으로 분류된 그룹을 검은색 상자로 표시

Save Image 위젯을 사용하면 분류된 사진을 클러스터별로 컴퓨터에 저장할 수 있다. ❶ Save Image 위젯을 Select Rows 위젯과 연결하고 선택된 클러스터의 이미지를 저장하자.

〈그림 7.33〉 Save Images 위젯 연결

분류된 이미지를 저장하는 방법은 〈그림 7.34〉와 같다. ❶ Select Rows 위젯에서 저장할 군집을 선택하고 ❷ Save as… 버튼을 눌러 ❸ 저장할 root 폴더와 ❹ 하위 폴더의 이름을 지정하고 ❺ 저장 버튼을 누르면 해당 군집의 모든 이미지가 저장된다.

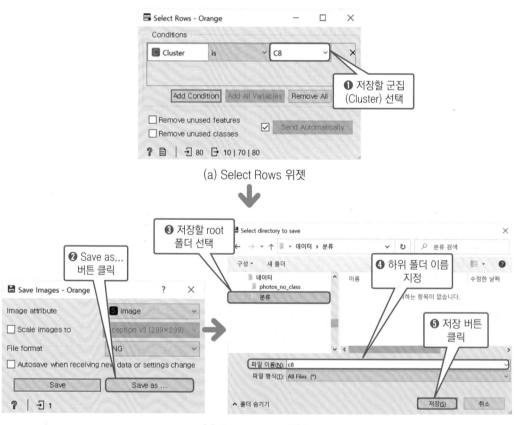

〈그림 7.34〉 분류된 이미지의 저장 방법

위 과정이 정상적으로 끝나면 윈도우 탐색기에서 컴퓨터에 저장된 파일들을 확인할 수 있다〈그림 7.35〉. 15개 군집에 대해 위의 과정을 반복하여 모든 사진을 각각의 폴더에 저장해 보자.

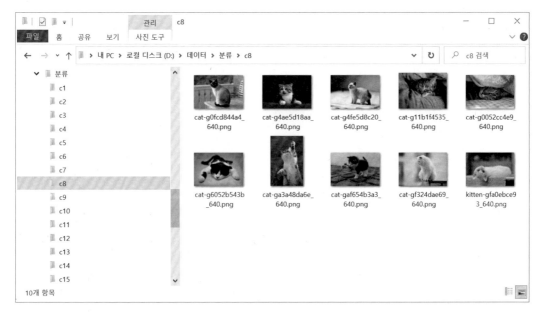

〈그림 7.35〉 컴퓨터에 저장된 이미지

7.5 차량 종류를 분류해 보자(이미지 학습 응용 (1))

Step 1 데이터 준비

1,769년 군용 목적으로 발명한 증기자동차를 시초로 가솔린, 디젤에 이어 전기를 이용한 이동 수단이 다양하게 이용되고 있다. 이러한 이동 수단은 우리의 생활에 많은 편리함을 가져다 주지만, 이용할 때는 도로교통법에 따르지 않으면 사고가 날 수 있으며, 벌금과 범칙금이 부과된다.

우리나라 도로교통법에는 지정차로제라는 제도가 있다. 지정차로제는 차로별 통행 가능 차종을 지정한 제도로 속도가 빠

〈그림 7.36〉 복잡한 고속도로

른 승용차 등을 트럭이나 트레일러 등과 같은 대형 차량과 분리하여 사고를 방지하고 도로의 흐름을 원활히 하기 위한 목적으로 제정되었다. 오토바이의 경우 고속도로와 자동차 전용도로에서는

운행할 수 없으며, 지정차로의 일종인 버스전용차로에는 9인승 미만의 자동차가 운용할 수 없다.

인공지능을 사용하여 지정차로를 위반한 자동차를 자동으로 검출하는 시스템을 만들 수 있을까? 이번 장에서는 안전한 도로를 위한 자동차 차종 인식 인공지능을 만들어 보자.

Vehicle Type Recognition 데이터셋은 자동차, 트럭, 버스, 오토바이 등 4가지 다른 유형의 이동 수단 이미지 400장으로 구성되어 있다.[4] 캐글에서 데이터를 내려 받아 컴퓨터에 저장하고 압축을 풀자. Dataset 폴더 안에 4개의 하위 폴더(Bus, Car, motorcycle, Truck)가 있으며, 각 폴더에 100장의 사진이 들어있는 것을 확인할 수 있다.

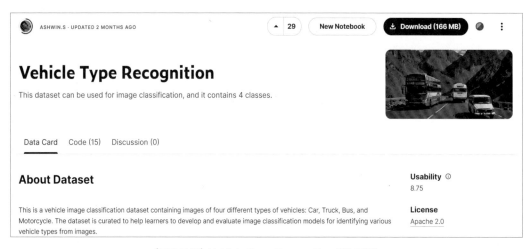

〈그림 7.37〉 Vehicle Type Recognition 데이터셋

Step 2 이미지 임베딩

내려 받은 이미지 데이터셋을 ❶ Import Images 위젯을 사용하여 오렌지에 불러오자〈그림 7.38〉. ❷ Image Viewer 위젯을 사용하여 차종별 이미지를 확인해 보자. 다양한 색상과 형태를 가진 차량 이미지를 볼 수 있다〈그림 7.39〉. 이미지를 분류하기 위해서는 ❸ Image Embedding 위젯을 연결하고 위젯 창에서 SqueezeNet을 Embedder로 선택하여 복잡한 이미지를 특징 벡터로 바꾸자.

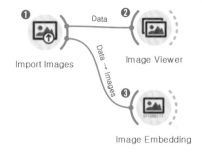

〈그림 7.38〉 Image Embedding 위젯의 연결

---

4) https://www.kaggle.com/datasets/kaggleashwin/vehicle-type-recognition

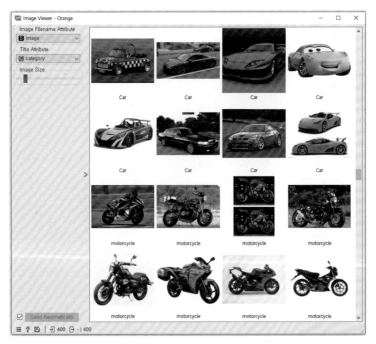

〈그림 7.39〉 Image Viewer 위젯을 통해 살펴본 차량 유형 데이터

Step 3 K-NN 알고리즘을 사용하는 이미지 분류

임베딩된 벡터는 다양한 모델을 사용하여 학습할 수 있지만, 여기에서는 비교적 단순한 모델인 K-NN 알고리즘을 사용하여 분류해 보도록 하자. 앞 장에서 살펴보았듯이 K-NN 알고리즘의 성능은 k의 값에 따라 편차가 크다. ❶ kNN 위젯 5개를 추가하고 Image Embedding 위젯과 연결하자〈그림 7.40〉. ❷ Test and Score 위젯을 kNN 위젯 및 Image Embedding 위젯과 연결하면 각 모델들의 성능을 평가할 수 있다.

각 모델이 서로 다르게 동작하도록 하기 위해, 각 위젯의 k값을 각각 지정하자〈그림 7.41〉. kNN 위젯 창을 하나씩 열고 k를 1, 3, 5, 10, 20으로 설정한다. 각 위젯의 결과를 명확히 구분하기 위해 kNN 위젯 창의 Name 옵션을 각각 'k=1', 'k=3', 'k=5', 'k=10', 'k=20'으로 변경하고 Number of neighbors 옵션은 k의 값에 맞게 설정한다〈그림 7.41〉.

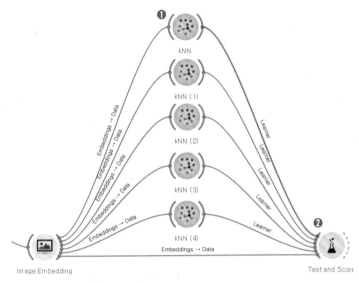

〈그림 7.40〉 k의 수에 따른 이미지 분류

〈그림 7.41〉 kNN 위젯의 Name과 k의 수 설정

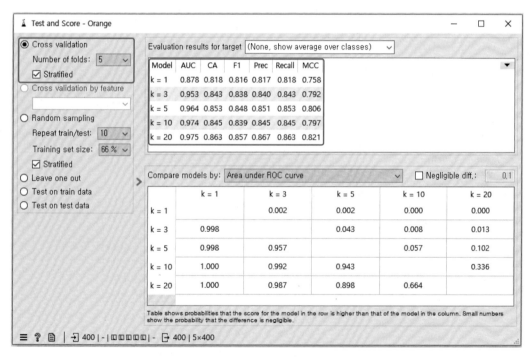

분류 성능을 검증하기 위해 Test and Score 위젯을 열어보자. Cross validation 옵션에서 Number of folds 옵션을 5로 선택하면 위젯의 오른편에서 평가 결과를 확인할 수 있다〈그림 7.42〉. 이때 각 모델의 이름은 앞서 변경한 위젯의 이름으로 표시된다.

분류 정확도는 k의 값에 따라 달라진다. k=1일 때 0.816으로 정확도가 가장 낮고 k=20일 때 0.863으로 정확도가 가장 높은 것을 확인할 수 있다. K-NN 알고리즘은 k의 수가 높을수록 성능도 높아지는 경향이 있으나 알고리즘의 수행 속도가 느려지는 단점이 있으며, k의 값이 일정 수준 이상으로 커지게 되면 성능이 감소하거나 의미 있는 변화가 없을 수도 있으므로 적절한 크기의 k 값을 찾는 것이 중요하다.

〈그림 7.42〉 Test and Score 위젯으로 분류 결과 확인

Cross validation 옵션에서 Number of folds는 폴드(fold)의 수를 의미한다. 분석에 사용되는 전체 이미지 수는 400개이므로 폴드 수를 5로 설정하였다면, 각 폴드는 80개 데이터를 가지게 되고, 4개의 폴드(320개 데이터)는 학습 데이터로, 1개 폴드(80개 데이터)는 테스트 데이터로 번갈아 가며 사용된다.

이번에는 Test and Score 위젯 창의 Cross validation 옵션에서 Number of folds를 10 또는 20으로 선택해 보자〈그림 7.42~44〉. 폴드 수가 커질수록 한 번의 학습에 사용되는 데이터의 수가 많아지므로 검증 정확도는 전체적으로 올라가게 되지만, 테스트 데이터의 수가 너무 적으면 테스트 데이터가 학습 데이터에 종속되는 경우가 발생하여 검증의 의미가 퇴색되게 된다. 이 때문에 교차검증에서는 폴드 수를 10 정도로 하는 경우가 많으나, 데이터의 분포 및 폴드를 나누는 기준 등에 따라 적정 수준의 폴드 수는 달라질 수 있음에 유의하자.

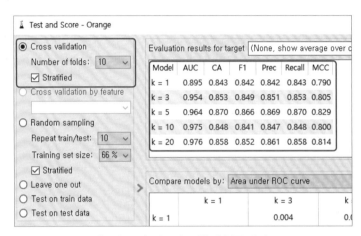

〈그림 7.43〉 폴드가 10일 때 분류 결과

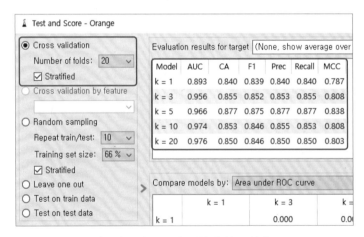

〈그림 7.44〉 폴드가 20일 때 분류 결과

오렌지로 쉽게 배우는 머신러닝과 데이터 분석

Test and Score 위젯의 Cross validation 옵션 그룹에서 Number of folds를 다시 10으로 설정하고 혼동행렬을 분석하여 어떤 이미지를 틀리게 예측했는지 살펴보자. ❶ Confusion Matrix 위젯을 Test and Score 위젯에 연결한 후, ❷ Image Viewer 위젯을 이어서 연결한다〈그림 7.45〉.

〈그림 7.45〉 혼동행렬과 이미지 뷰어로 분류 결과 확인

Confusion Matrix 위젯 창의 왼편에서 Learners를 선택하면 오른편에 혼동행렬이 나타난다. Learners에서 분류 정확도가 가장 높았던 ❸ k=5를 선택하자. 잘못 예측한 수가 가장 많은 경우는 트럭을 버스로 예측한 경우로 22건, 버스를 트럭으로 예측한 경우는 10건이다〈그림 7.46〉. 이를 통해 버스와 승용차, 오토바이는 비교적 정확하게 예측되었지만, 트럭과 버스 이미지의 분류가 어려웠음을 알 수 있다.

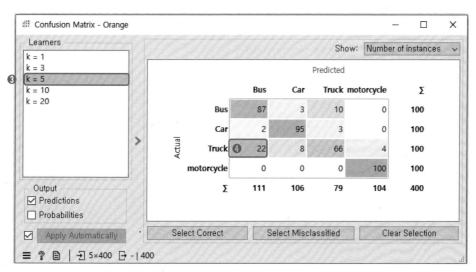

〈그림 7.46〉 Confusion Matrix 위젯으로 결과 확인

Confusion Matrix와 Image Viewer 위젯을 함께 사용하면 잘못 예측된 이미지가 어떤 것인지 확인할 수 있다. ❹ 오인식이 가장 많이 발생한(트럭을 버스로 예측한) 칸을 클릭하고, Image

Viewer 위젯을 열면 해당 칸에 해당하는 이미지들이 위젯 우측에 나타난다〈그림 7.47〉. 오인식이 집중적으로 발생하는 트럭의 유형을 알 수 있다면, 해당 트럭의 이미지를 학습 데이터에 추가하는 방식으로 오인식을 감소시킬 수 있으며, 지정차로제 위반 차량의 자동 단속 소프트웨어 개발 및 성능 향상 등에 활용될 수 있을 것이다.

〈그림 7.47〉 버스로 잘못 예측된 트럭 이미지

7.6 반려동물의 표정을 분류해 보자(이미지 학습 응용 (2))

Step 1 데이터 준비

어느 조사 결과에 따르면 우리나라에서 반려동물을 키우는 가구는 552만 가구(2022년 연말 기준)로 전체 가구의 25.6%가 반려동물을 기르는 중이라고 한다[5]. 반려동물을 키우는 이유는 사람마다 다양하지만, 동물을 좋아하고 함께하고 싶어하는 사람들이 늘어나는 것은 분명해 보인다.

캐글의 Pet's Facial Expression Image Dataset[6]은 여러 반려동물

〈그림 7.48〉 반려동물

---

5) 머니투데이, 2023.6.24. https://news.mt.co.kr/mtview.php?no=2023060220481775450

6) https://www.kaggle.com/datasets/anshtanwar/pets-facial-expression-dataset

들의 표정 사진을 모아 놓은 데이터셋이다. 이 데이터셋은 동물들이 짓는 여러 표정들을 행복, 화남, 슬픔, 기타의 4가지 그룹으로 나누고 각 그룹별로 250장의 얼굴 사진을 모아 두었다. 대부분 개와 고양이의 사진이지만, 햄스터, 말, 양 등의 사진도 일부 포함되어 있다. 물론, 사진을 분류한 것은 인간이므로 동물의 시선으로 보면 잘못 분류된 사진이 제법 있을지도 모른다.

캐글에서 데이터를 내려 받아 컴퓨터에 저장하고 압축을 풀면, Angry, Happy, Other, Sad, Master Folder의 5개 폴더를 볼 수 있다〈그림 7.50〉. 이 중 Master Folder는 학습과 테스트 데이터를 미리 나누어 놓은 것인데, 테스트 데이터의 수가 너무 적어 모델을 평가하기에 적합하지 않다. Master Folder를 삭제하고 나머지 4개 폴더의 사진들만 사용하자. 폴더별로 250개의 사진이 정리되어 있다.

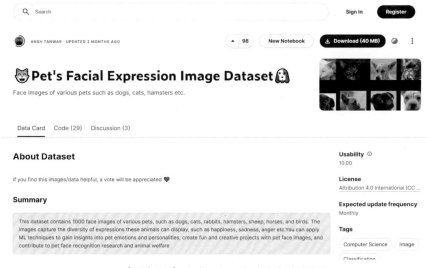

〈그림 7.49〉 반려동물 표정 이미지 데이터셋

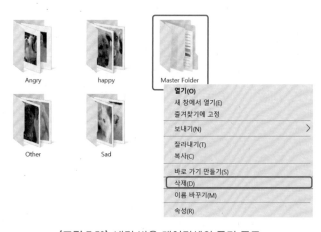

〈그림 7.50〉 내려 받은 데이터셋의 폴더 구조

내려받은 이미지 데이터셋을 ❶ Import Images 위젯을 사용하여 오렌지에 불러오고〈그림 7.51〉 ❷ Image Viewer 위젯을 사용하여 반려동물의 이미지를 확인해 보자〈그림 7.52〉.

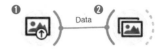

〈그림 7.51〉 Image Embedding 위젯의 연결

〈그림 7.52〉 Image Viewer로 살펴본 반려동물 사진

Step 2 학습/테스트 데이터의 분리

불러온 이미지는 Data Sampler 위젯을 사용하여 학습 및 테스트 데이터로 분리한다. 이전의 실습에서는 Image Embedding 위젯에서 이미지를 벡터로 변환한 다음에 학습 데이터와 테스트 데이터를 분리하였으나, 임베딩을 먼저 진행하면 임베더 간의 공정한 비교가 어렵다. 이번 장에서는 임베더 간 비교 실험을 위해 두 데이터의 분리를 가장 처음 수행한다.

〈그림 7.53〉 Data Sampler 위젯의 연결

Data Sampler 위젯의 설정은 〈그림 7.54〉와 같이 한다. ❷ 학습 데이터를 70%, 테스트 데이터를 30%로 지정하자.

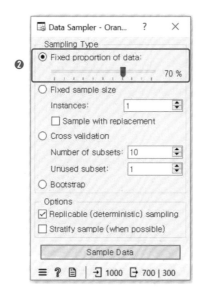

〈그림 7.54〉 Data Sampler 위젯 설정

이미지 분류 모델을 만들기 위해서 ❶ Image Embedding 위젯을 연결하고 위젯 창에서 Inception v3를 Embedder로 선택하여 복잡한 이미지를 특징 벡터로 바꾸자. 위젯의 이름을 Inception v3로 지정한 후, ❷ 위젯을 복사하여 같은 이름의 위젯을 하나 더 만든다. 이때, 첫 번째 위젯은 Data Sampler 위젯의 Data Sample 출력과, 두 번째 위젯은 Remain Data 출력과 연결되어야 한다.

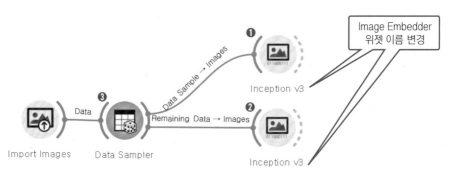

〈그림 7.55〉 Image Embedder 위젯 연결

인공지능 모델의 학습을 위해 위쪽(Data Sample과 연결된) Image Embedding 위젯에 ❶ Neural Network 위젯과 ❷ Predictions 위젯을 순차적으로 연결한 후, ❸ 아래쪽(Remaining Data와 연결된) Image Embedding 위에 Predictions 위젯을 연결하자〈그림 7.56〉. 결과적으로 Data Sampler 위젯과 Predictions 위젯은 두 개의 경로로 연결되게 되는데, 위쪽 경로는 학습용 데이터를 사용하여 모델을 만드는 과정, 아래쪽 경로는 테스트 데이터를 제공하는 과정을 의미한다.

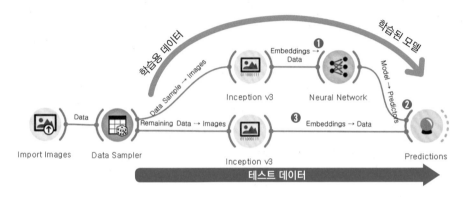

〈그림 7.56〉 인공지능 모델의 학습을 위한 위젯 구성

Neural Network 위젯의 설정은 〈그림 7.57〉과 같이 한다. ❹ Neurons in hidden layers 옵션에는 100, 10을 지정하여 2개의 층에 각각 100개, 10개의 노드를 만들고 ❺ 최대 학습 횟수를 지정하는 Maximal number of iterations 옵션에는 200을 입력하자.

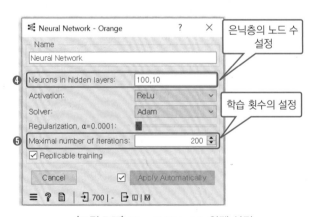

〈그림 7.57〉 Neural Network 위젯 설정

학습된 모델의 정확도는 Predictions 위젯에서 확인할 수 있다〈그림 7.58〉. 모델이 85% 분류 정확
도로 반려동물들의 표정을 인식한다는 것을 알 수 있다.

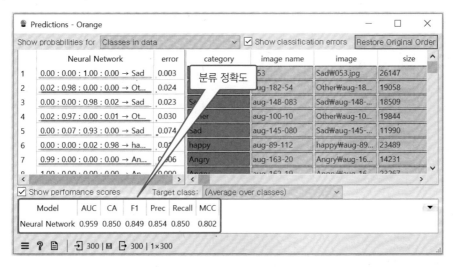

〈그림 7.58〉 Inception v3 Embedder를 사용해 학습된 모델의 예측 결과(분류 정확도)

❻ Confusion Matrix 위젯과 ❼ Image Viewer 위젯을 사용하여 예측 결과를 구체적으로 확
인해 보자〈그림 7.59〉.

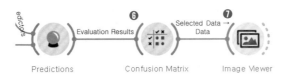

〈그림 7.59〉 예측 결과의 분석을 위한 위젯 구성

Confusion Matrix를 열어 보면 어떤 데이터 그룹 사이에서 에러가 발생했는지 확인할 수 있다
〈그림 7.60〉.

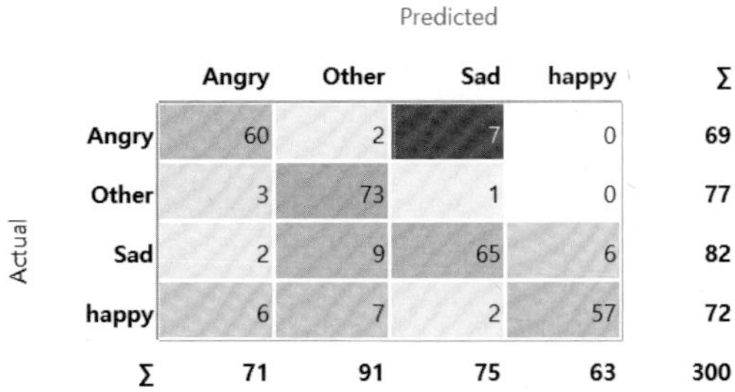

| | | Predicted | | | | |
		Angry	Other	Sad	happy	Σ
Actual	Angry	60	2	7	0	69
	Other	3	73	1	0	77
	Sad	2	9	65	6	82
	happy	6	7	2	57	72
	Σ	71	91	75	63	300

〈그림 7.60〉 Confusion Matrix의 결과와 데이터 선택

Angry를 Sad로 잘못 예측한 경우가 7건 존재하는데, 해당 칸을 선택한 후〈그림 7.60〉 Image Viewer 위젯을 열어 에러가 발생한 데이터를 확인해 보자〈그림 7.61〉.

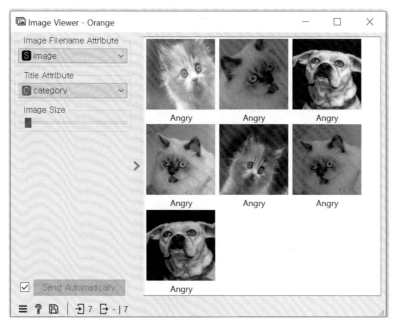

〈그림 7.61〉 Sad로 잘못 인식된 Angry 이미지

Angry 그룹에 포함되어 있긴 하지만, 조금은 애매한 표정의 이미지들이 대부분이다. 에러가 발생한 다른 이미지들은 어떠한지 Confusion Matrix의 셀을 하나씩 클릭하여 확인해 보기 바란다.

Step 5 Embedder에 따른 성능 비교

이번에는 새로운 Embedder를 사용하여 동물 표정 인식 모델을 학습시키고 그 결과를 기존 방법과 비교해 보자. ❶ 먼저, Inception v3 임베더부터 Image Viewer까지의 위젯들을 모두 선택한 후 복사(CTRL+C) 및 ❷ 붙여넣기(CTRL + V)하여 새로운 Embedder를 위한 위젯을 구성하자 〈그림 7.62〉.

오렌지로 쉽게 배우는 머신러닝과 데이터 분석

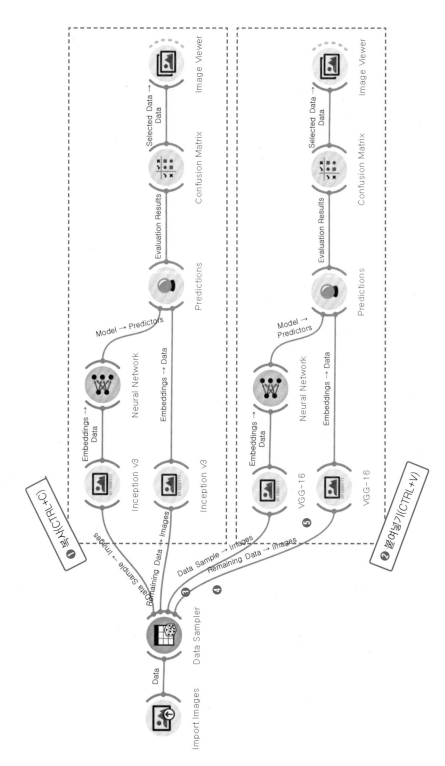

〈그림 7.62〉 VGG-16을 사용하는 동물 표정의 인식

새롭게 추가된 Image Embedding 위젯은 Data Sampler 위젯과 연결한다. 이때, ❸ 위쪽의 Image Embedding 위젯은 Data Sampler 위젯의 Data Sample 출력과, ❹ 아래쪽 위젯은 Remain Data 출력과 연결되어야 한다. ❺ Image Embedding 위젯들의 이름은 VGG-16으로 수정하여 구분이 쉽도록 하고, 위젯 설정에서 Embedder를 VGG-16으로 변경하자.

여기서 Data Sampler 위젯을 Image Embedding 위젯보다 앞서 사용한 이유를 알 수 있다. Image Embedding을 하기에 앞서 학습·테스트 데이터의 분리를 수행했기 때문에, 두 번의 Predictions 위젯에 사용된 데이터는 모두 동일하게 유지되었다. 만약 Data Sampler 위젯이 Image Embedding 위젯 뒤에서 사용되었다면, 서로 다른 데이터를 사용하여 학습과 테스트를 수행하게 되므로 결과의 직접적인 비교가 어렵게 된다.

학습된 모델의 분류 정확도는 Predictions 위젯을 사용하여 확인할 수 있다〈그림 7.63〉. 이번에 학습된 모델은 80.3%의 분류 정확도를 보였는데, 이를 통해 Inception v3를 활용한 모델이 VGG-16보다 성능이 좋음을 알 수 있다.

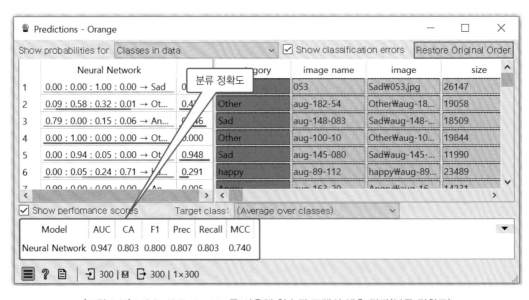

〈그림 7.63〉 VGG-16 Embedder를 사용해 학습된 모델의 예측 결과(분류 정확도)

🔋 연습문제

1. 인공지능과 딥러닝의 차이점에 대해 설명하시오.

2. 합성곱 신경망과 합성곱 신경망의 구조, 합성곱 연산 방법에 대해 설명하시오.

   1) 합성곱 신경망

   2) 합성곱 신경망 구조

   3) 합성곱 연산 방법

3. 다음 두 행렬의 합성곱을 계산하시오.

255	255	255	255	255
255	50	50	50	50
255	50	0	0	0
255	50	0	0	0
255	50	0	0	0

−1	0	1
−1	0	1
−1	0	1

4. Image Viewer 위젯과 Image Grid 위젯은 모두 이미지를 화면에 표시하는 기능을 한다. 그렇다면 두 위젯의 차이점은 무엇인가? 위젯의 입력이 어떻게 다른지, 각 위젯의 역할이 무엇인지를 설명하시오.

5. 딥러닝 모델의 합성곱 신경망은 오렌지에서 Image Embedding 위젯으로 사용할 수 있다. Image Embedding 위젯은 이미지를 어떤 형태로 바꾸는 역할을 하는지 설명하시오.

6. 합성곱 신경망 모델에는 Inception, VGG, Painters, DeepLoc, openface, SqueezeNet 등이 있다. 이 중 한 가지 모델을 선택하여 모델 구조를 조사하시오.

7. 캐글에서 'List of Fruits Images' 데이터셋을 내려 받아 과일 이미지를 군집 분류하시오. Image Embedding 위젯을 이용하여 이미지를 특징 벡터로 변환한 후, 군집 분류를 수행하고 다음에 답하시오.

   1) 사용한 Embedder 모델

   2) 사용한 군집 분류 위젯

   3) 군집 수와 군집별 특성 분석 결과

8. 캐글에서 'Celebrity Face Image Dataset' 데이터셋을 내려 받아 할리우드 유명인 17명의 이미지를 분류하고 다음에 답하시오.

   1) 사용한 Embedder 모델

   2) 학습 데이터의 비율 설정

   3) 사용한 예측 모델과 설정한 옵션

4) 분류 정확도

5) 혼동행렬 결과 분석

9. 7.6장에서는 반려동물의 표정 데이터셋을 Inception v3와 VGG-16 모델을 사용하여 인식하고 평가하였다. VGG-19 등 다른 모델들의 성능을 평가하고 각 모델의 성능을 표로 작성하시오.

10. 7.6장에서 살펴본 반려동물 데이터셋의 표정 4종에 대한 분류 정확도는 85% 수준(Inception v3)이었다. 여기서 표정 한 가지를 제외시켰을 때 정확도가 어떻게 변화하는지 확인하고 그 이유에 대해 기술하시오.

11. Brain Tumor MRI Dataset[7]은 7,023장의 뇌 MRI 영상으로 이루어진 데이터셋으로 3종의 뇌종양(신경교종, 수막종, 뇌하수체 종양) 영상과 종양이 없는 뇌 영상으로 구성되어 있다. 이 데이터셋은 학습용 데이터와 테스트용 데이터가 별도의 폴더에 저장되어 있다. 뇌종양 여부 및 뇌종양의 종류를 올바르게 분류하는 모델을 구성하고 학습 및 테스트를 수행한 후, 다음에 답하시오.

1) 사용한 Embedder 모델

2) 분류 모델(SVM, Neural Network, Logistic Regression 등)에 따른 정확도 변화

3) 혼동행렬 결과 분석

---

7) https://www.kaggle.com/datasets/masoudnickparvar/brain-tumor-mri-dataset

08

자연어 처리

contents

08 자연어 처리

8.1 자연어 처리란?

오늘날 우리는 웹 사이트, 소셜 미디어 등으로부터 정보를 얻고, 사람들과 소통하며, 삶을 나눈다. 지금 이 순간에도 인터넷 상에는 수많은 데이터가 생성되고 있으며, 그중에서도 우리가 일상에서 사용하는 한국어, 영어와 같은 자연어(Natural Language)로 구성된 데이터는 많은 비중을 차지하고 있다. 신문 기사, 포스트 게시글, 댓글 등 매일같이 쏟아져 나오는 자연어 기반의 데이터에는 많은 정보들이 내포되어 있으며, 이들 데이터 속에서 숨겨져 있는 인사이트를 얻기 위해서 자연어 처리와 분석 기술은 필수적이라 할 수 있다.

〈그림 8.1〉 텍스트 기반의 정보 Image(※ 출처: www.pixabay.com)

자연어 처리란 무엇일까? 데이터 분석은 컴퓨터 프로세싱을 통해 이루어진다. 컴퓨터는 0과 1로 이루어진 숫자 언어를 사용하기 때문에, 자연어를 분석하려면 자연어를 컴퓨터가 이해할 수 있는 형태로 변환하는 과정이 반드시 필요하다. 또한, 우리가 사용하는 언어에는 의미 전달에 큰 역할을 하지 않는 단어 등도 다량 포함되어 있어, 불필요한 부분을 제거하고 의미 있는 부분을 추출하는 등의 작업도 요구된다.

이와 같이 자연어를 컴퓨터가 이해할 수 있는 형태로 처리하는 일련의 과정을 자연어 처리(NLP,

Natural Language Processing)라고 한다. 자연어 처리는 최근 인공지능 기술과 결합하여 활발하게 연구되고 있는 분야이며, 최근 ChatGPT의 출시와 함께 뜨거운 이슈로 부상하는 주제이기도 하다. 이 장에서는 오렌지를 사용하여 자연어를 처리하고 다음과 같은 서비스들이 어떻게 구성되는지 실습을 통해 직접 경험해 보도록 하자.

(a) 유사 문서 검색   (b) 음성 인식   (c) 문서 분류   (d) 스팸 필터

〈그림 8.2〉 자연어 처리 활용 예

1. 자연어 분석 방법의 개요

당연한 말이지만, 자연어를 분석하기 위해서는 먼저 분석의 대상이 되는 데이터가 있어야 한다. 인터넷상에 존재하는 수많은 글들이 분석의 대상이 될 수는 있지만, 정리되지 않은 글들을 분석하는 것은 쉬운 일이 아니다.

자연어 분석을 위해 표 형태, 혹은 파일들의 집합으로 정리된 형태의 자연어 데이터를 코퍼스(Corpus)라고 한다. 코퍼스는 한 행마다 댓글 또는 신문 기사 등의 텍스트 데이터가 수록된 표 형태일 수도 있고〈그림 8.3(a)〉 한 폴더에 저장되어 있는 여러 파일들의 모음이 될 수도 있다〈그림 8.3(b)〉. 이때, 각 파일에 저장되어 있는 문서의 단위나 양은 분석 대상에 따라 다르다. 경우에 따라 책 한 권이 파일 하나에 저장되어 있을 수도 있으며, 파일 하나에 책의 한 챕터 또는 문단씩 저장되어 있을 수도 있다.

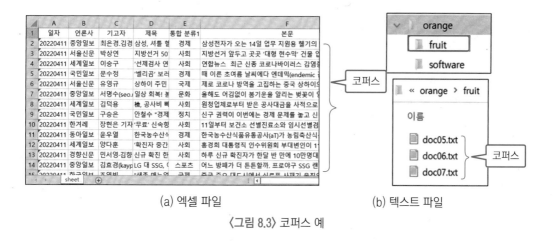

(a) 엑셀 파일   (b) 텍스트 파일

〈그림 8.3〉 코퍼스 예

자연어를 처리하는 전반적인 절차는 〈그림 8.4〉와 같다. 1) 텍스트 전처리(Text Preprocessing)는 분석에 불필요한 부분을 제거하고 의미 단위로 텍스트를 자르는 작업이다. 2) 전처리를 통해 정리된 텍스트 데이터는 임베딩(Embedding)을 통해 컴퓨터가 이해하고 연산을 수행할 수 있는 형태로 변환된다. 자연어는 기본적으로 비정형 상태이므로, 컴퓨터를 활용해 분석하기 위해서는 이를 정형화, 벡터화해야 한다. 임베딩 과정 없이 자연어를 분석할 수 있는 몇몇 방법들이 있지만, 최근 널리 사용되는 딥러닝 등의 방법을 활용하기 위해서는 임베딩 과정이 필수적이다. 3) 임베딩이 완료된 데이터는 인공지능 모델을 학습하는 데에 사용되며, 4) 학습이 완료된 모델은 새로운 데이터의 분석이나 서비스에 활용된다.

〈그림 8.4〉 자연어 분석 과정

2. 오렌지3와 자연어 처리를 위한 준비

오렌지3를 사용하여 자연어 처리를 해보자. 그리기 위해는 먼저 텍스트 처리를 돕는 위젯들을 설치해야 한다. 다음과 같이 메뉴에 [Options] → [Add-ons...]을 차례로 클릭한다. Installer이라

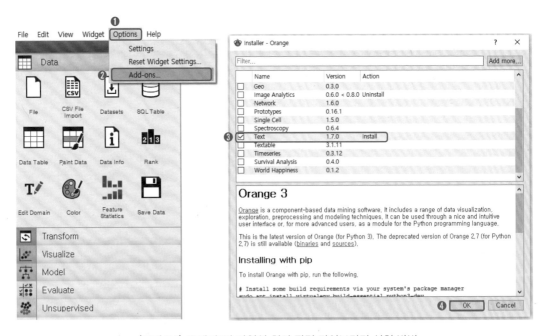

〈그림 8.5〉 오렌지3의 자연어 처리 관련 라이브러리 설치 방법

오렌지로 쉽게 배우는 머신러닝과 데이터 분석

는 새로운 창이 뜨면 Text라는 메뉴에 체크 표시(☑)가 되도록 클릭하고 OK 버튼을 클릭한다. 설치가 완료되면 오렌지3를 닫고 다시 실행시켜 보자. 프로그램 우측에 Text Mining 메뉴가 포함된 것을 확인할 수 있다. Text Mining 메뉴에는 그림과 같이 워드 클라우드, 감성 분석, 토픽 모델링 등 자연어 처리 및 분석 수행에 활용할 수 있는 여러 위젯들을 볼 수 있다. 이러한 위젯들로 무엇을 할 수 있는지 분석을 진행하며 살펴보도록 하자.

〈표 8.1〉 자연어 처리에 사용되는 위젯

분류	위젯 이름	한글 이름	기능
	Corpus	코퍼스	코퍼스 불러오기
	Preprocess Text	텍스트 전처리	텍스트 데이터의 정제, 정규화, 토큰화 작업
	Bag of Words	백 오브 워즈	코퍼스의 등장 어휘별 빈도로 수치화한 임베딩
	Word Cloud	워드 클라우드	코퍼스의 등장 어휘별 빈도에 따른 시각화
	Document Embedding	문서 임베딩	문서별 특징 값들을 추출한 임베딩
	Sentiment Analysis	감성 분석	텍스트 데이터의 단어 기반 감성 점수 산출
	Topic Modelling	토픽 모델링	코퍼스 내의 등장 어휘 통계 기반 주제 분류

〈그림 8.6〉 자연어 처리 위젯

더 알아보기!

텍스트 전처리

> 텍스트 전처리는 데이터에서 분석에 불필요한 부분을 제거하고, 의미 단위로 나누는 작업이다.

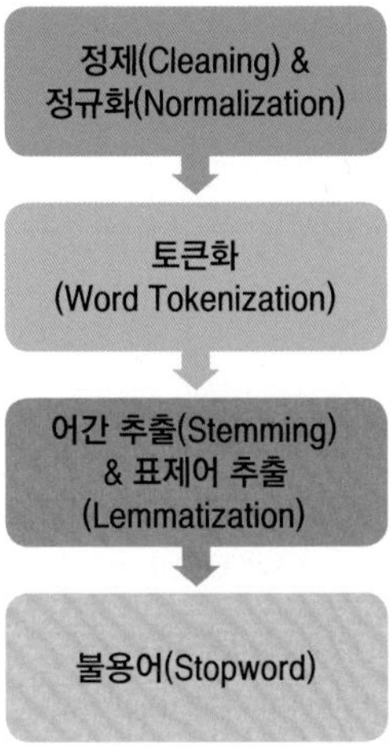

텍스트 전처리는 일반적으로 〈그림 8.7〉과 같은 과정을 거쳐 진행된다. 정제(Cleaning)는 불필요한 텍스트를 제거하는 작업이다. 예를 들어, 인터넷에서 가져온 텍스트 데이터에는 〈html〉, 〈br〉, 〈h1〉 등과 같은 html 코드가 포함되어 있을 수 있다. 이와 같은 코드, 특수기호와 같은 텍스트는 분석 결과에 의도치 않은 영향을 미칠 수 있기 때문에 제거해야 한다. 경우에 따라 숫자도 제거해야 할 수 있다.

텍스트 전처리에서 정규화(Normalization)는 표현 방법이 다르지만 같은 뜻을 가지는 단어를 하나로 통합하는 작업이다. 예를 들어, '한국'과 '대한민국', '경남'과 '경상남도'는 모두 같은 나라, 같은 지역을 가리키는 단어이므로, '한국'은 '대한민국'으로, '경남'은 '경상남도'로 통합하여 처리할 수 있다.

토큰화(Word Tokenization)는 코퍼스를 토큰(최소 분석 단위)으로 나누는 작업이다. 토큰은 분석 목적에 따라 단어(Word), 단어구(Phrase) 또는 문장(Sentence)이 될 수 있다. 토큰화는 비정형 데이터인 텍스트를 작은 단위로 나누어, 전처리 이후의 단계인 임베딩을 원활하게 하기 위한 작업이다.

〈그림 8.7〉 텍스트 전처리

어간 추출은 각 토큰의 핵심 텍스트를 뽑아, 단어의 사소한 변형을 무시하려는 목적으로 활용되는 절차다. 예를 들어, allowance, allowable, allow 등은 모두 allow에서 파생된 단어로 비슷한 뜻을 가지고 있으나 문장 안에서 역할에 따라 어미가 다르게 표현되는 경우가 있다. 어간 추출은 이런 단어들을 통합하기 위해 위의 단어들의 어미를 제거하고 allow 등으로 바꿔주는 과정이다.

표제어 추출은 어간 추출과 비슷한 작업이지만, 단어의 모양이 완전히 바뀌는 경우를 가리킨다. 예를 들어 am, are, is 등은 모두 be 동사로써 동일한 역할을 가지는 단어들이므로, 새로운 단어 'be'로 바꾸어 줄 수 있다.

불용어(Stopword)는 a, the, is, I 등 거의 모든 문서에 자주 등장하고 분석 결과에 큰 도움을 주지 않는 단어들을 의미한다. 해당 어휘들을 제거하여 자연어 분석의 복잡성을 줄일 수 있다.

더 알아보기!

임베딩과 백 오브 워즈

> 임베딩은 비정형 데이터인 텍스트를 벡터화하는 작업이다.

코퍼스를 구성하고 텍스트 전처리 과정이 끝나면 컴퓨터가 연산을 수행하기에 알맞은 형태로 토큰들을 벡터화한다. 수치로 되어 있지 않은 데이터를 컴퓨터가 처리하는 것은 쉽지 않기 때문이다. 이 벡터화 과정을 임베딩(Embedding)이라 한다.

가장 기본적인 자연어 임베딩 방식인 백 오브 워즈(bag of words)를 살펴보자. 백 오브 워즈는 비슷한 주제의 문서에서 등장하는 단어가 유사할 것으로 가정하는 방식이다. 문서에 등장하는 단어의 순서를 고려하지 않고 단어의 등장 빈도만을 고려하여 단어를 벡터로 바꾼다.

〈그림 8.8〉을 살펴보면 두 개의 서로 다른 문서(문장)가 벡터화되는 과정을 알 수 있다. 본래의 문장은 주어, 동사, 목적어 등으로 단어 사이의 구조를 가지고 있으나, 백 오브 워즈가 적용되면 각 단어의 빈도만을 사용해서 길이가 8인 벡터로 변환된다. 이때, 해당 문장에서 나타나지 않는 단어는 0으로 표기되기 때문에 모든 문서에 대해 동일한 구조(길이)의 벡터를 얻을 수 있다.

문서1: "Orange is a tool for machine learning."
문서2: "This orange juice machine makes a sweet orange juice."

	orange	tool	machine	learning	sweet	fruits	juice	makes
문서1	1	1	1	1	0	0	0	0
문서2	2	0	1	0	1	1	2	1

〈그림 8.8〉 Bag of Words의 예

임베딩의 또 다른 방식은 인공신경망을 이용하는 방식이다. 신경망 기반의 대표적인 자연어 임베딩 방식은 word2vec이 있다. word2vec은 입력과 출력층에 이웃하는 단어를 배치하여, 주변에 있는 단어를 통해 입력 단어의 값을 만든다. 백 오브 워즈 방식의 임베딩은 단어 등장 순서를 고려하지 않는 반면, word2vec은 단어의 순서를 기반으로 수치화하기 때문에 문장 안에서 비슷한 역할을 하는 단어들(예를 들어, men과 women, Seoul과 Tokyo 등)이 비슷한 수치를 가진다는 장점이 있다.

8.2 미국 대선후보들이 가장 많이 쓴 단어는?(워드 클라우드)

내가 좋아하는 책에 많이 등장하는 단어는 무엇일까? 대통령 취임사에 많이 등장하는 단어는? 오늘 발행된 신문 기사에서 많이 볼 수 있었던 단어들은? 워드 클라우드〈그림 8.9〉를 사용하면 이와 같은 질문에 손쉽게 답할 수 있다.

워드 클라우드는 코퍼스 내에 많이 등장하는 단어들을 단어 등장 빈도수에 비례하게 크기와 색상을 조정하여 나타내는 시각화 도구이다. 워드 클라우드를 통해 문서 내에 어떤 단어들이 많이 등장하는지 한눈에 파악할 수 있다.

〈그림 8.9〉 워드 클라우드 예

이번 장에서는 2016년 미국의 대통령 선거 기간 동안 대통령 후보(도널드 트럼프, 힐러리 클린턴)들이 작성한 트위터 글을 분석하여 두 후보의 글 사이에 어떤 차이점이 있는지 살펴보도록 하자.

Step 1 데이터 준비

Text Mining 카테고리에 있는 Corpus 위젯을 사용해 코퍼스를 읽어오고 Data Table 위젯과 Corpus Viewer 위젯(Text Mining 카테고리)을 사용하여 코퍼스 내용을 확인해 보자. 위젯의 연결은 〈그림 8.10〉과 같이 한다.

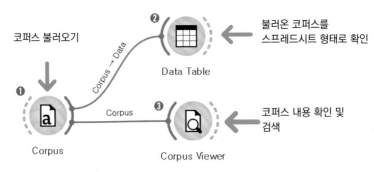

〈그림 8.10〉 코퍼스 불러오고 내용 확인하기

❶ Corpus 위젯은 오렌지에서 텍스트 데이터를 불러오는 위젯이다. Corpus 위젯 창을 열고 Corpus file 그룹에서 election-tweets-2016.tab을 선택한다.

election-tweets-2016은 2016년 미국의 대통령 선거 기간 동안 대통령 후보들이 작성한 트위터 글을 모아 놓은 코퍼스이다. 총 6,444개의 트위터 글이 수집되어 있으며, 이중 트위터 글에 해당하는 feature는 Content이며, Author는 해당 트위터 글의 작성자 ID이다.

파일을 올바르게 선택했다면, Corpus 위젯 창 하단에 인스턴스 수가 나타나고 분석에 사용되는 feature의 이름을 확인할 수 있게 된다〈그림 8.11〉. Used text features에는 분석에 사용될 특징이 배치되고 Ignored text features에는 사용하지 않을 특징이 배치된다. 여기서는 Content 변수만 사용하도록 하자. 마우스로 열 이름을 드래그하여 위치를 변경할 수 있다.

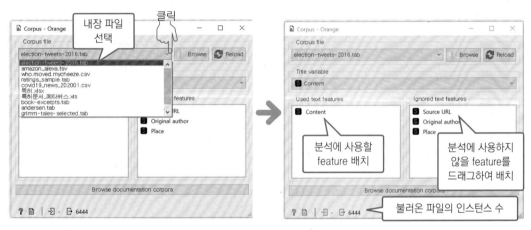

〈그림 8.11〉 내장 코퍼스 파일 불러오기

❷ 오렌지3에 연결된 Data Table 위젯 창을 열어보자. Data Table 위젯을 사용하면 코퍼스를 스프레드시트 형태로 확인할 수 있다〈그림 8.12〉.

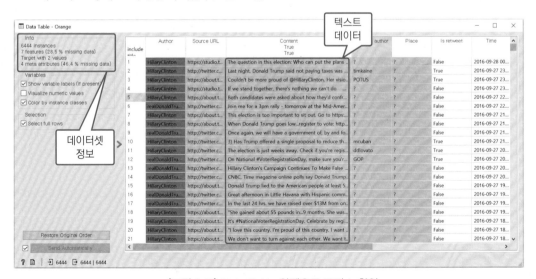

〈그림 8.12〉 Data Table 위젯으로 코퍼스 확인

❸ 이번에는 Corpus Viewer 위젯 창을 열어 내용을 확인해 보자. 문서 이름을 선택하면 해당 문서의 내용을 확인할 수 있다〈그림 8.13〉. Corpus Viewer 위젯 창에서는 단순히 문서 내용을 확인할 수 있을 뿐 아니라 문서의 내용을 검색하거나 텍스트 전처리 결과를 확인해 볼 수도 있다. Corpus Viewer 위젯의 상세 기능들은 뒤에서 하나씩 살펴보도록 하자.

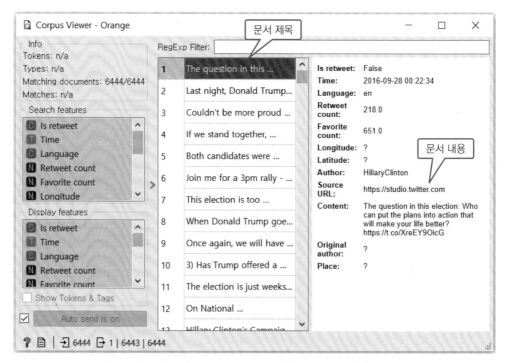

〈그림 8.13〉 Corpus Viewer 위젯으로 코퍼스 확인

더 알아보기!

코퍼스를 표로 저장하자!

> Data Table 위젯과 Save Data 위젯을 사용하면 오렌지에 내장된 코퍼스를
> 파일로 저장할 수 있다.

오렌지에 내장된 코퍼스들은 특수한 형태로 저장되어 있어 엑셀 등의 외부 프로그램에서 데이터를 살펴보기 어렵다. Data Table 위젯과 Save Data 위젯을 활용하여 csv 등의 형태로 파일을 저장해 보자.

❶ Data Table 위젯에 Save Data 위젯을 연결하면, 스프레드시트 형태로 코퍼스 데이터를 저장할 수도 있다. Save Data 위젯 창을 열어 Save 버튼을 클릭하면 내 컴퓨터에 저장할 위치를 선택하고 파일 이름을 입력하여 저장한다. 이때, .xlsx, .csv, .tab 등의 파일 형태로 저장할 수 있다.

❷ Data Table 위젯과 Save Data 위젯을 연결하는 링크를 클릭하면, Data Table 위젯으로부터 출력되는 데이터를 설정할 수 있다. Selected Data → Data로 연결되면, Data Table 위젯 창에서 마우스로 클릭하거나 드래그하여 선택한 데이터만 출력으로 나가게 된다. 코퍼스 전체 데이터를 저장하기 위해서는 Data → Data로 연결해야 한다.

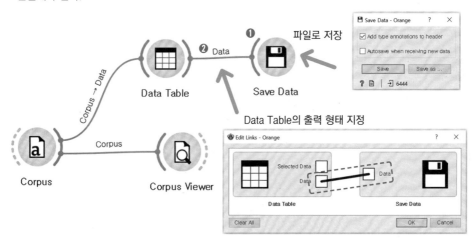

〈그림 8.14〉 코퍼스 파일로 저장하기

트위터 글 분석을 위한 위젯 구성은 〈그림 8.15〉와 같이 한다. Corpus 위젯 다음에 ❶ Select Rows, ❷ Preprocess Text, ❸ Word Cloud 위젯을 차례로 연결하고, 코퍼스 내용을 확인하기 위해 Preprocess Text 위젯 다음에 ❹ Corpus Viewer 위젯을 연결한다.

〈그림 8.15〉 오렌지3의 텍스트 전처리 및 워드 클라우드

❶ Select Rows 위젯은 조건을 만족하는 인스턴스를 선택하는 기능을 한다. 파일에서 읽어온 코퍼스에는 두 후보가 작성한 글이 함께 섞여 있으므로, 분석을 위해 두 글을 분리할 수 있는 Select Rows 위젯을 사용한다.

Select Rows 위젯 창에서 'Add Condition' 버튼을 눌러 Author가 'realDonaldTrump'인 인스턴스를 선택하자(힐러리 클린턴 후보의 글을 분석하려면 'Hillary Clinton'을 선택하면 된다. 〈그림 8.16〉).

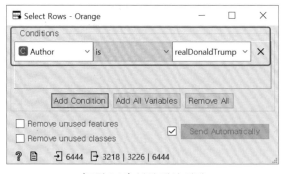

〈그림 8.16〉 분석 대상 선택

❷ Preprocess Text 위젯(Text Mining 카테고리)은 텍스트 전처리를 위한 위젯이다. Preprocess Text 위젯 창을 열면, 여러 전처리기(Preprocessors)들을 확인할 수 있다. 이 중에서 ❺ 필요한 전처리기를 더블클릭하거나 드래그하여 Drag items from the list on the left라고 작성된 패널 위로 이동시키면 해당 패널에 위치한 전처리기가 코퍼스에 적용된다〈그림 8.17〉.

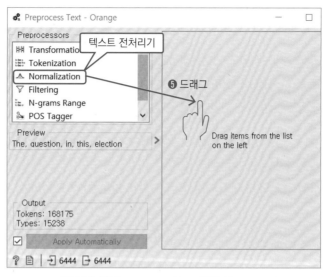

〈그림 8.17〉 Preprocess Text 위젯 창

전처리기가 패널에 배치되면 배치된 순서대로 불러온 코퍼스에 대해 텍스트 전처리 작업이 진행된다. ❻ 필요 없는 전처리기는 ✖ 버튼을 클릭하여 삭제할 수 있다. ❼ 배치된 전처리기를 마우스로 드래그하면 적용되는 순서를 변경할 수도 있다〈그림 8.18〉. 전처리의 배치와 설정은 다음 Step에서 하나씩 차근차근 해보도록 하자.

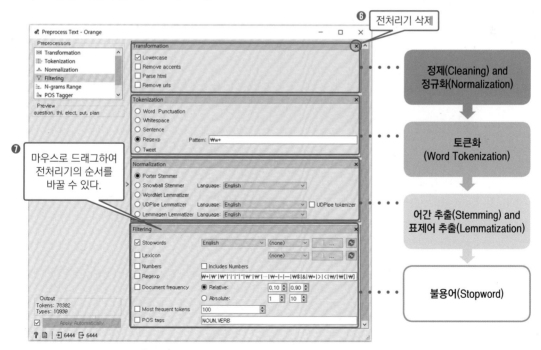

〈그림 8.18〉 오렌지3 텍스트 전처리기

워드 클라우드는 코퍼스 내 등장하는 토큰과 토큰의 등장 빈도를 단어 구름 형태로 표현해 주는 시각화 도구이다. 토큰(단어)들이 등장 빈도에 따라 다른 크기와 색으로 표시되기 때문에 어떤 단어들이 특히 많이 등장하는지를 한눈에 볼 수 있다.

Preprocess Text 위젯과 Word Cloud 위젯을 함께 열고〈그림 8.19〉 전처리의 효과를 직접 확인해 보자. 두 개의 창을 함께 보려면, 두 위젯을 각각 더블클릭하여 창을 연 후, 오렌지 캔버스 화면을 최소화하거나, 작업 표시줄에 만들어진 오렌지 위젯 창을 눌러 표시하면 된다.

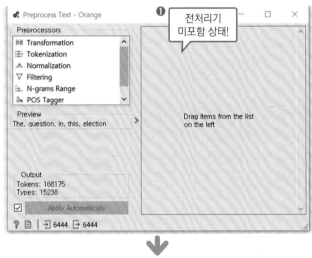

〈그림 8.19〉 텍스트 전처리와 워드 클라우드(1)

❶ Preprocess Text 위젯 내의 전처리기를 모두 제거한 후 워드 클라우드를 확인하자〈그림 8.19〉. 워드 클라우드 창의 왼쪽에는 등장하는 단어의 빈도가 표 형태로 표시되며, 오른쪽에서는 빈도에 따라 단어의 크기 등을 조정하여 표현한 워드 클라우드가 표시된다.

Preprocess Text 위젯에는 어떠한 전처리기도 배치되어 있지 않으므로 코퍼스에 대한 전처리 작업은 전혀 진행되지 않았다. 이 때문에 Word Cloud 위젯 창에 구성된 워드 클라우드는 우리가 기대하던 모습과 좀 다르다. 구두점과 Url 주소에 해당되는 https, //, co 등의 문자들이 코퍼스에 등장하는 빈도가 가장 높아 크게 표현되어 다른 의미 있는 단어들이 가려졌다. 올바른 분석을 위해서는 분석에 불필요한 문장부호나 기호, 인터넷 주소들은 제거되어야 한다.

Preprocess Text 위젯에 전처리기를 하나씩 추가하면서 워드 클라우드의 변화를 살펴보자. 먼저, Transformation 전처리기를 패널에 올려놓고 Remove urls에 체크하자〈그림 8.20〉. Url 주소가 제거된 것을 확인할 수 있다.

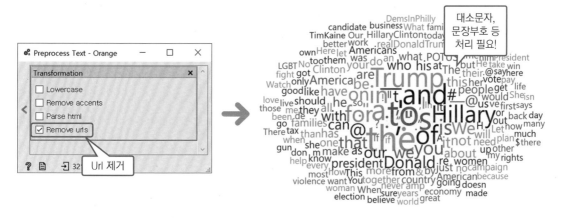

〈그림 8.20〉 텍스트 전처리와 워드 클라우드(2) – Remove urls

❷ Transformation 전처리기에 Lowercase를 추가로 체크해 보자〈그림 8.21〉. Trump가 trump로, Hillary가 hillary로, 대문자가 소문자로 변경되었다. 철자가 같으나 대소문자가 달라 서로 다른 단어로 인식되었던 단어들이 하나로 통합되었으므로 빈도수를 조금 더 정확하게 파악할 수 있다.

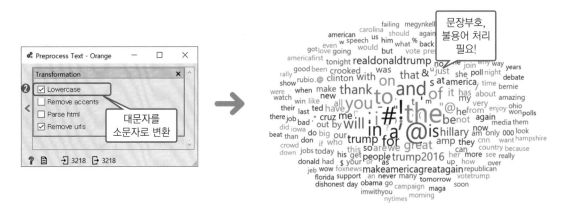

〈그림 8.21〉 텍스트 전처리와 워드 클라우드(3) – Lowercase

이번에는 ❸ Tokenization 전처리기를 패널에 포함시키자〈그림 8.22〉. Tokenization 전처리는 코퍼스의 텍스트 데이터를 토큰 단위로 자르는 파싱기이다. 전처리기의 옵션에서 토큰의 기준을 결정할 수 있는데, ❹ 여기서는 'Regexp'를 선택하고 Pattern을 '\w+'로 결정하자. 토큰의 단위를 단어 단위로 하는 정규 표현식이다.

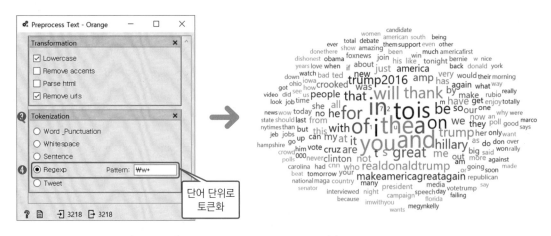

〈그림 8.22〉 텍스트 전처리와 워드 클라우드(4) – Tokenization

〈그림 8.22〉의 워드 클라우드에는 문장부호가 제거되어 표현되어 있다. 다른 옵션을 선택하여 워드 클라우드가 어떻게 표현되는지 확인해 보기 바란다. 각 옵션에 대한 설명은 〈표 8.2〉에 기술되어 있다.

〈표 8.2〉 전처리기 Tokenization의 옵션

토큰 단위	설명
Word punctuation	단어 단위로 분할(구두점 남김)
Whitespace	공백을 기준으로 분할
Sentence	문장 단위로 분할
Regexp	정규 표현식을 사용하여 분할
Tweet	해시태그 등을 고려한 트위터용 모델을 사용해 분할

〈그림 8.22〉를 보면 아직 더 처리해야 할 것들이 보인다. the, to, a, and, of 등의 단어들이 등장 빈도가 높아 워드 클라우드의 가장 중심에 크게 배치되어 있다. 해당 단어들은 영어 문장에 자주 나오는 단어들이지만, 단어 그 자체로 의미를 가지는 경우는 거의 없다. 이와 같은 단어를 제거해야 실제적으로 의미를 가지는 단어를 부각시켜 시각화할 수 있다. 분석에 사용하지 않는 이와 같은 단어를 "불용어(Stopwords)"라고 한다.

불용어 제거를 위해 ❺ Filtering 전처리기를 추가하고 ❻ Stopwords 옵션에 체크하자. 언어를 'English'로 설정하면 영어의 일반적인 불용어를 제거할 수 있다. ❼ Numbers와 Include Numbers 옵션은 숫자 및 숫자가 포함된 토큰을 제거하는 기능을 한다. 두 개 옵션을 체크하고 숫자를 제거하자〈그림 8.23〉.

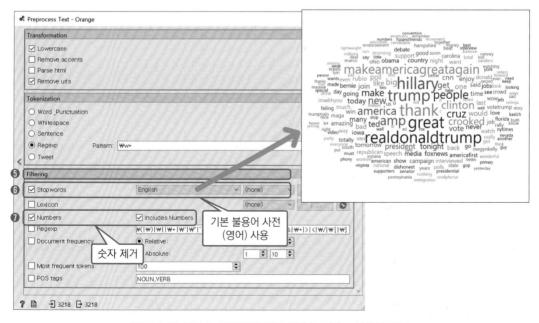

〈그림 8.23〉 텍스트 전처리와 워드 클라우드(5) - 불용어 제거

〈그림 8.23〉의 워드 클라우드에는 the, to, a 등과 같은 불용어가 제거된 것을 확인할 수 있다. 2016년 미국 대선의 두 후보 trump와 hillary의 빈도수가 상위권에 올라왔다. 불용어가 제거되면서 분석 대상 코퍼스를 잘 대변해 주는 핵심 단어들이 워드 클라우드에 눈에 띄게 드러난 것을 볼 수 있다.

이제, Preprocess Text 위젯에 연결한 Corpus Viewer 위젯 창을 열어보자. ❽ Display feature에 content를 선택하고 위젯 창 하단의 ❾ Show Tokens & Tags 옵션을 체크하면, 각 문서별로 전처리가 완료된 토큰을 확인할 수 있다. 잘게 나뉜 토큰들을 분석하면 추가로 필요하거나 빠져야 하는 전처리 작업을 결정할 수 있다.

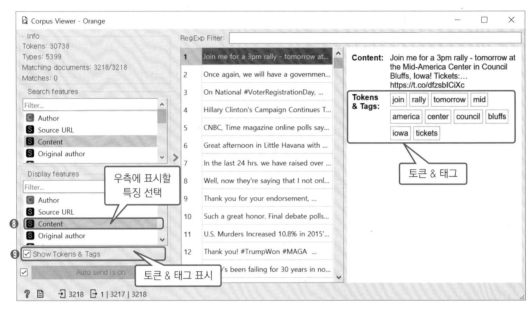

〈그림 8.24〉 Corpus Viewer 위젯 – 전처리된 토큰 확인

Step 4 분석 결과

〈그림 8.25〉와 〈표 8.3〉은 두 후보가 작성하거나 리트윗한 트위터 글에 대한 단어 빈도를 워드 클라우드와 표로 보여준다. 표에는 자주 등장한 단어 10개를 각각 표기하였는데, 트럼프 후보의 경우 realdonaldtrump는 트위터 아이디이며, amp는 특수문자(&)를 나타내는 단어이므로 이를 제외한 10개 단어를 선택하였다.

그림과 표를 살펴보면 두 후보가 사용한 단어의 빈도수에 제법 큰 차이가 있음을 알 수 있다. 두 후보의 글 중 공통적으로 빈도가 높은 단어는 trump였다. 특히, 클린턴 후보의 경우에는 trump 가 925회 사용되었는데, 이것은 트럼프 후보가 사용한 횟수의 2배를 상회하는 수준이다. Corpus Viewer를 통해 원문을 검색해 보면, 상대 후보의 말/글에 대한 반박을 하는 경우가 많았다.

한편, 트럼프 후보의 글에서 가장 많이 사용된 단어는 thank였다. Corpus Viewer를 통해 원문을 검색해 보면, 이것은 지지자들에 대해 감사를 표하는 문구가 많이 들어가 있었기 때문임을 알 수 있다.

〈도널드 트럼프 후보〉　　　　　　　〈힐러리 클린턴 후보〉

〈그림 8.25〉 2016년 미국 대선 후보들의 트위터 분석 – Word Cloud

〈표 8.3〉 2016년 미국 대선 후보들의 트위터 분석(상위 10개) – Word Count

Donald Trump		Hillary Clinton	
빈도	단어	빈도	단어
522	thank	925	trump
466	great	767	hillary
391	trump	428	donald
363	hillary	280	president
333	realdonaldtrump	216	america
268	amp	199	people
255	makeamericagreatagain	189	make
226	people	189	let
217	america	182	one

Donald Trump		Hillary Clinton	
빈도	단어	빈도	단어
211	clinton	174	us
203	cruz	148	potus
190	new	143	families
186	crooked		
170	make		

그 외에, 트럼프 후보의 경우 당시 슬로건이었던 "Make America Great Again"과 관련된 america와 great가 자주 등장했으며, 이 해시태그 자체도 255회나 언급되었다. america는 클린 턴 후보의 경우에도 자주 등장하였으며, president(대통령)는 대통령의 자격 등과 관련하여 높은 빈도(280회)로 언급되었다.

더 알아보기!

워드 클라우드를 저장하자!

> Save Data 위젯을 사용하여 단어 빈도수를 파일로 저장할 수 있다.

워드 클라우드는 Word Cloud 위젯 하단에 있는 저장 버튼을 클릭하여 이미지 파일로 저장할 수 있으나〈그림 8.26〉, 해상도가 다소 떨어지는 문제가 있어 위젯 창의 화면을 그대로 캡처하는 편이 대체로 더 낫다.

〈그림 8.26〉 워드 클라우드 저장

Word Cloud 위젯에서 함께 계산해 주는 단어의 등장 빈도는 ❶ Save Data 위젯을 사용하여 저장할 수 있다〈그림 8.27〉. 이때 ❷의 Word Cloud 위젯과 Save Data 위젯과의 링크를 클릭하여 Word Cloud 위젯에서 출력되는 데이터의 형태를 Word Counts에서 Data로 연결되도록 지정한다.

Save Data 위젯을 사용해 빈도수를 저장하면 파일로 빈도수를 확인할 수 있다는 것 외에 추가적인 장점이 있다. 사실, Word Cloud 위젯 창의 빈도수 표에는 상위 300개의 단어만 보여진다. 하지만 Save Data 위젯을 사용하여 빈도수를 저장하면 전체 단어의 빈도수를 확인할 수 있으므로 대량의 단어를 함께 분석할 때에는 좀 더 유리하다.

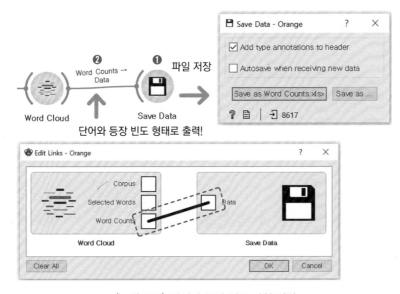

〈그림 8.27〉 단어별 등장 빈도 파일 저장

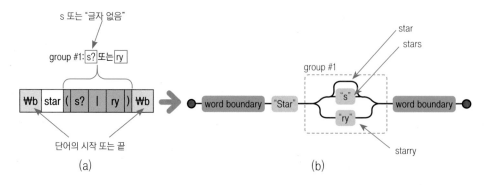

더 알아보기!

정규 표현식(RegExp)

정규 표현식을 사용하여 여러 문자열을 간결하게 표현할 수 있다.

〈표 8.4〉 정규 표현식

기호	설명
₩b	시작/끝
₩w	단어
.	문자
+	1회 이상 반복
*	0회 이상 반복
?	0회 또는 1회 등장
A|B	A 또는 B
[ABC]	A, B, C 중 한 문자
[^A]	A를 제외한 한 문자

정규 표현식(Regular Expression)은 문자열을 미리 정해진 기호를 사용하여 간략하게 표현하는 식이다. 짧게 Regexp라고 표기하기도 한다. 정규 표현식은 하나의 식으로 여러 개의 문자열을 포괄하여 표현할 수 있으므로 자연어 처리에서 널리 활용된다.

예를 들어, star, stars, starry의 3개 단어를 불용어로 처리해야 하는 경우를 생각해 보자. 3개 단어를 각각 불용어 리스트에 올리는 것도 가능하지만, 정규 표현식을 사용하면 식 1개만으로 3개 단어를 모두 표현할 수 있어 편리하다.

3개 단어를 정규 표현식으로 나타내면 "₩bstar(s?|ry)₩b"가 된다〈그림 8.28(a)〉. "₩b"는 단어의 시작과 끝, star는 공통적으로 나타나는 문자열, "(s?|ry)"는 "s"나 "ry" 중에서 한쪽을 선택하는 것, "s" 뒤에 있는 "?"는 "s"가 등장하지 않아도 괜찮다는 것을 의미한다. 이를 그래프로 나타내면 좀 더 직관적으로 이해할 수 있다〈그림 8.28(b)〉.

정규 표현식은 자연어 처리에 있어 매우 중요하다. 그래프로 표현해 주는 웹 사이트(https://regexper.com/)를 활용하여 정규 표현식에 익숙해지도록 하자.

〈그림 8.28〉 정규 표현식으로 나타낸 단어. (a) 정규 표현식, (b) 정규 표현식의 그래프 표현

더 알아보기!

정규 표현식과 오렌지

오렌지에서 정규 표현식을 자연어 처리에 적용해 보자.

오렌지에서도 특정 패턴의 문자열을 검색하고, 제거하고, 파싱할 때 정규 표현식을 활용할 수 있다. Preprocess Text 위젯 창의 Tokenization, Filtering 전처리기를 보면 Regexp 옵션이 있는데, 여기에 정규 표현식을 사용하여 ❶ 토큰화하거나 ❷ 불용어를 정의할 수 있다〈그림 8.29〉.

❶에는 ₩w+로 정규 표현식이 기입되어 있는데, 이것은 "단어가 1개 이상 반복된다"는 뜻이다. ❷는 다양한 특수기호를 정규 표현식으로 정의해 놓은 것이다. 이곳에 새로운 불용어 정규 표현식을 추가하여 자신만의 불용어 리스트를 만들 수 있다.

Corpus Viewer 위젯에서도 정규 표현식을 활용할 수 있다. ❸ 상단의 RegExp Filter 입력란에 정규 표현식을 기입하면 특정 패턴의 문자열을 모두 검색할 수 있다(검색된 문자열은 하이라이트되어 표시된다). 〈그림 8.30〉에서는 ₩beat라고 입력하였는데, 이것은 "eat로 시작하는 문자열"이란 뜻이다.

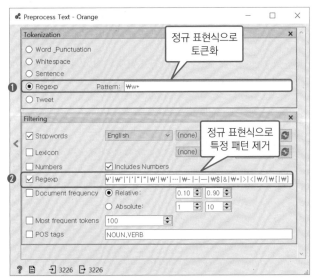

〈그림 8.29〉 Preprocess Text 위젯과 정규 표현식

〈그림 8.30〉 Corpus Viewer 위젯과 정규 표현식

8.3 스팸 메일을 자동으로 분류해 보자(자연어 처리 + 머신러닝)

아침에 출근해 메일함을 열어 보면 세계 곳곳에서 온 불필요한 소식들이
이메일 공간을 가득 채우고 있다. 바로 스팸 메일이다. 포털 사이트에서
제공하는 메일은 보통 스팸 필터 기능을 갖추고 있지만, 여전히 많은 스
팸 메일들이 걸러지지 못한 채 메일함으로 들어온다.

이번 장에서는 자연어 처리를 통해 스팸 메일 여부를 예측하여 자동으로
분류하는 스팸 메일 분류기를 만들어 보고자 한다. 우리는 이미 앞에서 머신러닝을 활용한 다양
한 예측 분석과 군집 분석들을 실습한 바 있다. 이번 실습을 통해, 텍스트 데이터를 어떻게 머신
러닝에 적용하는지 살펴보자.

Step 1 데이터 준비

❶ 캐글에서 'SMS Spam Collection Dataset'이라고 검색하고 ❷ 데이터 링크[1]를 클릭하자〈그림
8.31〉. ❸ 내려받기 아이콘을 클릭하면 데이터를 내려 받을 수 있다〈그림 8.32〉.

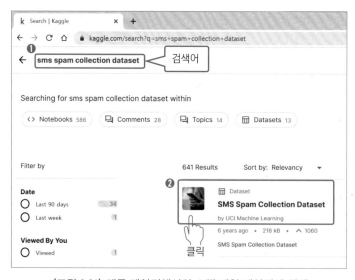

〈그림 8.31〉 캐글 페이지에서의 스팸 메일 데이터셋 검색

---

1) https://www.kaggle.com/datasets/uciml/sms-spam-collection-dataset

오렌지로 쉽게 배우는 머신러닝과 데이터 분석

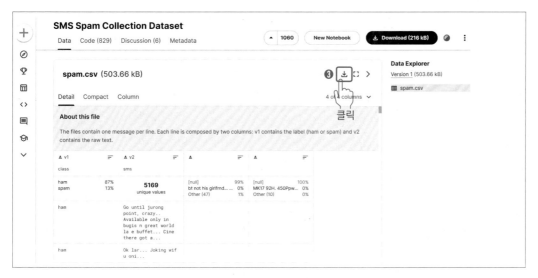

〈그림 8.32〉 스팸 메일 데이터셋

캐글에서 내려 받은 spam.csv를 열어보자. 두 개 열이 있는데, v1 열에는 스팸 메일일 경우 spam이, 정상 메일일 경우 ham이 표기되어 있고, v2에는 메일 내용이 담겨 있다〈그림 8.33〉. v2 열의 텍스트 데이터를 모델로 구성하여 ham(정상 메일)인지 spam(스팸 메일)인지를 예측해 보도록 하자. 여기서 v1은 Target 변수에 해당된다. Corpus 위젯을 사용하여 파일을 불러오자.

	A	B
1	v1	v2
2	ham	Go until jurong point, crazy.. Available only in bugis n great world la
3	ham	Ok lar... Joking wif u oni...
4	spam	Free entry in 2 a wkly comp to win FA Cup final tkts 21st May 2005.
5	ham	U dun say so early hor... U c already then say...
6	ham	Nah I don't think he goes to usf, he lives around here though
7	spam	FreeMsg Hey there darling it's been 3 week's now and no word back
8	ham	Even my brother is not like to speak with me. They treat me like aids
9	ham	As per your request 'Melle Melle (Oru Minnaminunginte Nurungu Ve
10	spam	WINNER!! As a valued network customer you have been selected to
11	spam	Had your mobile 11 months or more? U R entitled to Update to the

〈그림 8.33〉 spam.csv 파일 내용

위젯은 〈그림 8.34〉와 같이 구성한다. Corpus, Select Columns, Edit Domain 위젯을 순차적으로 연결하자.

❶ 먼저, Corpus 위젯을 열고 내려 받은 spam.csv 파일을 선택하여 불러온다.

❷ Select Columns 위젯은 분석에 필요한 열만을 선택하는 기능을 한다. 분석 대상인 텍스트 데이터를 가지고 있는 변수 v2를 포함시키고 v1을 Target 메뉴에 배치시킨다. 이때, v2가 Metas 카테고리로 분류됨에 주의해야 한다. 나머지 열들은 분석에 필요하지 않기 때문에 Ignored로 이동시키자〈그림 8.35〉.

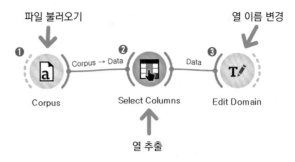

〈그림 8.34〉 데이터 불러오고 열 추출하기

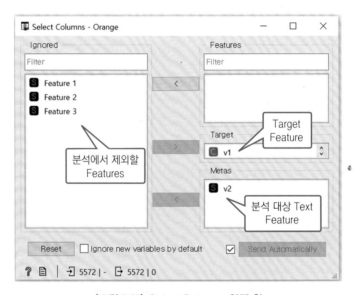

〈그림 8.35〉 Select Columns 위젯 창

❸ Edit Domain 위젯을 사용하여 열의 이름을 바꾸자. v1, v2는 의미를 직관적으로 알기 힘들다. 변경하고자 하는 열을 선택하고 Name 옵션에서 변경하고자 하는 열의 이름을 작성하여 이름을 변경한다. v1을 class로, v2를 email로 바꾸도록 하자〈그림 8.36〉.

오렌지로 쉽게 배우는 머신러닝과 데이터 분석

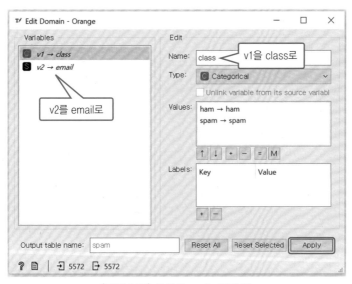

〈그림 8.36〉 Edit Domain 위젯 창

Step 2   데이터 전처리

자연어를 처리하기 위해서는 불필요한 단어를 제거하고 토큰으로 나누는 등의 텍스트 전처리 작업 그리고 데이터를 정형화하는 임베딩 작업이 필요하다. 여기서는 대표적인 임베딩 방법인 백 오브 워즈(Bag of Words)를 사용하여 데이터를 정형화한다. Bag of Words 위젯은 Text Mining 카테고리에 있다. 〈그림 8.37〉과 같이 위젯을 구성하자.

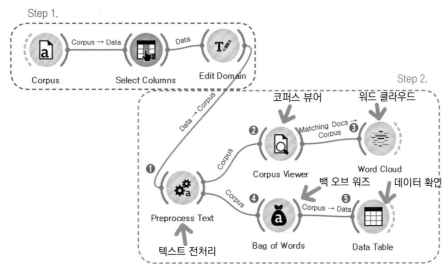

〈그림 8.37〉 오렌지3의 텍스트 전처리 작업과 백 오브 워즈

Step 1에서 추가한 Edit Domain 위젯 뒤에 ❶ Preprocess Text 위젯을 연결하여 텍스트 전처리 작업을 진행한다. 이때 Edit Domain과 Preprocess Text 위젯 사이는 Data → Corpus로 연결되어야 한다. Preprocess Text 위젯 창을 열어 텍스트 전처리기를 〈그림 8.38〉과 같이 배치시킨다. ❷ 대문자를 소문자로 변경하는 등의 정제 작업과 ❸ 단어 단위로 문장을 나누는 토큰화 작업, ❹ 어간을 추출하고 ❺ 불용어와 숫자, 문장부호를 제거하도록 메뉴를 선택하자. RegExp의 입력 상자 안에는 문장부호를 제거하기 위한 정규 표현식이 기본으로 입력되어 있다. 내용은 바꾸지 말고 RegExp 체크박스에 체크만 하면 된다.

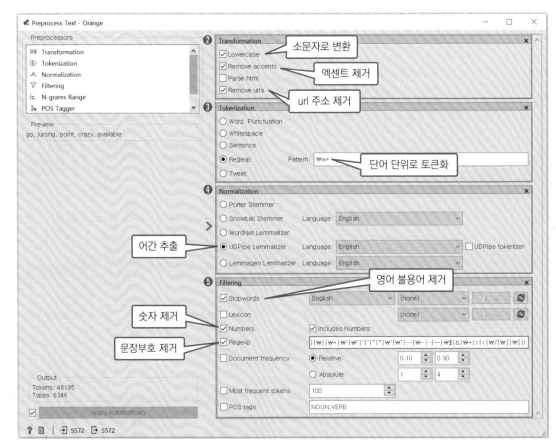

〈그림 8.38〉 Preprocess Text 위젯 창

Corpus Viewer 위젯 창에서는 코퍼스를 구성하는 각 문서 내용과 함께, 텍스트 전처리 작업에 의해 나누어진 토큰을 확인하거나 내용을 검색할 수도 있다〈그림 8.39〉. 모델을 구성하기에 앞서 스팸 메일(spam)과 정상 메일(ham)이 어떤 특성을 가지고 있는지, 텍스트 전처리에 어떤 작업을

추가로 진행해야 하는지 검색 기능을 통해 확인해 보자.

❻ 검색 대상인 Search features에는 class를, ❼ 화면에 표시하는 Display features 메뉴는 모든 변수를 선택한 후, ❽ RegExp Filter의 입력창에서 spam으로 검색하면, 검색 결과가 위젯 창의 중앙에 나타난다〈그림 8.39〉. ❾ 검색된 문서의 제목을 마우스로 드래그하여 스팸 메일을 모두 선택해 보자.

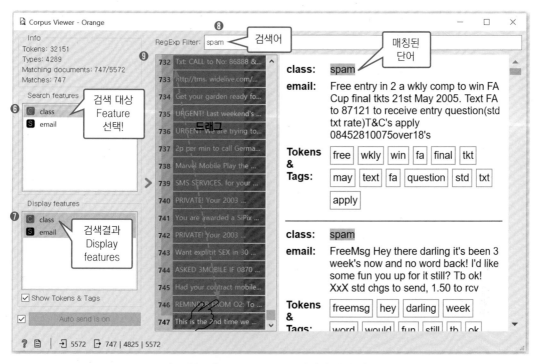

〈그림 8.39〉 Corpus Viewer 위젯의 검색 기능

Corpus Viewer 위젯에 Word Cloud 위젯을 연결하고 위젯 창을 열면, 선택된 문서들, 즉 스팸 메일들에 대한 워드 클라우드를 구성하고 확인할 수 있다〈그림 8.40〉. free, win, mobile, shop, www, prize, award 등의 단어들이 많이 등장하고 있다. 무료 행사임을 강조하거나, 메일 수신 자가 어떤 상품에 당첨되었음을 (거짓으로) 알리는 메일들이 많다는 것을 알 수 있다. www가 많이 등장하는 것으로 미루어 볼 때, 홈페이지 주소 등의 외부 링크도 많은 것으로 추정된다.

정상 메일의 워드 클라우드를 살펴보려면 Corpus Viewer에서 검색어를 ham으로 바꾸어 검색하고 검색된 문서들을 모두 선택하면 된다〈그림 8.41〉. 정상 메일의 워드 클라우드는 스팸 메일과는 달리 Get, go, ok, good, day 등 일상적인 단어들이 자주 등장한다.

이와 같이 워드 클라우드를 사용한 분석을 통해, 각 메일에서 등장하는 단어들의 빈도 정보가 스팸 메일과 정상 메일의 분류 작업에 유용함을 알 수 있다.

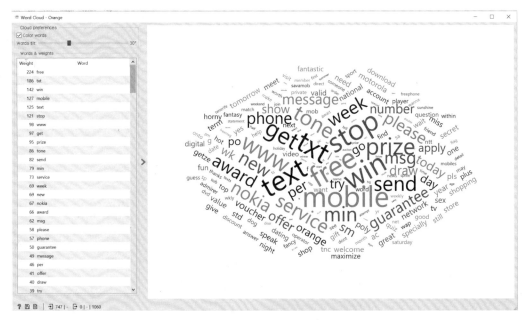

〈그림 8.40〉 스팸 메일의 워드 클라우드

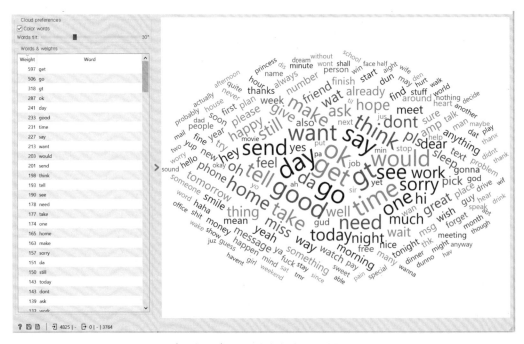

〈그림 8.41〉 정상 메일의 워드 클라우드

한편, 인공지능 모델을 구성하기 위해서는 텍스트 데이터를 벡터 공간에 수치로 표현하는 임베딩 작업이 필요하다. 여기서는 Text Mining 카테고리의 Bag of Words 위젯을 사용해서 임베딩을 수행한다. ❹ Preprocess Text 위젯에 연결된 Bag of Words 위젯을 〈그림 8.42〉와 같이 설정하자. 모두 기본값이므로 이전에 위젯을 사용한 적이 없다면, 별도로 수정할 곳은 없다.

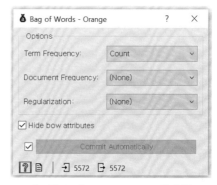

〈그림 8.42〉 Bag of Words 위젯 창

Bag of Words 위젯에 연결된 ❺ Data Table 위젯을 열어 백 오브 워즈가 잘 구성되었는지 확인해 보자. Data Table 위젯 창을 열면, 〈그림 8.43〉과 같이 각 문서에서 단어(토큰)의 등장 빈도가 {...} 열에 표시된 것을 볼 수가 있다.

백 오브 워즈가 올바로 구성되었다면 인공지능 모델을 적용할 수 있는 기본적인 준비가 완성되었다고 할 수 있다. 여기에 지도 학습, 비지도 학습 위젯들을 연결하여 예측 및 분류 모델을 구성해 보자.

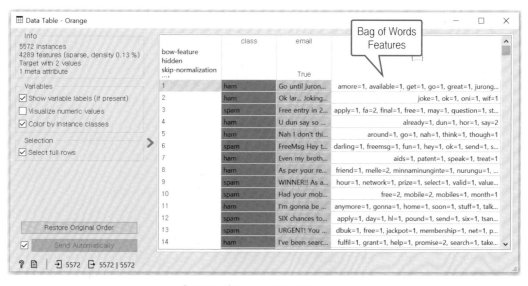

〈그림 8.43〉 Bag of Words Features

텍스트 데이터를 임베딩하여 수치형 데이터로 변환하였다면, 이전에 다루었던 지도 학습의 모델 구성과정을 그대로 적용할 수 있다. 〈그림 8.44〉의 Step 3을 보자.

❶ Data Sampler 위젯으로 훈련 데이터 70%와 테스트 데이터 30%로 나눈다.

❷ 70%의 훈련 데이터(Data Sample → Data)는 나이브 베이즈 모델을 구성하는 Naive Bayes 위젯에 연결한다.

❸ 30%의 테스트 데이터(Remaining Data → Data)는 Predictions 위젯에 연결한다. Naive Bayes 위젯에서 구성된 모델 역시 Predictions 위젯에 연결한다.

❹ 모델의 예측 결과를 추가로 확인하기 위해 Predictions 위젯에 Confusion Matrix 위젯을 연결하면 위젯 구성이 완료된다.

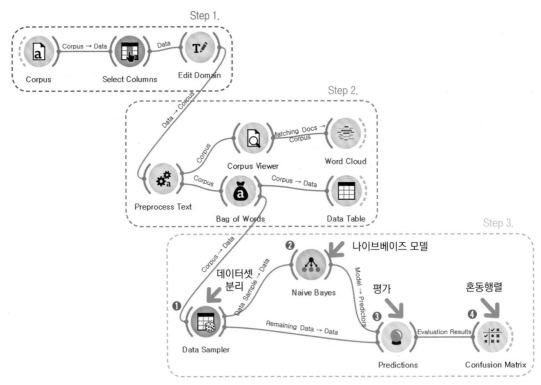

〈그림 8.44〉 오렌지3 스팸 메일 분류기 코드

〈그림 8.45〉는 나이브 베이즈(Naive Bayes)로 구성한 스팸 메일 예측 모델의 성능을 확인할 수 있는 Predictions 위젯 창이다. 하단의 모델 평가 지표들을 통해 0.97의 정확도(Accuracy)를 갖는 스팸 메일 분류기가 구성되었다는 것을 알 수 있다. 메일에 등장하는 단어들을 특징으로 사용하여 모델링한 스팸 메일 분류기는 꽤 괜찮은 성능을 달성하였다.

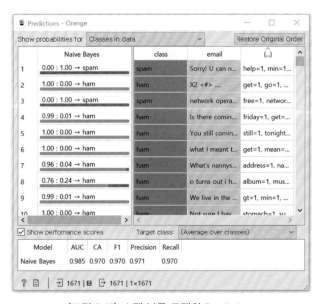

〈그림 8.45〉 스팸 분류 모델의 Predictions

Confusion Matrix 위젯 창을 열어 혼동행렬도 확인해 보자〈그림 8.46〉. 1,446개의 정상 메일 중, 이를 스팸으로 오인식한 경우는 31건으로 에러율이 약 2.1%였으며, 225개의 스팸 메일 중에서 이를 정상 메일로 오인식한 것은 19건(8.4%)으로 두 그룹의 데이터 모두에 대해 준수한 성능을 보였다.

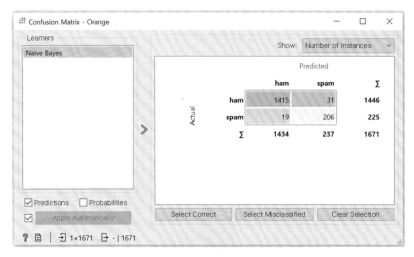

〈그림 8.46〉 스팸 분류 모델의 Confusion Matrix

8.4 이 상품을 좋아하는 사람은 얼마나 될까?(텍스트 감성 분석)

인터넷 쇼핑몰에서 상품을 구매할 때에는 해당 상품에 대한 리뷰 글을 참조하는 경우가 많다. 직접 상품의 질을 확인하기 어려운 온라인 쇼핑의 특성상 다른 사람들의 평가는 해당 제품에 대해 알 수 있는 중요한 정보이기 때문이다.

하지만 리뷰 글이 수천, 수만, 더 나아가 수십만 건 이상이라면 어떨까? 많은 리뷰 글을 일일이 읽고 평가하기란 무척이나 어렵다.

이번 장에서는 인공지능 스피커인 아마존 사의 '알렉사'에 대한 리뷰 글을 자동으로 분석하는 실습을 진행한다. 리뷰 글에 사용된 단어들을 분석하여 리뷰 글에서 나타난 작성자의 감성을 확인해 보자.

Step **1** 데이터 준비

캐글로부터 데이터셋을 내려 받자. www.kaggle.com으로 들어가서 Datasets 메뉴로 들어가 ❶ 검색창에 'Amazon Alexa Reviews'로 검색하자. ❷ 검색 결과를 선택하여 해당 데이터셋 페이지[2]로 이동하면 데이터셋을 ❸ 내려 받을 수 있다.

---

2) https://www.kaggle.com/datasets/sid321axn/amazon-alexa-reviews

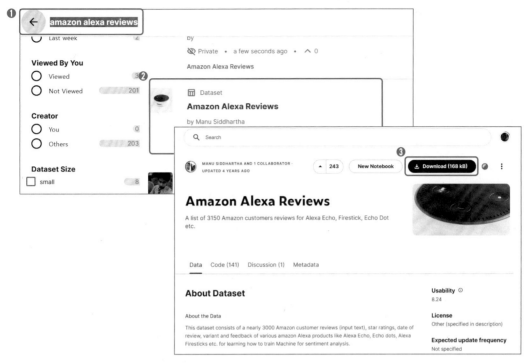

〈그림 8.47〉 캐글 Amazon Alexa Reviews 데이터셋 내려 받기

이 데이터는 2018년 5월 16일부터 2018년 7월 31일까지 아마존에서 Alexa를 구입한 사용자들이 남긴 리뷰 데이터다.

내려 받은 데이터셋은 ❹ Corpus와 ❺ Data Table 위젯을 사용하여 확인해 볼 수 있다. Corpus 위젯을 더블클릭하고 ❻ Browse 버튼을 눌러 내려받은 파일(amazon_alexa.tsv)을 선택하자〈그림 8.48〉.

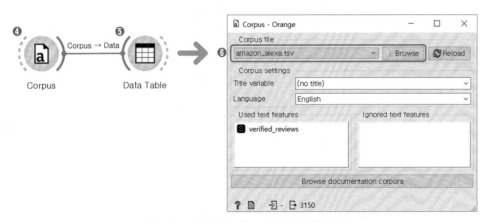

〈그림 8.48〉 알렉사 리뷰 데이터셋 읽어오기

Data Table 위젯 창에서 데이터를 살펴볼 수 있다〈그림 8.49〉. 총 3,150개의 리뷰 데이터가 수록되어 있으며, 총 5개의 특징〈표 8.5〉으로 구성되어 있다.

〈그림 8.49〉 Amazon Alexa Reviews 데이터

이중 rating은 리뷰를 작성한 소비자가 달아놓은 제품 평가 점수이다. 1점부터 5점까지로 구성되어 있으며, 5점이 가장 높다.

verified_reviews는 사용자의 리뷰 정보이며, 직접적인 분석 대상이다. 2.5%의 결측치를 가지고 있어 해당 행을 제거하는 전처리 작업이 필요하다.

〈표 8.5〉 amazon_alexa 데이터셋

feature 이름	설명
verified_reviews	리뷰 내용
rating	사용자가 지정한 별점
date	리뷰 작성 날짜
variation	제품 종류
feedback	피드백

Step 2 데이터 전처리

데이터 전처리를 위한 위젯 구성은 〈그림 8.50〉과 같이 한다. 각각의 위젯들의 역할과 전처리 과정에 대해 하나씩 살펴보자.

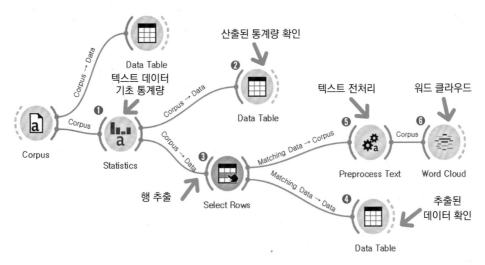

〈그림 8.50〉 Amazon Alexa Reviews 전처리 과정

먼저, 특징 verified_reviews에는 결측치가 상당수 포함되어 있으므로 해당 데이터를 분석에서 제외해야 한다. Text Mining 카테고리의 Statistics 위젯과 Transform 카테고리의 Select Rows 위젯을 사용하여 결측치를 제거하자.

❶ Statistics 위젯은 단어의 개수, 문자 수 등을 계산하고 데이터에 특징으로 추가한다. 위젯 창을 열고 〈그림 8.51〉과 같이 설정하자. Character count와 Word count가 선택되어 있지 않다면, ❼ 추가 버튼(+)을 클릭하고 해당 특징을 선택하면 된다.

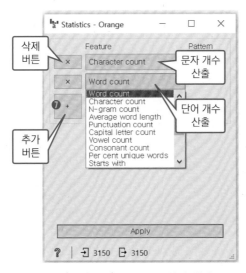

〈그림 8.51〉 Statistics 위젯 설정

Statistics 위젯에 ❷ Data Table 위젯을 연결하면 Character count와 Word count라는 새로운 특징이 추가된 것을 확인할 수 있다〈그림 8.52〉. Character count는 글자의 개수, Word count는 단어의 개수다. 리뷰 글이 존재하지 않는 경우에는 Character count가 0이므로 이를 조건으로 활용하면 결측치를 제거할 수 있다.

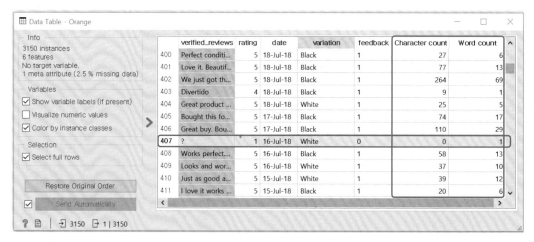

〈그림 8.52〉 텍스트 데이터의 문자 수, 단어 수 산출 결과

❸ Select Rows 위젯은 Character count에 대한 조건을 설정하여 결측치를 제거할 수 있다. Select Rows 위젯 창을 열고 〈그림 8.53〉과 같이 설정하자. ❽ 기준 열은 Character count로, ❾ 조건은 'is greater than', ❿ 기준값은 0으로 한다. 단어 개수가 0개보다 많은 경우만을 사용하겠다는 뜻이다.

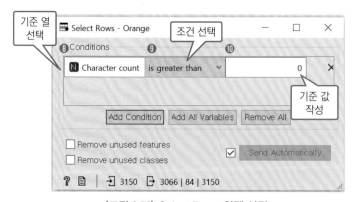

〈그림 8.53〉 Select Rows 위젯 설정

오렌지로 쉽게 배우는 머신러닝과 데이터 분석

조건을 조금 변경하면, 글자 개수 기준을 2~3 정도로 하거나, 단어가 2개 이상인 경우를 분석 대상으로 하는 것도 가능하다. 리뷰 글의 길이가 너무 짧은 경우에는 감성 분석을 수행하기 어렵다는 것을 고려하자.

Select Rows 위젯에 연결된 ❹ Data Table 위젯 창을 열어 선택된 데이터를 확인해 보자. 〈그림 8.54〉의 Info 정보를 보면 no missing data라는 문구를 볼 수 있다. 전체 인스턴스 수는 3,066 개로 줄었다.

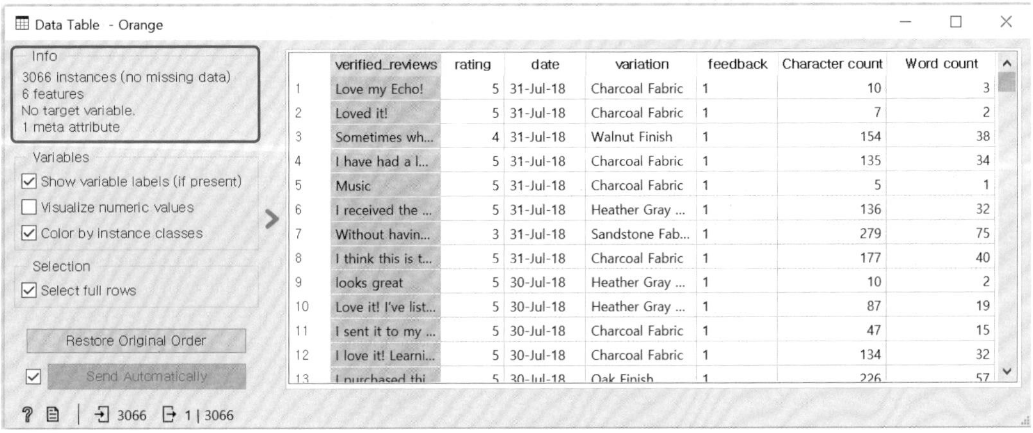

〈그림 8.54〉 결측치 처리 후 데이터 확인

이제 본격적인 텍스트 전처리 작업을 진행해 보자. Select Rows 위젯에 연결된 ❺ Preprocess Text 위젯을 열어보자. Word Cloud 위젯을 Preprocess Text 위젯에 연결하고 두 위젯의 창을 모두 열어 두면 전처리 과정을 시각적으로 확인해 가면서 진행할 수 있어 좋다.

텍스트 전처리 작업을 수행하기 위해 Preprocess Text 위젯 창을 열고 〈그림 8.55〉와 같이 패널에 전처리기를 배치하자.

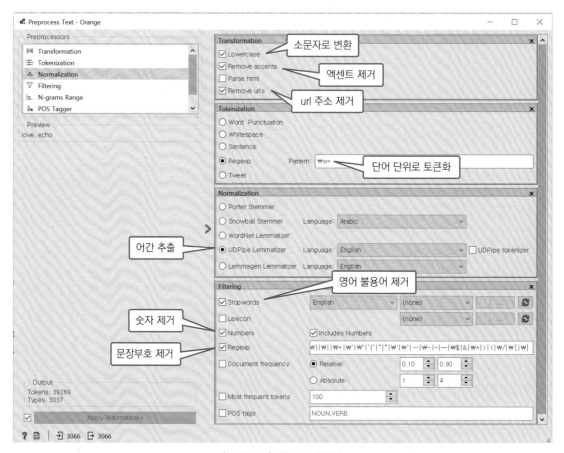

〈그림 8.55〉 텍스트 전처리

Preprocess Text 위젯의 설정은 잠시 미뤄두고 ❻ Word Cloud 위젯을 더블클릭하여 생성된 워드 클라우드를 확인해 보자〈그림 8.56〉. 가장 많이 등장하는 단어는 love이며, 그 다음으로 echo, great, use, work, music, like, great 등의 단어들이 많이 등장했다. 분석 대상이 되는 코퍼스에서는 알렉사에 대한 긍정적인 단어가 상위에 등장하는 것으로 보이지만, 정량적인 평가를 위해서는 추가적인 분석이 필요하다.

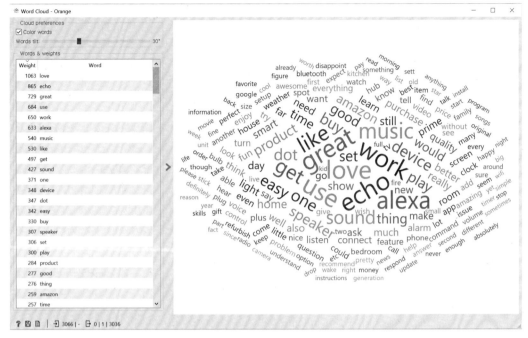

〈그림 8.56〉 Amazon Alexa Reviews 워드 클라우드

Step 3 감성 분석

감성 분석은 글에 표현된 작성자의 감성을 자동으로 분석 및 인식하는 것을 말한다. 주로 글이 얼마나 긍정적이거나 부정적인지를 파악하는 것을 목표로 한다.

감성을 인식하는 가장 간단한 방법은 긍정/부정 사전을 사용하는 것이다. 긍정, 부정적인 단어 리스트를 만들고 각 단어들의 등장 빈도에 따라 감성 점수를 매긴다. 긍정적인 단어가 많이 나오면, 감성 점수를 높게, 그렇지 않으면 감성 점수를 낮게 주는 방법으로 글의 감성 점수를 간단히 계산할 수 있다.

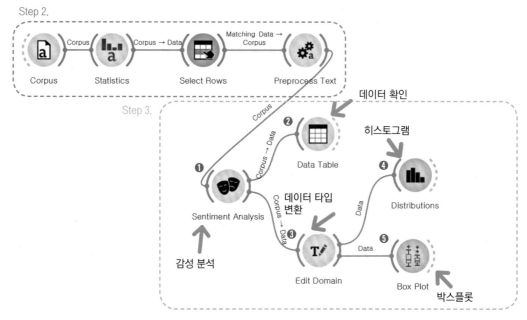

〈그림 8.57〉 Amazon Alexa Reviews 감성 분석 위젯 구성

Preprocess Text 위젯에 ❶ Sentiment Analysis 위젯을 연결하여 감성 분석을 수행해 보자. 오렌지에서는 총 6가지의 감성 분석 방법〈표 8.7〉을 제공한다.

Sentiment Analysis 위젯의 창에서 감성 분석을 수행할 방법을 선택할 수 있다〈그림 8.58〉. Liu Hu 등 총 6개의 방법을 선택할 수 있는데, 여기서는 규칙 기반 방법 중 하나이며, 트위터 글을 대상으로 검증된 Vader 방법을 선택해 보자.

〈그림 8.58〉 Sentiment Analysis 위젯창

Vader는 파이썬 NLTK 패키지의 감성 분석 모듈을 사용하여 긍정/부정/중립 점수와 이를 취합한 종합점수를 결과로 제공한다. Data Table 위젯을 사용하여 결괏값을 확인해 보자.

더 알아보기!

감성 분석

오렌지에서 정규 표현식을 자연어 처리에 적용해 보자.

텍스트에 나타난 감성을 인식하는 가장 간단한 방법은 감성적인 단어들에 점수를 매기고 이 점수를 합산하는 것이다. 단어들의 점수가 〈표 8.6〉과 같을 때, "이 의자는 정말 편해요. 강추!"라는 글의 감성 점수는 "강추"의 감성 점수와 "편해요"의 감성 점수를 더한 18점이 된다. 이 방법을 사전 기반의 감성 분석이라고 한다.

사전 기반 분석은 쉽게 감성 점수를 매길 수 있다는 장점이 있지만, 큰 규모의 사전이 필요하다는 점, 사전에 빠진 중요 단어가 있을 수 있다는 점 그리고 not, but 등의 부정 단어를 통해 문장의 긍정/부정이 바뀔 수 있다는 점이 한계로 지적된다.

규칙 기반의 감성 분석은 감성 사전과 함께, 문장의 구조, 이웃한 단어와의 관계 등을 사용하여 텍스트의 감성 점수를 결정하는 방법이다. 벡터 공간 기반의 방법은 임의의 단어를 벡터 공간으로 투사하는 모델을 만든 후, 감성 사전 등에 등록된 단어들과 새로운 단어의 거리를 감성 점수로 정의하는 방법이다. Jacobs 등은 소설 해리 포터의 글을 오렌지 SW를 사용해 분석하고 해리 포터, 헤르미온느 등 주요 등장 인물들의 감성 점수를 측정하기도 했다.

〈표 8.6〉 감성 사전

단어	감성 점수
강추	10
편해요	8
별로	3
비추	2
최악	1

〈표 8.7〉 오렌지에서 제공하는 감성 분석 도구

이름	방법	제공 언어	논문에서 활용한 데이터
Liu Hu[3]	감성 사전, 문장의 구조, 연관 규칙 분석 등 활용	영어, 슬로베니아어	제품 리뷰
Vader[4]	간단한 규칙을 통한 사전 기반 점수 조정	영어	트위터 글
Multiningual sentiment	사전 기반	다국어(한국어 가능)	–
SentiArt[5]	벡터 공간 기반	영어, 독일어	소설(해리 포터)
Silah sentiment	영어 감성 사전(NRC)의 수동 번역	슬로베니아, 크로아티아, 네덜란드어	페이스북 글
Custom dictionary	사전 기반	사용자 구성	–

Sentiment Analysis 위젯에 연결된 ❷ Data Table 위젯 창을 열어보면 pos, neg, neu, compound 열이 새로 생성된 것을 볼 수 있다〈그림 8.59〉. 여기서 pos는 긍정, neg는 부정, neu는 중립 감성에 대한 점수이며, compound는 pos, neg, neu 열의 값을 종합하여 -1부터 1까지의 값으로 감성지수를 산출한 것이다.

이렇게 산출된 감성지수를 사용자가 직접 남긴 rating 열의 별점과 비교해 보자. 먼저 rating 열의 데이터 타입을 변경하는 것이 필요하다. 자동으로 지정된 rating의 값은 Numeric 타입이지만, 그래프 구성 시 항목별로 비교 분석하기에는 Categorical 타입이 유용하기 때문이다.

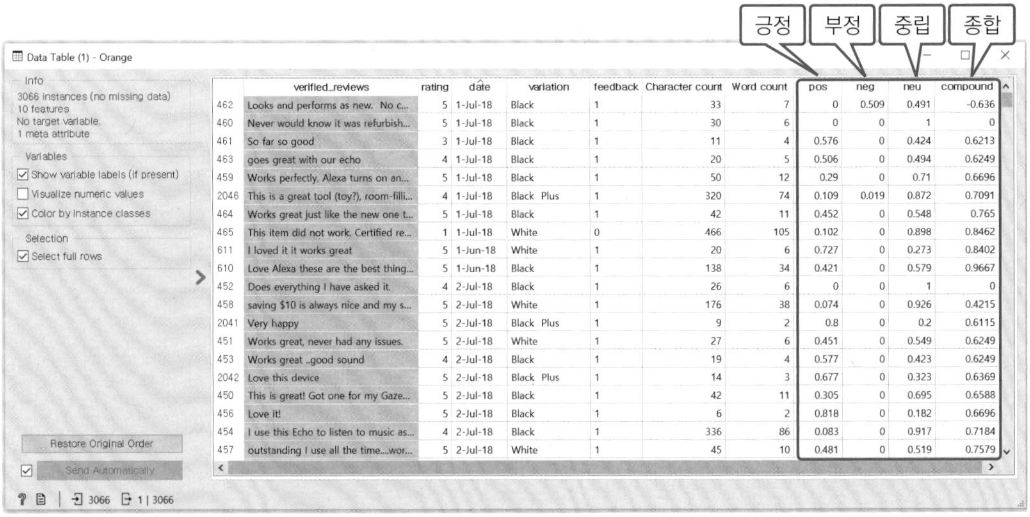

	verified_reviews	rating	date	variation	feedback	Character count	Word count	pos	neg	neu	compound
462	Looks and performs as new. No c...	5	1-Jul-18	Black	1	33	7	0	0.509	0.491	-0.636
460	Never would know it was refurbish...	5	1-Jul-18	Black	1	30	6	0	0	1	0
461	So far so good	3	1-Jul-18	Black	1	11	4	0.576	0	0.424	0.6213
463	goes great with our echo	4	1-Jul-18	Black	1	20	5	0.506	0	0.494	0.6249
459	Works perfectly, Alexa turns on an...	5	1-Jul-18	Black	1	50	12	0.29	0	0.71	0.6696
2046	This is a great tool (toy?), room-filli...	4	1-Jul-18	Black Plus	1	320	74	0.109	0.019	0.872	0.7091
464	Works great just like the new one t...	5	1-Jul-18	Black	1	42	11	0.452	0	0.548	0.765
465	This item did not work. Certified re...	1	1-Jul-18	White	0	466	105	0.102	0	0.898	0.8462
611	I loved it it works great	5	1-Jun-18	White	1	20	6	0.727	0	0.273	0.8402
610	Love Alexa these are the best thing...	5	1-Jun-18	Black	1	138	34	0.421	0	0.579	0.9667
452	Does everything I have asked it.	4	2-Jul-18	Black	1	26	6	0	0	1	0
458	saving $10 is always nice and my s...	5	2-Jul-18	White	1	176	38	0.074	0	0.926	0.4215
2041	Very happy	5	2-Jul-18	Black Plus	1	9	2	0.8	0	0.2	0.6115
451	Works great, never had any issues.	5	2-Jul-18	White	1	27	6	0.451	0	0.549	0.6249
453	Works great ..good sound	4	2-Jul-18	Black	1	19	4	0.577	0	0.423	0.6249
2042	Love this device	5	2-Jul-18	Black Plus	1	14	3	0.677	0	0.323	0.6369
450	This is great! Got one for my Gaze...	5	2-Jul-18	Black	1	42	11	0.305	0	0.695	0.6588
456	Love it!	5	2-Jul-18	Black	1	6	2	0.818	0	0.182	0.6696
454	I use this Echo to listen to music as...	4	2-Jul-18	Black	1	336	86	0.083	0	0.917	0.7184
457	outstanding I use all the time....wor...	5	2-Jul-18	White	1	45	10	0.481	0	0.519	0.7579

〈그림 8.59〉 감성 점수 결과

Sentiment Analysis 위젯에 연결된 ❸ Edit Domain 위젯 창을 열고 rating을 선택하여 ❻ Type을 Categorical로 선택하여 바꾼 후, ❼ 1.0을 1점으로, 2.0을 2점으로 타이핑하여 기입하자〈그림 8.60〉. ❽ Apply 버튼을 클릭하면 변경된 부분이 적용된다.

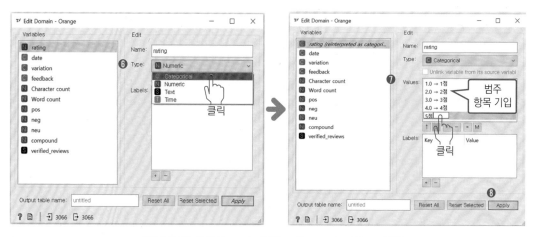

〈그림 8.60〉 Edit Domain 위젯 – Categorical Type 변환

Step 4 데이터 분석

Distributions 위젯은 입력 데이터가 수치형 데이터인 경우 히스토그램을, 범주형 데이터인 경우 막대그래프를 구성해 준다. ❾ Variable과 ❿ Columns에 모두 rating을 선택하면 rating의 항목별로 색깔로 구분된 막대그래프를 확인할 수 있다〈그림 8.61〉.

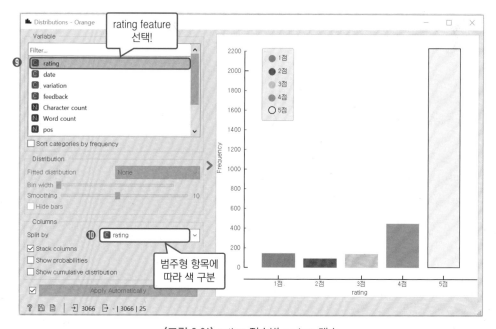

〈그림 8.61〉 rating 점수별 review 개수

Distributions 위젯에서 ⓫ Variable에 compound를 선택하면 텍스트 감성 분석의 분포를 히스토그램으로 확인할 수 있다〈그림 8.62〉. 두 그래프에서 나타난 사용자 평점과 감성지수의 분포가 전반적으로 유사하다(4~5점대의 rating, 0.2점 이상의 감성 점수를 가지는 글이 많음).

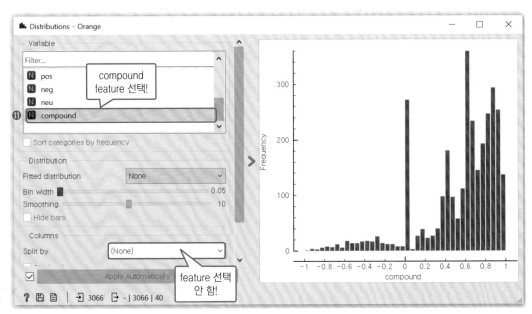

〈그림 8.62〉 Amazon Alexa Reviews 감성지수(Vader) 분포

이번에는 ❺ Box Plot 위젯을 사용하여 사용자 평점과 감성지수를 직접 비교해 보자. Box Plot 위젯은 Edit Domain 위젯에 연결된 Box Plot 위젯 창을 열어 ⓬ Variable 메뉴에 compound를 선택하고 ⓭ subgroups 메뉴에 rating을 선택하면 사용자 평점별로 감성 점수의 분포(평균, 표준편차 등)를 확인할 수 있다〈그림 8.63〉.

박스 플롯의 아래쪽에는 분산분석(ANOVA)의 결과가 함께 표시된다. 〈그림 8.63〉에서는 p값이 0.001 미만이므로 사용자 평점별로 감성 점수의 분포에 유의미한 차이가 있다는 것을 알 수 있다. 사용자 평점이 1, 2점인 글 사이에는 감성지수의 값에 큰 차이가 없었으며, 4, 5점인 글 사이에서도 차이가 미미하였으나, 평점이 1~2점인 글과 4~5점인 글 사이에서는 도출된 감성지수의 값이 확연히 다른 것을 볼 수 있다.

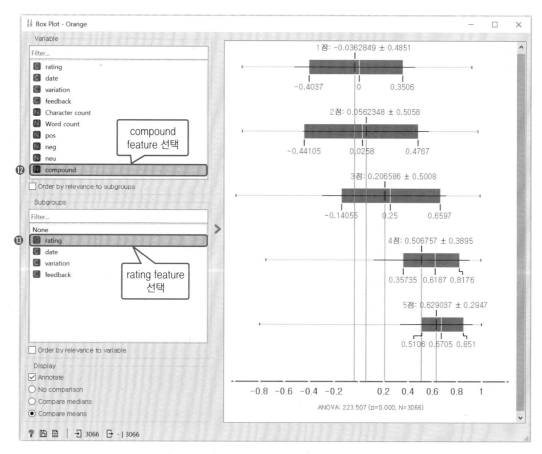

〈그림 8.63〉 rating 항목별 산출된 감성지수 분포

8.5 오늘 나온 뉴스 기사의 중심 키워드는?(동시 출현 네트워크)

2022년 한국언론연감(21년 기준)에 따르면 국내 기준 인터넷 매체 수는 5,178개로 하루에 생산되는 기사 수는 약 2만여 개로 추정된다.[3] 우리나라에서 최초로 발간된 근대적 민간 신문인 〈독립신문〉[4]이 격일간지로써 일주일에 3회만 간행되었다는 점을 생각해 보면, 우리는 엄청난 정보의 홍수 속에 살고 있다 할 수 있겠다.

〈그림 8.64〉 네트워크

---

3) https://www.kpf.or.kr/front/research/selfDetail.do?seq=595483&link_g_homepage=F

4) 위키백과: https://ko.wikipedia.org/wiki/한국의_신문

이렇게 많은 정보를 자동으로 거르고 정리해 주는 인공지능 도구를 만들 수는 없을까? 이번 장에서는 네트워크 분석 기법을 사용하여 여러 신문 기사를 자동으로 분석하고 핵심 키워드를 살펴보도록 하자.

Step 1 네트워크 분석과 패키지 설치

네트워크(Network)는 노드(Node)와 에지(Edge)로 구성되어 있으며, 여러 데이터나 객체 간의 관계를 표시하는 데 유용하다. 〈그림 8.64〉와 같이 네트워크를 시각화할 때, 각 인스턴스를 의미하는 노드는 원으로, 에지는 노드 사이의 선으로 나타내며, 인스턴스 사이의 관계를 의미한다.

에지, 즉 노드와 노드 사이의 연결은 사람들 사이의 관계, 기업과의 관계, 기술과의 관계 등 다양하게 구성할 수 있으며, 이번 장에서는 단어들이 문서 내에 함께 등장하는 빈도를 활용하여 네트워크를 구성하고 분석할 것이다. 이를 동시 출현 네트워크라 한다. 이를 통해 단어들 사이에서 나타나는 연결 관계를 파악하고 더 나아가 중심이 되는 단어를 파악할 수 있다.

오렌지에서 네트워크 분석을 사용하려면 패키지를 추가로 설치하여야 한다. 메뉴에서 ❶ [Options] → ❷ [Add-ons...]을 선택하고 ❸ Installer에서 Network를 찾아 체크한 후, ❹ OK 버튼을 클릭하면 Network 패키지가 설치된다〈그림 8.65〉.

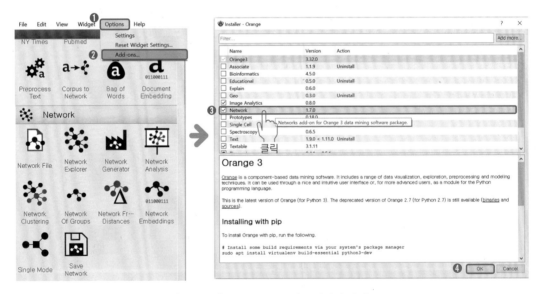

〈그림 8.65〉 오렌지3 네트워크 패키지 설치

〈표 8.8〉은 오렌지에서 제공하는 네트워크 분석 도구들로 이번 장에서 사용할 위젯들이다.

〈표 8.8〉 네트워크 분석에 사용되는 위젯

분류	위젯 이름	한글 이름	기능
✳	Network Explorer	네트워크 탐색	네트워크 시각화 도구
🔲	Network Analysis	네트워크 분석	네트워크 구성 성분에 대한 기초 통계 및 중심적 지표 산출
✳	Network Clustering	네트워크 군집화	네트워크 군집화
💾	Save Network	네트워크 저장	네트워크 파일 저장
a→	Corpus to Network	코퍼스 투 네트워크	코퍼스로부터 노드, 에지 구성

Step 2 데이터 준비

한국언론진흥재단에서 운영하고 있는 빅카인즈는 여러 언론사의 신문 기사를 한 번에 검색해서 내려 받을 수 있는 웹 서비스를 제공한다. 웹 사이트(https://www.bigkinds.or.kr/)에 접속하여 기사를 내려 받아 보자.

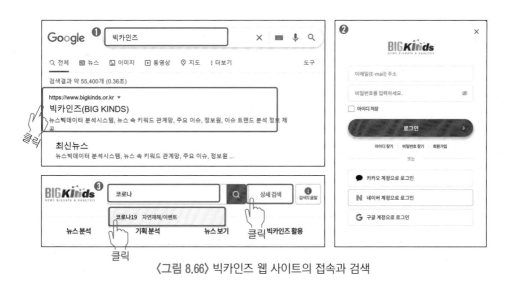

〈그림 8.66〉 빅카인즈 웹 사이트의 접속과 검색

먼저, ❶ 포털에서 빅카인즈를 검색하여 웹 사이트에 접속한다. ❷ 데이터를 내려 받기 위해서는 회원가입과 로그인 과정이 필요하다. ❸ 검색창에 '코로나'라고 작성하면 '코로나19'라는 이름의 추천 키워드가 나타나는데, 이를 클릭하면 유사한 키워드를 사용해 검색식을 자동으로 만들어 준다. 검색창 옆에 있는 상세검색 버튼을 클릭하면 검색 날짜와 검색을 원하는 신문을 선택할 수 있다.

〈그림 8.67〉 데이터 상세 검색(빅카인즈)

❹ 기간은 2020-01-31 하루로 지정하자. 이날은 코로나19 바이러스가 세계로 퍼지기 시작한 시점으로 영국과 러시아에서 첫 확진자가 발생한 날이며, 중국 우한에 거주하던 우리나라 국민들을 한국으로 수송한 날이기도 하다.

❺ 신문은 '전국일간지'만을 선택하도록 하자. 모든 신문을 대상으로 하는 것도 좋지만, 실습 차원에서 분석 대상을 조금 줄이는 것이다. ❻ 기간과 신문사 설정을 마치면 '적용하기' 버튼을 클릭한다.

오렌지로 쉽게 배우는 머신러닝과 데이터 분석

<그림 8.68> 데이터 내려 받기(빅카인즈)

❼ STEP 03에서 ❽ '엑셀 다운로드' 버튼을 클릭하여 데이터를 내려 받는다. 이제 내려 받은 파일을 오렌지에서 불러와 분석해 보자.

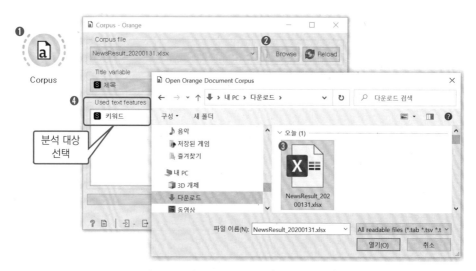
빅카인즈에서 내려 받은 파일에는 뉴스 일자, 기고자, 제목 등 다양한 정보가 기록되어 있다. 이번 분석에서 사용할 대상은 뉴스로부터 추출된 키워드다.[5]

❶ 캔버스에 Corpus 위젯을 추가하고 ❷ Browse 버튼을 클릭하여 ❸ 내려 받은 파일을 선택한 후, ❹ 분석 대상 특징(Used text features)에 키워드만을 남기고 나머지를 제거한다.

〈그림 8.69〉 분석 대상 선택(Corpus 위젯)

❺ Select Columns 위젯과 ❻ Data Table 위젯을 사용하여 데이터를 확인해 보자. Select Columns 위젯을 연결하고 ❼ Select Columns 위젯 창에서 키워드를 제외한 모든 변수들을 Ignored로 옮긴다〈그림 8.70〉.

---

5) 빅카인즈에서 뉴스 본문 내려받기는 200자까지만 제공하며, 전체 본문을 내려 받기 위해서는 별도 구매가 필요하다.

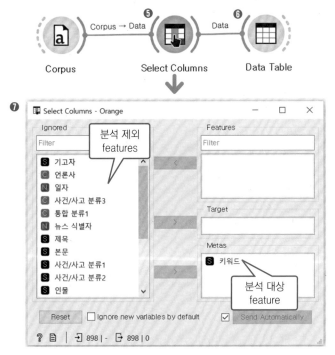

〈그림 8.70〉 분석 대상 열 추출

Data Table 위젯 창이다. 2020년 1월 31일 전국 일간지에서 발행된 코로나19 관련 신문 기사 898건의 키워드를 확인할 수 있다〈그림 8.71〉.

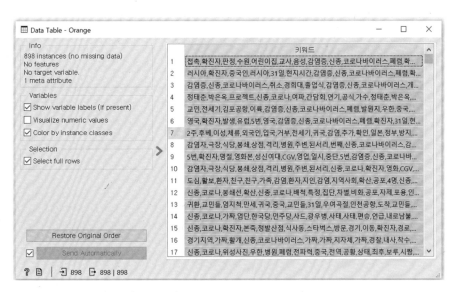

〈그림 8.71〉 분석 대상 키워드 텍스트 데이터

뉴스 키워드 분석을 위해 Preprocess Text 위젯을 사용하여 키워드를 단어 단위로 분리하고 불필요한 글자를 제거하자. ❶ Preprocess Text 위젯을 Corpus에 연결하고 ❷ Word Cloud 위젯을 연결하여 전처리 결과를 확인한다〈그림 8.72〉.

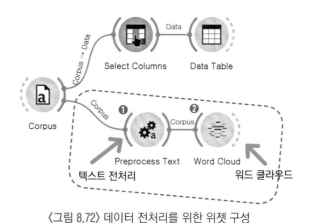

〈그림 8.72〉 데이터 전처리를 위한 위젯 구성

Preprocess Text 위젯은 〈그림 8.73〉과 같이 설정한다. ❸ Transformation에서 영어 대문자를 소문자로 변환하고 ❹ Tokenization에서 Regexp를 선택하여 단어 단위로 토큰화시키며, ❺ Filtering에서 Numbers와 Includes Numbers에 체크하여 숫자를 제거한다.

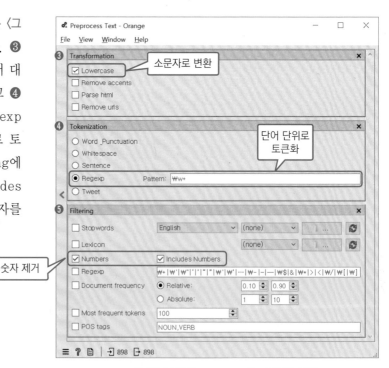

〈그림 8.73〉 Preprocess Text 위젯 설정

전처리를 통해 획득된 워드 클라우드는 〈그림 8.74〉와 같다. 중국, 환자, 신종, 폐렴 등의 키워드가 자주 등장하였으며, 텍스트 전처리가 비교적 잘 수행되었음을 알 수 있다. 분석에 별다른 의미가 없는 단어들을 추가로 제거하고 싶다면 Filtering 도구에서 커스텀 불용어를 추가하여 해결할 수 있다. 메모장을 사용해서 불용어 파일 리스트가 포함된 txt 파일을 만들고

〈그림 8.74〉 텍스트 전처리 후의 워드 클라우드

Stopwords 우측에 있는 폴더 아이콘을 클릭해 파일을 선택하면 된다.

Step 5 키워드 동시 출현 네트워크

워드 클라우드는 단어들의 등장 빈도를 파악할 수 있지만, 단어와 단어 사이의 관계, 즉 어떤 단어가 어떤 단어와 함께 많이 등장하는지에 대한 연결성 정보는 제공하지 않는다. 이번에는 Corpus to Network 위젯을 사용하여 코퍼스를 네트워크로 변환하고 네트워크를 분석하는 방법을 살펴보자.

네트워크 분석을 위한 위젯 구성은 〈그림 8.75〉와 같이 한다. 먼저, 전처리된 코퍼스, 즉 Preprocess Text 위젯의 출력을 ❶ Corpus to Network 위젯(Network 카테고리)에 연결하자. Corpus to Network 위젯은 단어들을 문서 내에 함께 출현하는 빈도를 사용하여 네트워크로 변환한다.

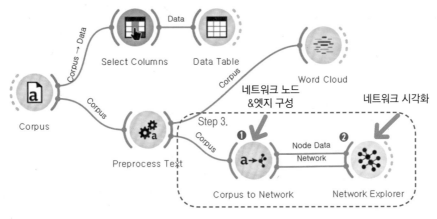

〈그림 8.75〉 오렌지3 키워드 동시 출현 네트워크 구성 코드

❷ Network Explorer 위젯은 만들어진 네트워크를 시각화하는 도구다. Corpus to Network 위젯과 연결(Network와 Node Data가 각각)된다〈그림 8.76〉.

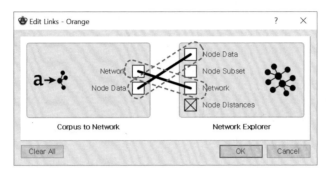

〈그림 8.76〉 Corpus to Network와 Network Explorer 위젯의 연결

Corpus to Network 위젯 창에서는 문서를 네트워크로 구성하는 데 필요한 4개 파라미터를 설정할 수 있다. Node Type은 네트워크 노드 단위를 무엇으로 할 것인지를, Threshold는 노드 사이의 연결 기준을, Window size는 두 단어가 같이 등장한다고 정의할 기준 거리를, Frequency Threshold는 노드로 사용할 단어 등장 빈도의 최소치를 의미한다.

각 파라미터의 설정은 〈그림 8.77〉과 같이 한다. 모든 데이터를 그래프로 그리면 노드/에지의 수가 너무 많아져 눈으로 파악하기 힘들기 때문에, 네트워크 시각화를 위해서는 파라미터를 적절히 설정하는 것도 매우 중요하다.

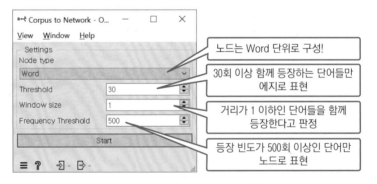

〈그림 8.77〉 Corpus to Network 위젯 설정

Network Explorer 위젯의 설정은 〈그림 8.78〉과 같이 한다. ❸ Gravity는 노드들이 서로 뭉쳐지게 하는 역할을 한다. 이 값이 클수록 서로 다른 값을 가지는 노드들이 더욱 가깝게 배치된다.

오렌지로 쉽게 배우는 머신러닝과 데이터 분석

'Make edges with large weights shorter' 체크박스는 노드와 노드 사이의 거리가 에지의 가중치에 비례하도록 하는 옵션이다. ❹ 노드의 색상(Color)과 크기(Size)는 word_frequency에 따르도록 하고 Label은 word로 지정하여 각 노드가 나타내는 단어를 볼 수 있도록 하자. ❺ 노드의 상대적 크기와 에지의 두께는 최대로 하고 ❻ 'Scale edge widths to weights' 체크박스에 체크하여 에지의 두께가 가중치에 비례하도록 설정한다.

시각화된 네트워크는 〈그림 8.79〉와 같다. "중국", "신종", "환자" 등의 키워드가 네트워크의 중심을 차지하고 있으며, "중국"은 "정부", "우한", "교민", "전세기" 등의 단어와 "신종"은 "코로나바이러스", "확산" 등의 단어와 각각 그룹을 형성하고 있다는 것을 알 수 있다.

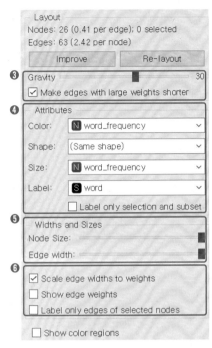

〈그림 8.78〉 Network Explorer 위젯 설정

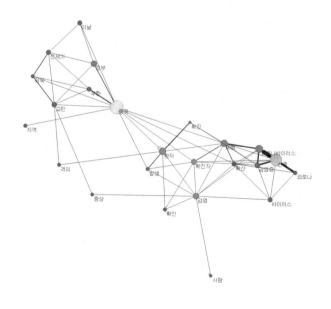

〈그림 8.79〉 네트워크 시각화

네트워크 중심성(Centrality) 분석은 몇 가지 지표들을 통해 각 노드의 중요성을 평가하고 중요한 위치에 있는 단어나 문장을 찾아내기 위한 작업이다. 네트워크의 중심성은 다른 노드와 연결된 에지의 개수나 가중치 합 등을 통해 지표로 나타낼 수 있다. 중심성 지표 중에는 직접 연결된 노드만이 아니라 간접적으로 연결된 노드와의 관계를 고려하는 것도 있다. 네트워크 중심성을 나타내는 지표에는 여러 가지가 있지만, 기본적으로 어떤 노드의 연결 중심성이 높다는 것은 다른 노드들과의 연결이 높은 빈도로 발생한다는 것을 의미한다.

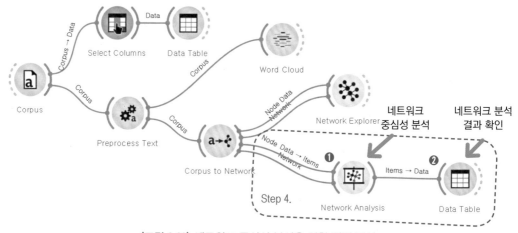

〈그림 8.80〉 네트워크 중심성 분석을 위한 위젯 구성

네트워크 중심성 분석을 위한 위젯 구성은 〈그림 8.80〉과 같이 한다. ❶ 먼저, Network Analysis 위젯을 Corpus to Network 위젯과 연결하자. 이때, Node Data는 Items에, Network는 Network에 연결한다.

❷ Data Table 위젯을 Network Analysis 위젯에 연결한다. Data Table 위젯은 Network Analysis 위젯에서 계산된 각 노드의 중심성을 확인하기 위한 것이다.

Network Analysis 위젯의 설정은 〈그림 8.81〉과 같이 한다. ❸ Node-level indices에서 지표를 선택할 수 있다. ❹ Degree는 노드와 연결된 다른 노드의 수, Average neighbor degree는 연결된 노드의 degree 평균, Degree centrality는 연결된 노드 개수의 비율을 의미한다.

산출된 중심성 지표는 Data Table 위젯에서 확인할 수 있다. 가장 많은 노드와 연결된 키워드는 중국, 감염, 폐렴 순이었으며, degree가 높은 이웃 노드를 가진 키워드는 "지역"이다.

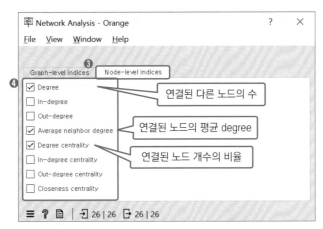

〈그림 8.81〉 Network Analysis 위젯의 설정

word	word_frequency	Degree	Average neighbor degree	Degree centrality
중국	2570	11	5.36364	0.44
감염	1070	10	5.3	0.4
폐렴	1273	9	7.33333	0.36
확산	818	8	7.125	0.32
환자	1298	8	6.25	0.32
확진자	1019	7	7.28571	0.28
감염증	977	7	6.28571	0.28
신종	2299	7	6.28571	0.28
교민	901	7	4.57143	0.28
코로나바이러스	1398	5	8.2	0.2
바이러스	821	5	7	0.2
전세기	820	5	4.4	0.2
발생	619	4	9	0.16
우한	788	4	6.75	0.16
귀국	612	4	6.75	0.16
정부	1080	4	6.5	0.16
확인	661	3	8.33333	0.12
확진	507	3	8	0.12
이날	832	3	6.66667	0.12
코로나	704	3	6.66667	0.12
증상	601	2	8.5	0.08
격리	651	2	7.5	0.08
사람	530	2	6	0.08
지역	662	1	11	0.04
상황	534	0	?	0
마스크	626	0	?	0

〈그림 8.82〉 각 키워드의 중심성 지표

1. 이 장에서는 자연어 처리에 대해 배웠다. 아래에 제시된 위젯은 Text Mining 카테고리에 속해 있는 위젯이다. 각 위젯의 이름과 기능을 설명하시오.

2. 텍스트 전처리의 4가지 단계는 무엇인가?

3. 다음 제시된 그림은 Preprocess Text 위젯 창의 모습이다. 해당 위젯 창에 배치되어 있는 각 요소들이 텍스트 전처리 과정에서 각각 어떤 역할을 수행하는지 작성하시오.

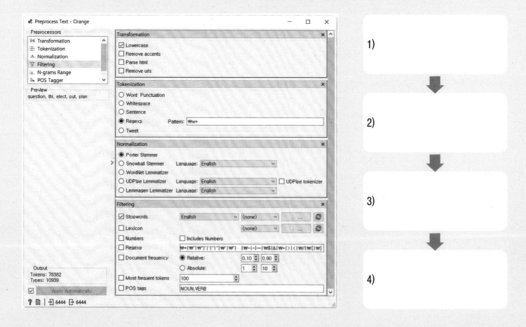

4. 다음 단어들을 포괄하여 표현할 수 있는 정규 표현식을 구성하시오.

1) lovely, truly, early, lucky

2) forms, formal, formless

5. 다음 5개 문서를 Bag of Words 기법을 사용하여 벡터화하시오. 단, 대소문자의 차이와 구두점은 무시하시오.

문서 1) To be or not to be, that is the question.

문서 2) You need to be prepared.

문서 3) Do you have any questions?

문서 4) That was not my question.

문서 5) I want to be a violinist.

6. 자연어를 처리할 때, Bag of Words 등의 기법을 사용하여 텍스트를 벡터 형태로 변환하는 이유는 무엇인가?

7. 8.4장에서 감성 분석을 수행하였다. 아마존에서 알렉사를 구입하고 남긴 리뷰 데이터를 활용하여 다음과 같은 추가 분석을 진행하시오.

1) rating 점수 5점에 해당하는 리뷰 데이터를 워드 클라우드로 구성

2) rating 점수 1점에 해당하는 리뷰 데이터를 워드 클라우드로 구성

8. SentiArt 논문[6]에는 소설 해리 포터에 등장하는 등장인물들의 이름에 대한 감성 분석 결과가 기재되어 있다. 소설에서 가장 부정적으로 나타나는 이름이 무엇인지 확인해 보시오.

9. 사전 기반 감성 분석은 비교적 쉽게 활용할 수 있지만, 감성사전의 질에 영향을 많이 받는다. 공개적으로 활용되고 있는 한국어 감성사전에는 어떤 것이 있는지 조사해 보시오.

10. 한국언론진행재단에서 운영하고 있는 빅카인즈(https://www.bigkinds.or.kr/)로부터 기사를 내려 받아 다음과 같은 분석을 수행해 보시오.

1) 관심 있는 주제어를 입력하고 관련 기사 내려 받기

2) 오렌지3에서 텍스트 전처리

3) 기사 코퍼스 내 등장하는 단어들에 대한 워드 클라우드 구성

4) 등장 빈도가 높은 단어들을 대상으로 키워드 동시 출현 네트워크 구성

---

6) A.M. Jacobs (2019). Sentiment Analysis for Words and Fiction Characters From the Perspective of Computational (Neuro-)Poetics. Frontiers in Robotics and AI

09

시계열 데이터 분석

contents

9.1 시계열 데이터란?

1. 시계열 데이터

시계열(Time-series) 데이터는 시간의 흐름에 따라 변화하는 측정값이다. 초 단위로 바뀌는 주식 정보, 매일 변화하는 부동산 가격, 우리나라에 입국하는 일별 관광객 수, 월별 제품 판매량 등과 같이 시간대별 정보가 있는 모든 데이터가 시계열 데이터라 할 수 있다〈그림 9.1〉.

(a) 주식 가격 예측   (b) 부동산 가격 예측

시계열 데이터는 추세, 주기성, 불규칙성이라는 독특한 특성을 가진다〈그림 9.2〉. 추세〈그림 9.3(a)〉는 시간에 따른 점진적인 변화를 말한다. 주식/제품 등의 장기적 관점에서의 변동을 예로 들 수 있다.

(c) 관광객 수 예측 (d) 제품 판매량 및 배송 수요 예측

〈그림 9.1〉 시계열 데이터를 활용한 예측 분석의 예

주기성〈그림 9.3(b)〉은 시간의 흐름에 따라 반복되는 패턴을 말한다. 이런 특성을 사용하여 시계열 데이터에 특화된 인공지능 모델 구조가 만들어지기도 한다. 불규칙성〈그림 9.3(c)〉은 예측이 매우 어려운 변화들을 말한다. 기온의 변화를 장기적 관점에서 살펴보면 계절에 따라 점진적으로 변화하지만, 매일 매일의 기온 변화는 다양한 요인들에 의해 결정되므로 이를 정확하게 예측하는 것은 매우 어렵다.

〈그림 9.2〉 시계열 데이터의 특성

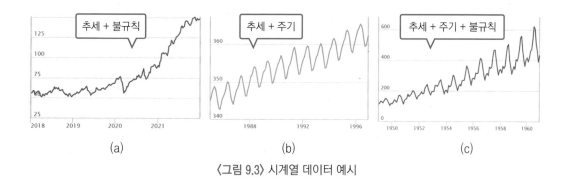

〈그림 9.3〉 시계열 데이터 예시

2. 시계열 데이터 분석을 위한 애드온 설치

오렌지에서 시계열 데이터 분석 위젯을 사용하려면, 관련 애드온을 설치해 주어야 한다. ❶ Option 메뉴에서 ❷ Add-ons...을 선택하여 설치 도구를 열고 ❸ Timeseries 애드온을 찾아 ❹ 설치하자.

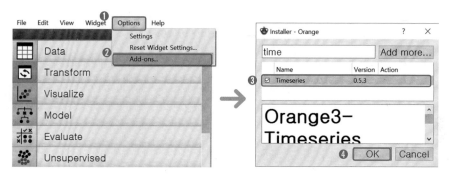

〈그림 9.4〉 오렌지3의 시계열 관련 라이브러리 설치 방법

설치가 완료되면 Time Series 카테고리에서 〈그림 9.5〉와 같이 위젯들을 확인할 수 있다. 이 중 이 번 장에서 다룰 위젯들은 〈표 9.1〉의 위젯들이다.

〈표 9.1〉 시계열 분석에 사용되는 위젯

	위젯 이름	한글 이름	기능
	Moving Transform	이동 평균	이동 평균 산출, 불규칙성 분의 완화
	Line Chart	라인 차트	시계열 데이터의 시각화
	Correlogram	자기상관표	ACF, PACF 표 구성
	ARIMA Model	아리마 모델	시계열 예측 분석을 위한 모델
	VAR Model	벡터자기상관 모델	시계열 예측 분석을 위한 모델
	Model Evaluation	모델 평가	시계열 예측 모델의 평가표 산출

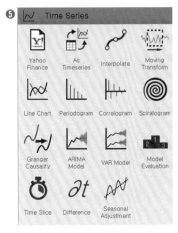

〈그림 9.5〉 시계열 처리 위젯

9.2 주가 정보를 시각화해 보자(시계열 데이터 시각화)

한국예탁결제원에 따르면 국내 상장법인의 주식을 소유한 투자자 수는 1,400만 명 이상[1]으로 주식, 가상화폐 등의 가격 변동은 많은 사람들의 관심을 끄는 뉴스다.

주식 가격은 시간에 따라 지속적으로 변화하며, 과거의 가격, 환율, 경기 상황 등 다양한 요소에 의해 영향을 받으며, 주식 가격을 예측하기 위한 많은 방법들이 존재한다.

〈그림 9.6〉 주식 데이터

이번 장에서는 주식 가격 분석에 흔히 사용되는 5일, 20일, 60일 등의 이동평균선을 직접 그려 시각화해 보도록 한다.

Step 1 데이터 준비

Yahoo Finance(https://finance.yahoo.com/)는 미국 주식 관련 다양한 정보를 제공해 주는 사이트이며, 미국 주가 정보를 일 단위로 제공한다. 웹 사이트에 접속하여 데이터를 내려 받아 보자.

---

1) https://www.joongang.co.kr/article/25147604

❶ 웹 사이트의 검색창에서 TSLA를 입력하고 ❷ 검색 버튼을 눌러 테슬라 사의 주식 정보를 확인해 보자. TSLA는 테슬라 사의 코드다. ❸ 아래쪽 검색 결과 화면에서 Historical Data 탭을 선택하고 ❹ 기간(Time Period), 주기(Frequency) 등을 설정한 후 ❺ Apply 버튼을 클릭한다. ❻ Download 버튼을 누르면 데이터를 내려 받을 수 있다.

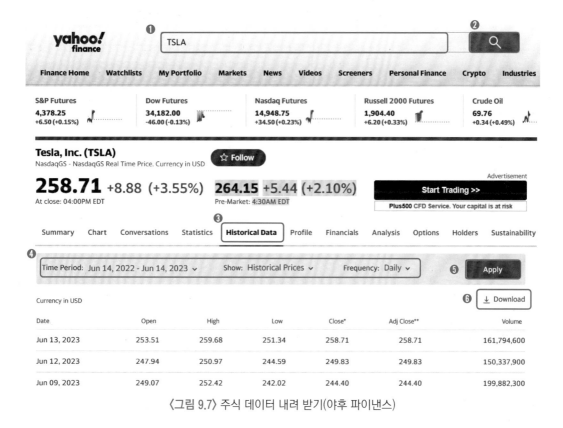

〈그림 9.7〉 주식 데이터 내려 받기(야후 파이낸스)

〈표 9.2〉는 미국 주식 종목코드의 예다. 테슬라 대신 다른 회사의 주가 정보를 내려 받아 분석하는 것도 좋다.

〈표 9.2〉 미국 주식 종목코드의 예

주식 종목 코드	설명	주식 종목 코드	설명
META	메타	SPY	SPDP S&P 500 상장지수펀드
AAPL	애플	^DJI	다우존스 산업평균지수
GOOG	구글	TSLA	테슬라
AMZN	아마존	SBUX	스타벅스 코드
^TNX	CBOE에서 발표하는 미국 국채가격시수		

❼ File 위젯에서 내려 받은 데이터를 불러온 후, ❽ Data Table 위젯에서 데이터 구성을 확인해보자. 〈그림 9.8〉은 Yahoo Finance에서 내려 받은 테슬라 주가 데이터이다. Open, High, Low, Close는 각각 해당 일의 시가, 고가, 저가, 종가를 의미하며, Adj Close는 수정 종가(Adj Close)로 주가에 영향을 주는 기업의 활동, 즉 분할, 배당금 분배 등이 반영되어 수정된 종가를 의미한다.

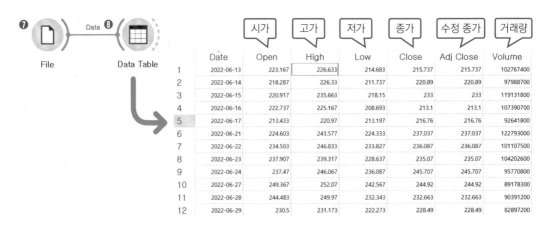

		시가	고가	저가	종가	수정 종가	거래량
	Date	Open	High	Low	Close	Adj Close	Volume
1	2022-06-13	223.167	226.633	214.683	215.737	215.737	102767400
2	2022-06-14	218.287	226.33	211.737	220.89	220.89	97988700
3	2022-06-15	220.917	235.663	218.15	233	233	119131800
4	2022-06-16	222.737	225.167	208.693	213.1	213.1	107390700
5	2022-06-17	213.433	220.97	213.197	216.76	216.76	92641800
6	2022-06-21	224.603	243.577	224.333	237.037	237.037	122793000
7	2022-06-22	234.503	246.833	233.827	236.087	236.087	101107500
8	2022-06-23	237.907	239.317	228.637	235.07	235.07	104202600
9	2022-06-24	237.47	246.067	236.087	245.707	245.707	95770800
10	2022-06-27	249.367	252.07	242.567	244.92	244.92	89178300
11	2022-06-28	244.483	249.97	232.343	232.663	232.663	90391200
12	2022-06-29	230.5	231.173	222.273	228.49	228.49	82897200

〈그림 9.8〉 Yahoo Finance로부터 내려 받은 주가 데이터의 확인

Step 2 주가 데이터의 시각화

❶ Line Chart 위젯(Time Series 카테고리)을 File 위젯과 연결하면 주가 정보를 그래프로 표현할 수 있다〈그림 9.9〉. 두 위젯을 연결한 후, Line Chart 위젯 창을 열어보자.

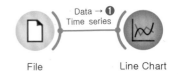

〈그림 9.9〉 Line Chart 위젯

❷ 왼쪽 설정 화면에서 Adj Close를 선택하여 수정 종가를 선택하면 오른쪽 창에 수정 종가 그래프가 그려진다〈그림 9.10〉. ❸ 주식 거래량을 같이 살펴보려면, 상단의 Add plot 버튼을 눌러 그래프를 하나 추가한 후, ❹ 새롭게 생성된 변수 선택 메뉴에서 Volume을 선택하면 된다. ❺ 그래프 타입을 막대그래프 형태로 바꾸려면 Volume의 표시 타입(Type)을 column으로 변경한다.

〈그림 9.10〉 Line Chart

그래프로부터 테슬라의 주가가 상승과 하강을 반복하고 있음을 알 수 있다. 2023년 1월 27일에는 거래량이 급등하면서 주가가 상승한 것을 볼 수 있는데, 이 날짜의 뉴스를 검색해 본다면 그 이유를 찾아볼 수 있을 것이다.

Step 3 이동평균선

이동 평균(Moving average)은 일정 기간(Window width)별로 평균(Mean)을 계산하는 것으로 짧은 기간 동안 발생하는 잡음을 제거하여 데이터의 전반적인 경향성을 살펴보는 데 유용하다. 주가 분석 시에도 5일 평균, 20일 평균 등의 그래프를 활용하는 경우가 많다.

File 위젯, ❶ Moving Transform 위젯(Time Series 카테고리), ❷ Line Chart 위젯을 순차적으로 연결하자〈그림 9.11〉. Moving Transform 위젯을 통해 이동 평균을 계산할 수 있다.

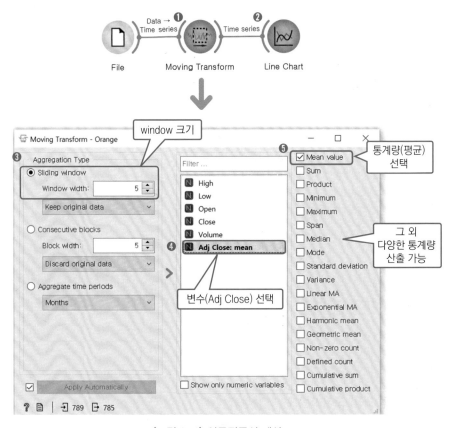

〈그림 9.11〉 이동평균선 계산

Moving Transform 위젯의 설정은 〈그림 9.11〉과 같이 한다. ❸ Sliding window의 크기는 5로 두고 ❹ 평균을 계산할 변수(Adj Close)를 선택하자. ❺ 가장 우측에서는 계산할 통계량을 선택할 수 있다. 이동 평균을 계산할 것이므로 Mean value를 선택한다. ❹ 통계량을 선택하면 변수의 이름 뒤에 통계량 이름(mean)이 붙어서 표시된다. Sliding window의 크기를 5로 두었으므로 5일 단위로 평균을 계산하게 된다. 주식 시장은 월~금요일까지만 열리므로 1주일 단위로 평균을 내는 것이다.

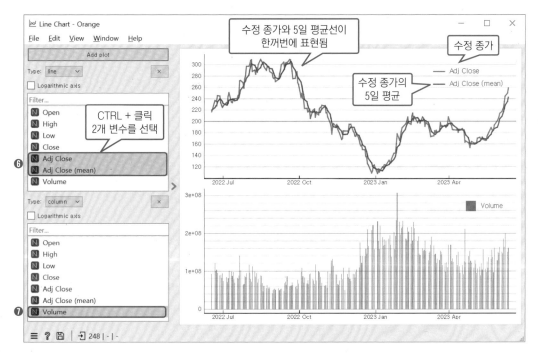

〈그림 9.12〉 5일 평균선 그래프

Line Chart 위젯 창을 열어 계산된 5일 평균선을 살펴보자〈그림 9.12〉. ❻ 창 왼쪽에 5일 평균을 나타내는 Adj Close (mean) 변수가 추가로 생성되었다. CTRL 키를 누른 상태로 마우스를 클릭하면 두 개 이상의 변수를 함께 선택할 수 있다. Adj Close와 Adj Close (mean)을 함께 선택하자. ❼ 아래쪽 그래프의 변수는 Volume을 선택하자. 우측 상단에는 수정 종가와 5일 평균선이 함께 표시되고 우측 하단에는 거래량이 나타난다.

5일 평균선(빨간색)을 보면 단기간에 나타나는 수정 종가의 변화가 제거되어 전반적으로 데이터가 평활화(Smoothing)된 것을 알 수 있다.

Step 4 단기 & 장기 이동평균선

이번에는 Merge Data(Transform 카테고리) 위젯을 사용하여 5일 평균선과 20일(4주) 평균선을 함께 시각화해 보자. 전체적인 위젯 구성은 〈그림 9.13〉과 같다. ❶ Step 2에서 만든 위젯 아래쪽에 Moving Transform 위젯을 하나 더 추가하고 File 위젯과 연결한다. ❷ 2개의 Moving Transform 뒤에 Edit Domain 위젯을 각각 추가하여 새롭게 만든 변수의 이름을 5일/20일 평균으로 바꾼다. ❸ Merge Data 위젯을 사용하여 Edit Domain 위젯에서 도출된 2개 데이터를 하나로 병합한다. 병합된 데이터는 ❹ Data Table 위젯에서, ❺ 시각화 결과는 Line Chart 위젯에서 확인할 수 있다.

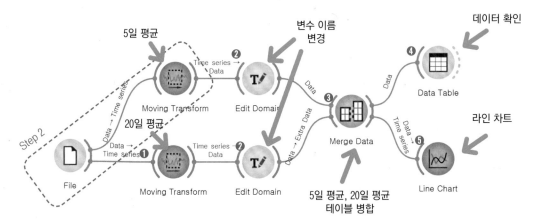

〈그림 9.13〉 5일, 20일 평균선을 함께 시각화하는 위젯 구성

새롭게 추가된 ❶ Moving Transform 위젯은 20일 평균을 계산하기 위한 것이다. Moving Transform 위젯의 설정은 〈그림 9.11〉과 같이 하되, window size만 20으로 수정하여 20일 평균을 계산하도록 한다.

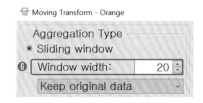

〈그림 9.14〉 20일 평균 계산

❷ Edit Domain 위젯에서는 새롭게 생성된 변수(5일/20일 평균)의 이름을 변경한다. 두 위젯에서 나온 변수의 이름이 같아 구분이 되지 않기 때문이다.

Edit Domain 위젯의 설정은 〈그림 9.15〉와 같다. ❼ 변수를 선택하고 ❽ 이름을 변경한 후 ❾ Apply 버튼을 눌러 적용한다. 변경할 이름은 각각 'Adj Close (5일 평균)'과 'Adj Close (20일 평균)'으로 하자.

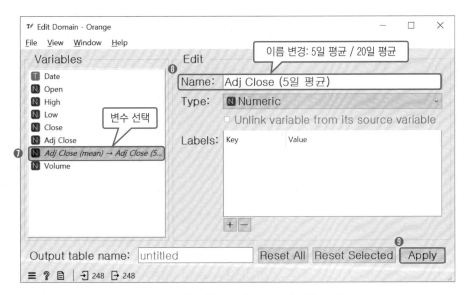

〈그림 9.15〉 5일/20일 평균 변수의 이름 변경

❸ Merge Data 위젯을 통해 5일 평균과 20일 평균의 두 개 데이터를 하나로 합칠 수 있다. Merge Data의 설정은 〈그림 9.16〉과 같이 한다. ❿ Merging 옵션에서는 모든 데이터가 포함되도록 Append columns from Extra data를 선택하고 ⓫ 기준 변수로 Date 변수를 선택하여 두 데이터를 병합하자.

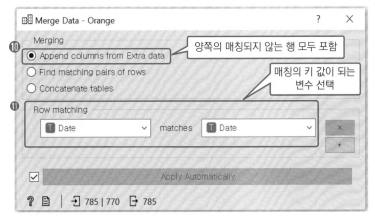

〈그림 9.16〉 Merge Data 위젯 창

❹ Data Table 위젯에서는 병합된 데이터를 테이블 형태로 확인할 수 있다〈그림 9.17〉. 5일 평균 데이터에는 4일 치의 데이터가, 20일 평균에서는 19일 치의 데이터가 누락되었는데, 이동평균을 계산하기 위해서는 윈도우 크기만큼의 데이터가 누적되어야 하기 때문이다. 두 데이터를 병합하면서 공통적으로 누락된 4일 치의 데이터는 자동으로 제거되었으며, 20일 데이터 평균에는 누락된 15개의 데이터 값이 물음표(?)로 표기되었다.

	Date	Open	High	Low	Close	Adj Close	Adj Close (5일 평균)	Volume	Adj Close (20일 평균)
14	2022-07-08	242.333	254.98	241.16	250.763	250.763	237.474	101854200	?
15	2022-07-11	252.103	253.063	233.627	234.343	234.343	238.89	99241200	?
16	2022-07-12	236.847	239.773	228.37	233.07	233.07	238.891	87930900	231.936
17	2022-07-13	225.5	242.06	225.033	237.04	237.04	239.952	97954500	233.001
18	2022-07-14	234.897	238.653	229.333	238.313	238.313	238.706	78557400	233.872
19	2022-07-15	240	243.623	236.89	240.067	240.067	236.567	69683100	234.226
20	2022-07-18	244.937	250.517	239.603	240.547	240.547	237.807	82537500	235.598
21	2022-07-19	245	247.14	236.977	245.53	245.53	240.299	80890200	237.036
22	2022-07-20	246.783	250.663	243.483	247.5	247.5	242.391	88864200	237.56

〈그림 9.17〉 병합된 데이터

이번에는 ❺ Line Chart를 사용해 5일, 20일 평균을 함께 시각화해 보자. 위젯 창의 왼쪽에서 3개 변수(Adj Close, Adj Close (5일 평균), Adj Close (20일 평균))를 모두 선택하면 오른쪽 화면에서 3개 그래프를 한눈에 볼 수 있다.

비슷한 방식으로 50일, 200일 등의 이동평균선을 시각화해서 살펴볼 수도 있다. 장/단기 이동선을 겹쳐서 분석하는 방법은 주식 분석에서 널리 사용되는 방식 중 하나다. 다만, 주가에 영향을 끼치는 요인은 매우 많으므로 주식의 투자는 항상 신중하게 결정해야 한다.

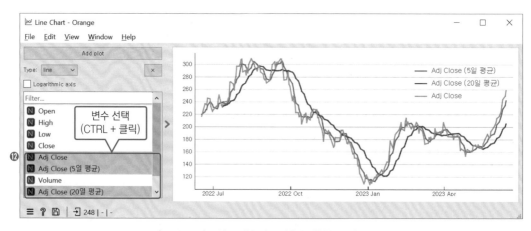

〈그림 9.18〉 5일, 20일 평균선을 포함한 수정 종가

9.3 다음 달 판매량은 얼마일까?(시계열 예측 모델-ARIMA)

우리 가게의 다음 달 매출은 얼마나 될까? 가게를 경영할 때, 상품이 얼마나 팔릴지 예측하는 것은 매우 중요하다. 팔리지도 않을 상품을 구비해 놓는다면 재고가 쌓여 자금이 순환하지 못하게 되고 유통기한이 있는 상품이라면 그대로 처분해야 하는 상황이 올 수도 있다.

〈그림 9.19〉 슈퍼마켓

이번 장에서는 대표적인 시계열 데이터 예측 기법인 ARIMA 모델(Autoregressive integrated moving average forecasting model)을 사용하여 판매량을 예측해 보고자 한다.

Step 1 데이터 준비

캐글에 공개되어 있는 SuperStore Time Series Dataset은 어떤 쇼핑몰에서 물건을 구매한 고객들의 구매 이력이다. 이 데이터셋을 활용하여 미래의 매출액을 예측하는 방법을 익혀 보자.

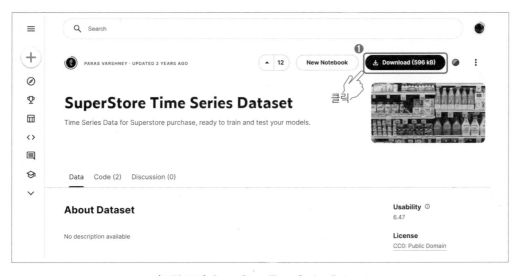

〈그림 9.20〉 SuperStore Time Series Dataset

데이터셋 페이지[2]에서 데이터를 내려 받을 수 있다. 내려 받기가 완료되면 ❷ File 위젯과 ❸ Data Table 위젯을 사용하여 내려 받은 파일 중 superstore_train.csv 파일을 불러오자〈그림 9.21〉.

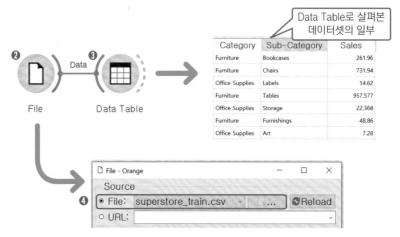

〈그림 9.21〉 SuperStore Time Series Dataset

SuperStore 데이터셋의 변수는 〈표 9.3〉과 같다. 이번 실습에서는 이 중 주문 날짜(Order Date), 제품 종류(Category), 판매 금액(Sales)을 사용하여 시간의 흐름에 따른 특징을 살펴보고 미래 매출을 예측해 볼 것이다.

〈표 9.3〉 SuperStore Dataset의 변수

변수명	설명	변수명	설명
Order Date	주문 날짜	Sales	판매 금액
Ship Date	배송 날짜	Quantity	판매량(개수)
Ship Mode	배송 종류	Discount	할인률
Segment	고객 분류	Order ID	주문 ID
Country	국가	Customer ID	고객 ID
State	(미국) 주	Custormer Name	고객 이름
Post Code	우편번호	City	도시
Region	지역	Product ID	제품 ID
Category	제품 종류	Product Name	제품 이름
Sub-Category	제품 세부 종류	Row ID	행 ID

---

2) https://www.kaggle.com/datasets/blurredmachine/superstore-time-series-dataset

오렌지로 쉽게 배우는 머신러닝과 데이터 분석

데이터 전처리를 위한 위젯 구성은 〈그림 9.22〉와 같이 한다. Transform 카테고리의 ❶ Pivot Table 과 ❷ Formula 위젯을 File 위젯에 연결하여 데이터를 카테고리 단위로 정리하고 합계 매출을 계산한 다음, ❸ Time Series 카테고리의 Moving Transform 위젯을 통해 월 단위로 데이터를 취합한다. ❹ Select Columns 위젯(Transform 카테고리)은 데이터 예측에 사용할 타겟(Target) 변수를 지정하는 역할을, ❺ Data Table 위젯은 전처리 결과를 확인하기 위한 역할을 한다.

〈그림 9.22〉 SuperStore 데이터셋 전처리 위젯 구성

먼저 Pivot Table 위젯의 설정은 〈그림 9.23〉과 같이 한다. ❻ Rows에 Order Date, ❼ Columns에 Category, ❽ Values에 Sales 변수를 넣고 ❾ Aggregation에서 Sum을 선택하고 나머지를 모두 해제하면 우측과 같이 각 일자별, 카테고리별로 정리된 매출 데이터를 볼 수 있다.

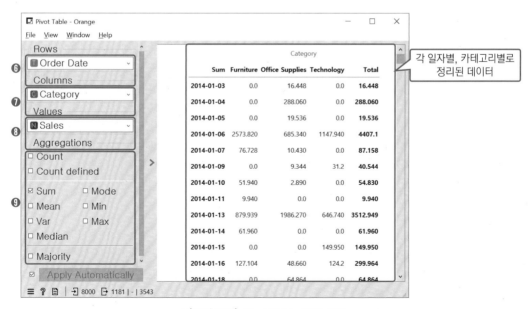

〈그림 9.23〉 Pivot Table 위젯 설정

Formula 위젯의 설정은 〈그림 9.24〉와 같이 한다. ❿ New 버튼을 눌러 새로운 특징을 생성한 후, ⓫ 특징의 이름을 Total로, ⓬ 계산식은 3개 변수를 모두 더하는 것으로 설정한다. 변수의 이름은 아래쪽 Select Feature 드롭 메뉴를 통해 쉽게 선택할 수 있다.

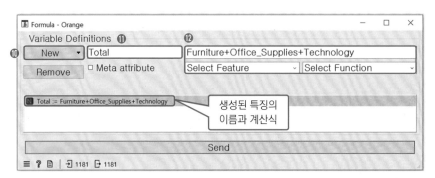

〈그림 9.24〉 Formula 위젯 설정

Moving Transform 위젯의 설정은 〈그림 9.25〉와 같이 한다. ⓭ Aggregation Type 옵션은 가장 아래쪽의 Aggregate time periods의 Months 단위로 한다. 이 설정은 시간 정보(여기서는 Order date)를 사용하여 월 단위로 데이터를 취합하기 위한 것이다. ⓮ 사용할 특징으로는 Aggregate를 제외한 4개 변수를 선택한다. ⓯ 계산식은 Sum을 선택하여 해당 월에 판매된 판매액 합을 집계할 수 있도록 한다.

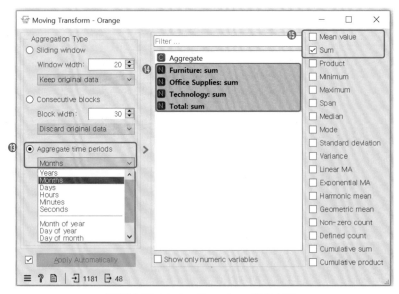

〈그림 9.25〉 Moving Transform 위젯 설정

위젯의 설정은 〈그림 9.26〉과 같이 한다. 화살표 버튼을 이용하여 Features 카테고리에 들어 있는 Total (sum)을 Target 카테고리로 옮기자. Target으로 지정된 변수가 예측분석에 사용된다.

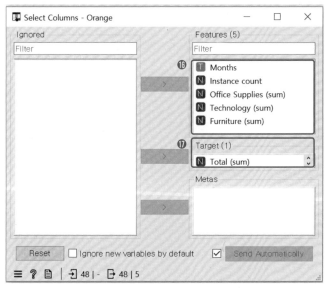

〈그림 9.26〉 Select Columns 위젯 설정

전처리가 완료된 데이터는 Data Table 위젯을 사용하여 확인할 수 있다〈그림 9.27〉. Pivot Table 과 Moving Transform 위젯을 통해 계산한 월별, 카테고리별 통계 데이터가 올바로 표시된다. 월별 전체 판매량(Total (sum))은 Target으로 지정되어 있으므로 색이 입혀져 있다.

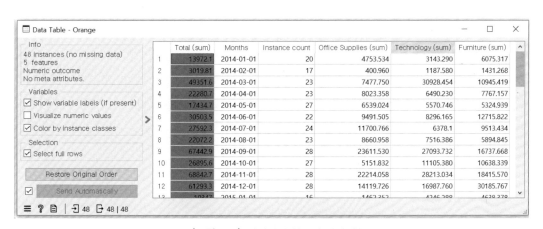

〈그림 9.27〉 전처리가 완료된 데이터

시계열 데이터를 모델링하고 평가하는 과정은 앞서 학습했던 지도 학습 모델의 경우와 유사하다. ❶ Time Series 카테고리의 ARIMA Model 위젯을 Select Columns 위젯과 연결하여 모델을 설정하고 ❷ Model Evaluation 위젯을 ARIMA Model, Select Columns의 데이터와 연결하여 모델을 평가한다.

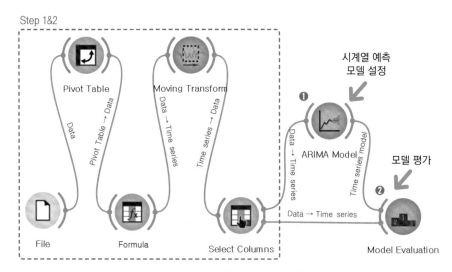

〈그림 9.28〉 ARIMA 예측 모델과 모델의 평가

ARIMA Model 위젯의 설정은 〈그림 9.29〉와 같이 한다. ❸ Auto-regression order는 예측에 사용할 데이터(점)의 개수를, ❹ Differencing degree와 ❺ Moving average order는 각각 ARIMA 모델에서 사용하는 차분 차수와 이동평균 차수를, ❻ Forecast steps ahead는 예측하고자 하는 데이터(점)의 개수를 의미한다. 여기서는 ❸과 ❻을 12로 지정하여 지난 1년의 데이터로부터 다음 1년의 데이터를 예측하는 모델을 만든다. ❼ Confidence intervals는 신뢰구간이다. 여기서는 기본값인 95로 두고 바꾸지 않도록 한다. 신뢰구간을 낮게 설정하면 예측 범위는 정밀해지지만, 정확도는 낮아진다. 태풍의 경로를 직선이 아니라 범위로 예측하는 것과 비슷하다.

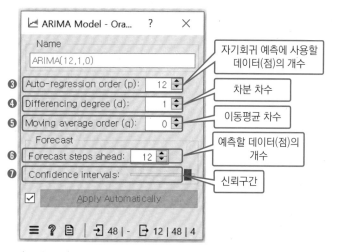

〈그림 9.29〉 ARIMA Model 위젯의 설정

Model Evaluation 위젯의 설정은 〈그림 9.30〉과 같이 하자. ❽ 먼저, Number of folds는 K-fold validation의 K 값을 설정하는 것이다. 이전 장에서 정형 데이터 등의 K-fold validation을 수행할 때에는 5, 10 등의 값을 사용하였으나, 시계열 데이터는 그 특성상 데이터가 충분히 많지 않으면 K 값을 높이기 어렵다. 여기서는 K의 값을 1로 지정하자. ❾ 검증에 사용할 예측 데이터의 개수는 12개, 즉 1년으로 지정한다.

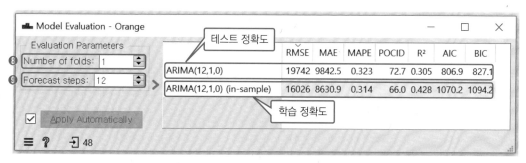

〈그림 9.30〉 Model Evaluation 위젯의 설정과 결과

우측에 표시되는 모델의 정확도 테이블은 두 개의 행과 여러 개의 열로 구성되어 있는데, 이 중 (in-sample)로 표기된 것은 학습 정확도, 나머지 하나는 테스트 정확도다.

예측 정확도를 나타내는 지표에는 여러 가지가 있는데, 이 중 직관적으로 이해하기에 가장 쉬운 것은 MAE(Median Absolute Error)다. MAE는 각각의 데이터 샘플(점)에서 발생하는 오차들의 중앙값으로 간단히 말하자면 예측한 값의 평균 오차라고 할 수 있다. 즉, 여기에서 평가한 모델의 경우, 매출액 예측이 평균적으로 $9,842가량 차이가 난다는 뜻이다.

모델의 파라미터를 수정해서 오차를 더 줄일 수 있는 최적의 파라미터를 찾아보기 바란다.

〈표 9.4〉 예측 정확도 관련 지표

지표	설명
RMAE	Root mean squared error
MAE	Median Absolute Error
MAPE	Mean Absolute Percent Error
POCID	Prediction Of Change In Direction
R^2	Coefficient of determination
AIC	Akaike Information Criterion
BIC	Bayesian Information Criterion

더 알아보기!

ARIMA 예측 모델

> ARIMA는 이전 p개의 값, q개의 오차와 d차 차분 기법을 사용하여
> 현재의 값을 예측하는 모델이다.

ARIMA(Autoregressive integrated moving average) 모델은 시계열 데이터 분석 분야에서 오랫동안 활용되어 온 대표적인 예측 모델이다. ARIMA 모델은 자기회귀(Auto Regressive: AR) 모델, 차분(Difference) 기법, 이동평균(Moving Average: MA) 모델을 함께 사용하는 방법으로 ARIMA(p, d, q) 모델로 불린다. 사용되는 파라미터 p, d, q는 각각 AR 모델, MA 모델 그리고 차분의 차수를 의미한다.

Y_t를 시점 t에서의 데이터값, φ_t는 가중치, ε_t는 오차, μ는 Y의 기댓값이라고 할 때, 각각의 모델은 다음과 같이 설명할 수 있다.

모델	설명
AR(p)	AR(Auto Regression) 모델은 과거 데이터 패턴을 모델링하여 미래의 값을 예측하는 자기회귀 모델이다. 과거 p개의 관측값을 선형 결합하여 예측 모델을 구성한다. $$Y_t = \varphi_1 Y_{t-1} + \varphi_2 Y_{t-2} + \ldots + \varphi_p Y_{t-p} + \varepsilon_t$$
MA(q)	MA(q) 모델은 과거 q개의 예측 오차를 선형 결합하여 구성한 예측 모델을 통해 미래 값을 예측한다. $$Y_t = \mu + \varepsilon_t + \sum_{i=1}^{q} \theta_i \varepsilon_{t-i}$$
ARMA(p, q)	AR(p)와 MA(q) 모델을 결합한 모델이다. $$Y_t = \varepsilon_t + \sum_{i=1}^{p} \varphi_i Y_{t-i} + \sum_{i=1}^{q} \theta_i \varepsilon_{t-i}$$
ARIMA (p, d, q)	ARMA 모델에 차분 과정을 추가한 모델이다. 시계열 데이터를 d회 차분하여 과거 p개의 관측값과 q개의 오차의 선형결합을 통한 예측 모델을 구축하고 모델을 통해 도출된 결괏값을 비차분화(un-differenced)하여 최종 예측값을 산출한다.

이번에는 ARIMA 모델을 사용해 예측된 결과를 직관적으로 파악할 수 있도록 Line Chart를 사용해 시각화해 보자. 전반적인 위젯의 구성은 〈그림 9.31〉과 같다. ❶ Transform 카테고리의 Select Rows 위젯을 사용하여 학습 데이터를 선택하고 ❷ ARIMA Model 위젯에서 모델을 설정한다. ❸ 예측된 결과는 모델 및 Select Rows 위젯과 연결된 Line Chart 위젯을 사용하여 시각화되며, ❹ 실제 데이터는 Select Columns 위젯에 직접 연결된 Line Chart 위젯을 통해 볼 수 있다.

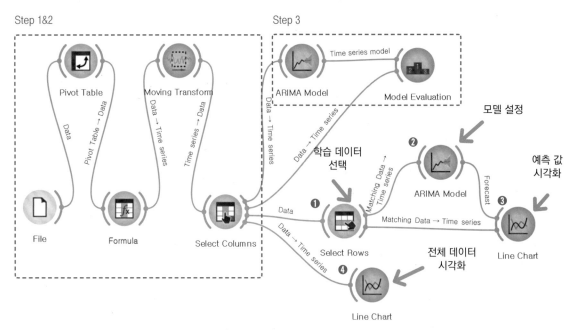

〈그림 9.31〉 ARIMA 모델 예측 결과의 시각화를 위한 위젯 구성

위젯 연결 중, ❷ ARIMA Model과 ❸ Line Chart의 연결 시에는 Forecast끼리 연결되어야 한다.

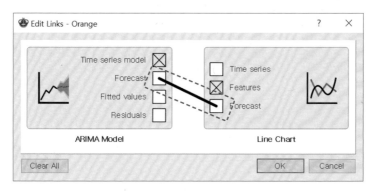

〈그림 9.32〉 ARIMA Model과 Line Chart 위젯의 연결

Select Rows 위젯은 학습용 데이터를 분리하기 위한 것으로 여기서는 2017년 1월 1일 이전 데이터만을 선택하도록 한다. ❺ Add Condition 버튼을 눌러 새 조건을 추가하고 ❻ 변수는 Month, 조건은 is below, 값은 2017−01−01로 하자〈그림 9.33〉.

ARIMA Model 위젯의 설정은 Step 3과 동일하게 하면 된다. Step 3의 위젯을 복사(Copy & Paste)하면 편리하게 위젯을 설정할 수 있다.

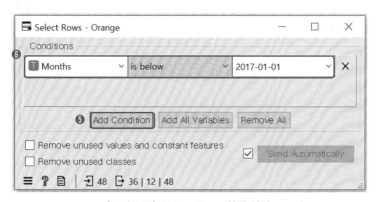

〈그림 9.33〉 Select Rows 위젯 설정

❼, ❽ 두 Line Chart 위젯 창에서는 시각화할 변수를 Total (sum)으로 선택하고 두 창을 함께 열어 두면 그래프로 그려진 예측값과 실제 값을 비교해 볼 수 있다〈그림 9.34〉. 매출을 완벽하게 예측하지는 못하였으나, 전반적인 경향성(1~2월경에 감소했다가 다시 상승하는)은 어느 정도 예측된 것을 볼 수 있다.

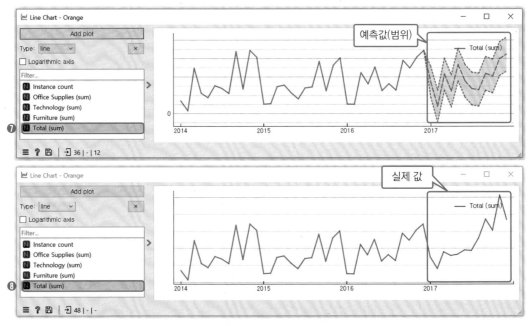

〈그림 9.34〉 예측 결과(위)와 실제 값(아래)

9.4 시대별, 나라별 기대수명과 GDP(시각화 지도)

GapMinder[3]는 스웨덴의 비영리 통계분석 서비스로 유엔이 수집한 데이터 등을 활용하여 국가별, 연도별로 다양한 통계 자료를 제공하고 있다. GapMinder는 영국 지하철에서 승강장과 객차 사이의 틈을 조심하라는 안내방송('Mind the Gap')

〈그림 9.35〉 시각화 지도

에서 착안한 것으로 고정관념과 실제의 차이를 사람들에게 알리기 위해 개발되었다고 한다.[4]

한편, 오렌지에는 데이터를 지도상에 표현하는 기능과 데이터를 애니메이션 형태로 표현하는 재미있는 기능이 있다. 이번 장에서는 GapMinder 데이터셋을 활용하여 국가별 각종 수치의 변화량을 지도상에, 그리고 애니메이션을 활용하여 시각화하는 방법을 살펴볼 것이다.

---

3) https://www.gapminder.org/

4) https://biz.chosun.com/site/data/html_dir/2013/06/26/2013062601196.html

GapMinder 웹 사이트에서는 다양한 데이터를 검색하고 내려 받을 수 있지만, 일반적으로 사용하는 데이터 형태와는 조금 다르기 때문에 오렌지에서 직접 활용하기는 쉽지 않다. 이번 장에서는 GapMinder 데이터 중 일부를 테이블 형태로 정리해 놓은 캐글의 'GapMinder 2023' 데이터를 사용하여 실습을 진행할 것이다.

웹 사이트[5]에 접속하여 ❶ 데이터를 내려 받자. 캐글에서 'GapMinder 2023'으로 검색하면 쉽게 찾을 수 있다. 비슷한 이름의 다른 데이터셋이 많으니 헷갈리지 않도록 주의하자.

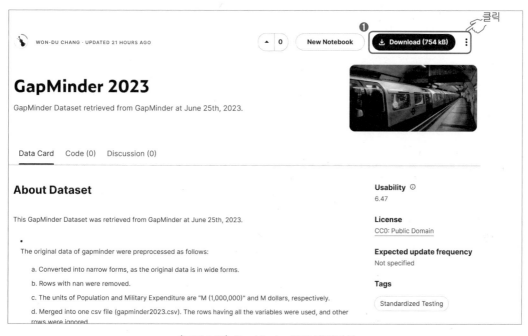

〈그림 9.36〉 GapMinder 2023 데이터셋

❷ File 위젯과 ❸ Data Table 위젯을 연결하여 데이터를 살펴보자〈그림 9.37〉. ❹ File 위젯에서는 gapminder2023.csv 파일을 선택하도록 한다. 이 데이터셋에는 1960년부터 2020년까지 나라 이름, 연도, 인구 수, 기대수명, 1인당 GDP, 국방비 등의 정보가 기입되어 있다〈표 9.5〉. 이 중 인구 수와 국방비는 백만 달러 단위다.

---

5) https://www.kaggle.com/datasets/heavensky/gapminder2023

〈표 9.5〉 GapMinder dataset의 변수

변수 이름	설명
Country	나라 이름
Year	연도
Population	인구 수
Life Expectancy	기대수명
GDP per Cap	1인당 국내총생산(GDP)
Military Expenditure	국방비

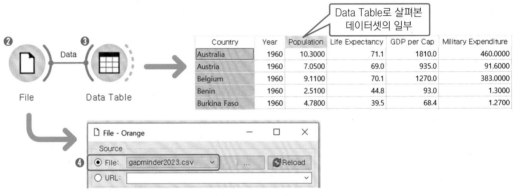

〈그림 9.37〉 데이터 불러오기

![globe icon] Step 2 애드온 설치

오렌지에서 시계열 데이터 분석 위젯을 사용하려면, 관련 애드온을 설치해 주어야 한다. ❶ Option 메뉴에서 ❷ Add-ons...을 선택하여 설치 도구를 열고 ❸ Geo 애드온을 찾아 ❹ 설치하자.

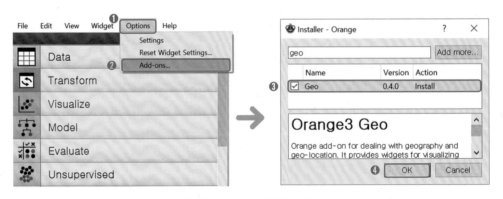

〈그림 9.38〉 Geo 애드온 설치

설치된 Geo 위젯들은 〈그림 9.39〉와 같다. 이번 장에서 사용할 위젯들은 Geocoding과 Choropleth Map 위젯으로 Geocoding 위젯은 각 나라의 위경도 좌표를 찾기 위해, Choropleth Map 위젯은 지도상에 데이터를 시각화하는 데 사용할 것이다.

〈그림 9.39〉 Geo 위젯

Step 3 데이터 시각화

〈그림 9.40〉과 같이 위젯을 구성하여 데이터를 시각화해 보자. File 위젯과 ❶ Geocoding 위젯(Geo 카테고리), ❷ Select Rows 위젯(Transform 카테고리)과 ❸ Choropleth Map(Geo 카테고리) 위젯을 차례로 연결하면 된다.

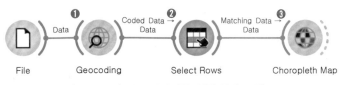

〈그림 9.40〉 지도 시각화를 위한 위젯 구성

Geocoding 위젯은 데이터에 위도와 경도 정보를 추가해 주는 역할을 하며, 위젯의 설정은 〈그림 9.41〉과 같이 한다. ❹ 먼저, Encode region names into geographical coordinates를 선택하고 Region identifier를 Country로 지정하여 나라 이름에 따라 위경도 좌표를 선택하도록 한다.

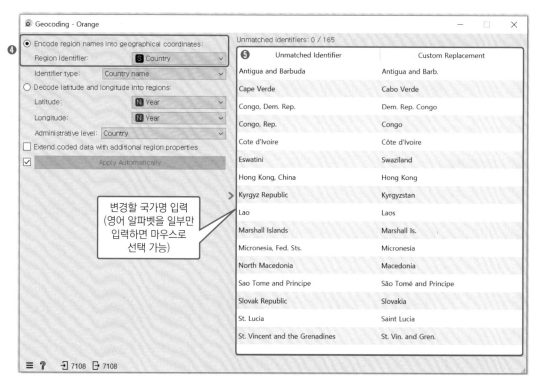

〈그림 9.41〉 GeoCoding 위젯 구성

❺ 우측에 나오는 국가명은 오렌지의 데이터베이스에 존재하지 않아서 이름을 바꾸어 주어야 하는 나라의 리스트다. Custom Replacement 란에 나라들의 이름을 올바로 입력하자. 약어나 영어 이외의 언어로 기재되어 있어 검색되지 않는 경우들이 많다. 영어 알파벳을 일부만 입력하면 선택 가능한 이름이 나오므로 마우스를 사용해서 선택하는 것이 편하다(예: 코트디부아르의 경우 voire를 입력).

Select Rows 위젯은 〈그림 9.42〉와 같이 구성한다. ❻ Add Condition 버튼을 눌러 조건을 추가하고 조건에 ❼ Year, ❽ equals, ❾ 2020을 각각 입력하여 2020년의 데이터만 선택하여 시각화하도록 하자.

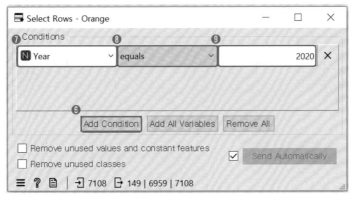

〈그림 9.42〉 Select Rows 위젯 설정

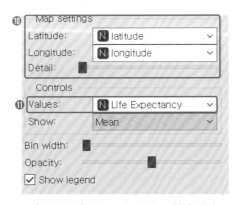

〈그림 9.43〉 Choropleth Map 위젯 설정

Choropleth Map 위젯의 설정은 〈그림 9.43〉과 같이 한다. ❿ Latitude와 Longitude를 나타내는 변수는 각각 latitude와 longitude로 하고 ⓫ 시각화할 변수는 Life Expectancy(기대수명)나 GDP per Cap으로 하자.

설정을 마치면 위젯의 우측에 지도를 사용해 시각화된 결과가 나타난다〈그림 9.44~45〉. 기대수명, 1인당 GDP 등이 지도상에 서로 다른 색으로 시각화되기 때문에 전반적인 상황을 한눈에 파악하는 데에 유용하다. 우리나라의 기대수명은 82.9세로 세계에서 매우 높은 편에 속하며, 2020년 현재 대다수 국가의 기대수명이 60세 이상이다. 다만, 중앙아프리카공화국, 모잠비크 등의 일부 아프리카 국가들의 경우에는 여전히 기대수명이 50세 대에 머물러 있다.

1인당 GDP는 국가별 편차가 비교적 큰 편이다. 노르웨이가 $75,500, 미국이 $60,100으로 상대적으로 높지만, 콩고 등과 같이 매우 낮은 국가 또한 존재한다. 한국은 $36,100으로 미국 등보다는 낮지만, 대부분의 나라들보다는 높은 편이라는 것을 한눈에 알 수 있다.

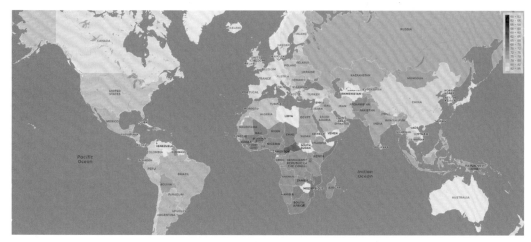

〈그림 9.44〉 2020년 기준 세계의 기대수명(색상이 밝을수록 기대수명이 높다)

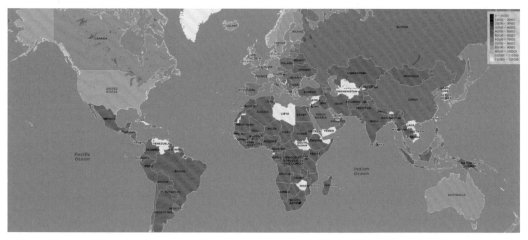

〈그림 9.45〉 2020년 기준 세계의 1인당 국민총생산(GDP per Capita). 색상이 밝을수록 1인당 GDP가 높다

Step 4 애니메이션을 위한 데이터 전처리

Step 3에서는 데이터의 공간적인 정보를 2차원 지도상에 펼쳐 놓음으로 한눈에 데이터를 파악할 수 있게 하는 방법을 배웠다. 하지만 이와 같은 방법으로는 시간에 따른 정보를 함께 나타내기가 매우 어렵다. 이번에는 시간에 따른 정보를 애니메이션으로 나타내는 방법을 살펴보자. 애니메이션을 구성하기에 앞서 몇 가지 전처리 작업이 필요하다.

전반적인 위젯의 구성은 〈그림 9.46〉과 같다. Step 3에서 사용한 GeoCoding 위젯 뒤에, ❶

오렌지로 쉽게 배우는 머신러닝과 데이터 분석

Formula, ❷ Edit Domain 위젯을 차례로 연결하자. 여기서 Formula 위젯은 2010, 2011 등과 같이 연도 형태를 가지는 데이터를 2020-01-01과 같은 형태의 문자열로 바꾸는 역할을 하며, Edit Domain 위젯은 문자열이나 숫자 타입의 데이터를 시간(Date/Time) 타입이나 범주형(Categorical) 타입으로 변환하기 위한 것이다.

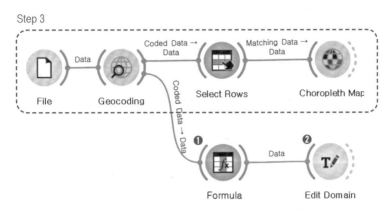

〈그림 9.46〉 애니메이션을 위한 전처리 위젯 구성

Formula 위젯의 설정은 〈그림 9.47〉과 같이 한다. ❸ New 버튼을 눌러 ❹ 텍스트형(Text) 변수를 만들고 ❺ 변수 이름을 year_datetime으로 ❻ 변수의 정의는 $\boxed{\text{str(int (Year)) + "-01-01"}}$ 로 한다. int는 변수를 정수형으로 바꾸는 역할을 하며, 소숫점 단위의 숫자가 나타나지 않도록 하기 위한 것이다. str은 정수형으로 바뀐 변수를 다시 텍스트형으로 변환하며, 맨 뒤에 "-01-01"을 붙이는 것은 데이터를 날짜 형태(2023-01-01 등)로 바꾸기 위한 것이다. 대소문자에 주의해서 입력하자.

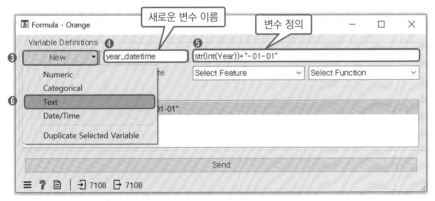

〈그림 9.47〉 Formula 위젯의 설정

Edit Domain 위젯에서는 일부 변수들의 데이터형을 바꾸어 준다〈그림 9.48〉. 이것은 이후, 시각화 위젯들의 사용을 쉽게 하기 위한 것이다. ❼ Year 변수를 ❽ Categorical로, ❾ year_datetime 은 ❿ Time으로, ⓫ Country는 ⓬ Categorical로 Type을 바꾸고 ⓭ Apply 버튼을 눌러 적용 하자. Edit Domain 위젯 뒤에 Data Table 위젯을 연결하면 Type이 바뀐 데이터를 확인해 볼 수 있다.

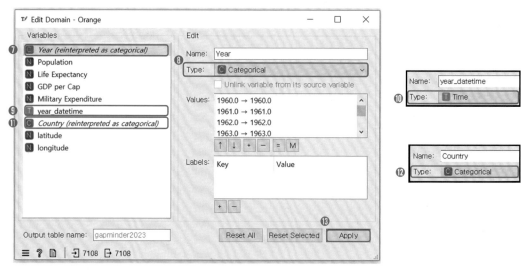

〈그림 9.48〉 Edit Domain 위젯의 설정

⏱ Step 5 시계열 데이터 애니메이션

시계열 데이터는 Time Slice 위젯과 여러 기본 시각화 위젯들을 조합하여 애니메이션으로 표현할 수 있다. Time Slice 위젯은 데이터를 시간대별로 나누고, 시간대별 정보를 하나씩 순차적으로 전달해 주는 위젯이다. 애니메이션을 위한 위젯 구성은 〈그림 9.49〉와 같이 한다. ❶ Time Slice 위젯을 Edit Domain 위젯에 연결한 후, 여기에 ❷ Select Rows 위젯, ❸ Scatter Plot 위젯을 차례로 연결하거나, ❹ Choropleth Map 위젯을 연결한다. Select Rows 위젯은 시각화에 사용 할 데이터(인스턴스)를 선택하기 위한 것으로 Scatter Plot에 너무 많은 데이터가 표현되는 것을 방지한다.

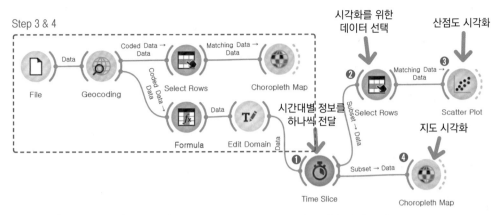

〈그림 9.49〉 시계열 데이터의 애니메이션을 위한 위젯 구성

Time Slice 위젯의 설정은 〈그림 9.50〉과 같이 한다. 먼저, ❺ 시간 범위를 1960~1961로 지정하고 ❻ Custom step size를 1 year로 선택하자. 이 작업은 애니메이션의 첫 프레임을 설정하기 위한 것이다. 오렌지 프로그램의 버전 등에 따라 1960-01-01~1960-12-31 등과 같이 날짜까지 지정해야 할 수도 있다. 시간 범위의 경우에는 위쪽 그래프의 붉은 선을 마우스로 드래그(Drag)해서 지정하는 것도 가능하다.

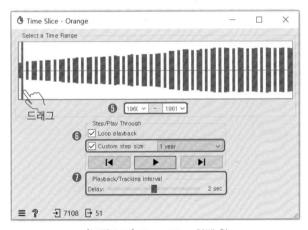

〈그림 9.50〉 Time Slice 위젯 창

❼ 가장 아래쪽의 Playback/Tracking interval은 한 프레임이 화면에 표시되는 시간을 의미한다. 여기서는 2sec로 지정하여 2초 단위로 프레임이 갱신될 수 있도록 하자. 이 시간이 작을수록 애니메이션의 속도가 빠르다.

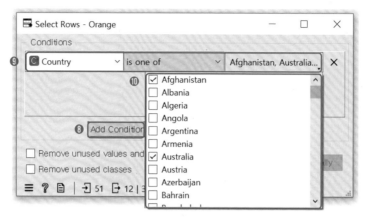

〈그림 9.51〉 Select Rows 위젯 설정

Select Rows 위젯은 전체 데이터 중 특정 국가의 데이터만을 선택하여 시각화된 결과를 간소화하기 위한 것이다. ❽ Add condition 버튼을 눌러 빈 조건을 추가하고 ❾ Country, is one of를 차례로 선택하여 국가명에 따라 데이터를 선택하도록 한다. ❿ 조건을 설정하는 마지막 칸에서는 살펴보기 원하는 나라들을 체크하면 된다.

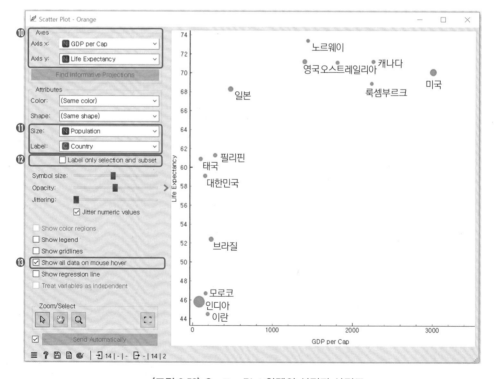

〈그림 9.52〉 Scatter Plot 위젯의 설정과 산점도

Scatter Plot 위젯의 설정은 〈그림 9.52〉와 같이 한다. ❿ Axis x와 y는 각각 GDP per Cap, Life Expectancy로 하고 ⓫ 산점도상 점의 Size(크기)는 Population으로, Label(레이블)은 Country로 지정한다. ⓬ 레이블이 너무 많아 보기 어렵다면, Label only selection and subset 체크박스에 체크하여 마우스로 선택하는 데이터의 레이블만 확인할 수 있고 ⓭ Show all data on mouse hover 옵션에 체크하고 마우스 포인터를 각 점 위에 두면, 각 데이터의 값을 알 수 있다.

1960년의 국가별 1인당 GDP와 기대수명은 위젯 창의 우측 화면에서 한눈에 확인할 수 있다. 기대수명을 낮추는 주된 요인 중 하나는 높은 영아사망률이다. 인도, 이란 등의 기대수명은 매우 낮으며, 노르웨이, 영국 등의 유럽 국가들은 대체로 기대수명이 높다. 우리나라는 59.1세로 주어진 데이터 내에서 1960년에 1인당 GDP가 가장 높은 나라는 $3,010의 미국이며, 대한민국은 1인당 GDP $158로 GDP가 매우 낮은 편이었으나, 기대수명은 59.1세로 전체 평균(61세)과 비슷한 수준이었다.

애니메이션을 시작하려면 Time Slice 위젯을 다시 열어 ⓮ Play 버튼을 클릭하면 된다. 오렌지 프로그램이 전체 화면으로 되어 있는 상태에서 Time Slice 위젯을 더블클릭하면 Scatter Plot 위젯 창이 보이지 않게 되므로, 오렌지 프로그램 우측 상단의 ⬚ 버튼을 눌러 창 모드로 바꾸고 Time Slice 위젯 창과 Scatter Plot 위젯 창을 함께 열어 둔 상태로 애니메이션을 시작하자.

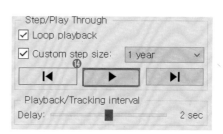

〈그림 9.53〉 애니메이션의 시작

위젯들이 올바로 설정되었다면, Time Slice 위젯 창의 노란 막대가 2초마다 움직이며, Scatter Plot 위젯 창에서는 각 국가의 위치가 시간대에 따라 변화하는 것을 볼 수 있다〈그림 9.54〉. 시각화된 결과를 보면 연도에 따라 우리나라의 위치가 점진적으로 우상향하여 온 것을 쉽게 알 수 있다.

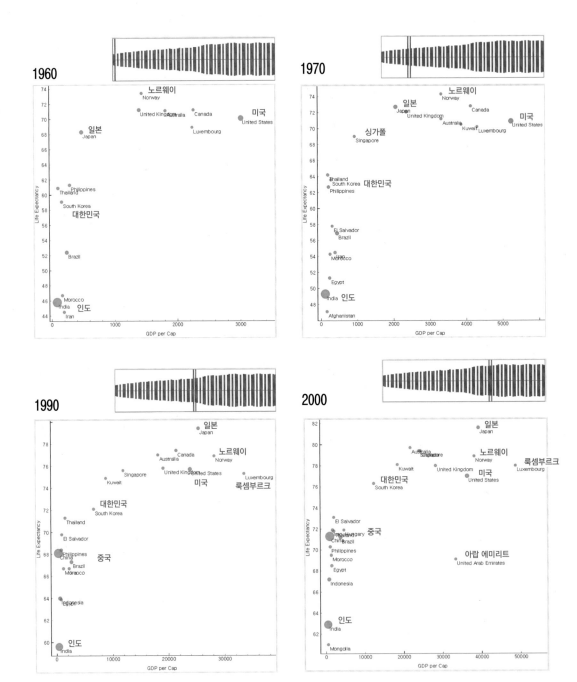

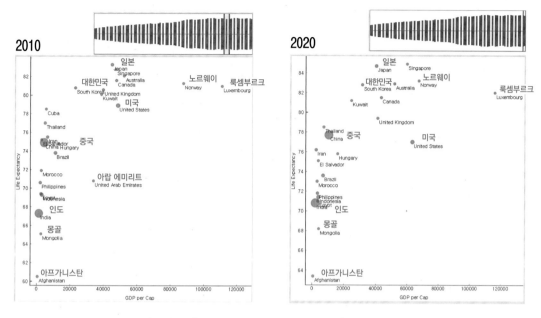

〈그림 9.54〉 1인당 GDP, 평균 연령의 변화(애니메이션)

비슷한 방식으로 Choropleth Map 위젯을 사용하여 애니메이션을 만들 수 있다. Choropleth Map 위젯을 〈그림 9.55〉와 같이 설정한다. ⑮ Latitude와 Longitude는 각각 latitude, longitude 변수로 지정하고 Controls 옵션 그룹의 Values 옵션에는 색으로 단계를 표현할 변수의 이름을 지정한다. 예를 들어, Life Expectancy로 지정하면 기대수명, Military Expenditure로 지정하면 국방비의 변화를 볼 수 있다. ⑰ Bin width는 수치를 범주화할 때 사용하는 범위의 너비다. 이 값을 작게 하면 할수록 더 세밀하게 값을 나누어 지도에 색을 칠할 수 있다.

위젯의 설정이 끝나면 Time Slice 위젯을 다시 열어 Play 버튼을 클릭하자〈그림 9.53〉. 지도상에

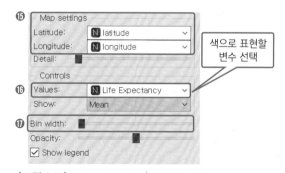

〈그림 9.55〉 Choropleth Map 위젯의 설정

서 나타나는 세계의 변화를 확인할 수 있다. 〈그림 9.56〉은 아프리카 대륙의 기대수명 변화를 캡처하여 나타낸 것이다. 타 지역에 비해서는 여전히 기대수명이 낮지만, 아프리카 대륙의 기대수명은 최근 30년간 전반적으로 상승했다는 것을 알 수 있다.

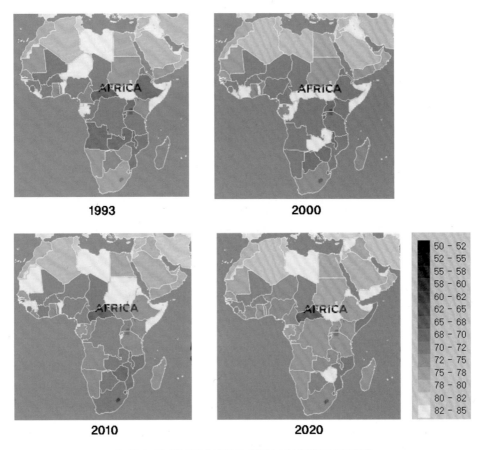

〈그림 9.56〉 아프리카 대륙의 기대수명 변화(애니메이션)

한편, 국방비(Military Expenditure)의 경우에는 지도로 시각화해도 별다른 의미를 찾기 힘들다. 이것은 미국이 압도적으로 높은 비용을 투입하고 있기 때문인데, 〈그림 9.57〉과 같이 미국과 중국을 제외한 대부분의 나라들이 동일한 색상으로 칠해져 있다. 이와 같은 경우에는 조금 특별한 방법이 필요하다. 다음 Step에서 자세히 살펴보자.

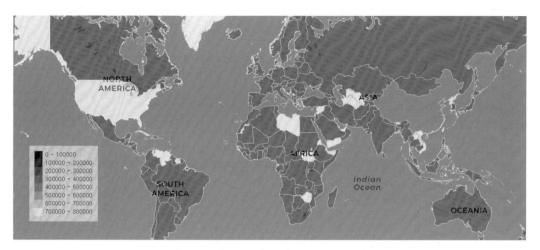

〈그림 9.57〉 국방비 예산(단위: 100만 달러)

Step 6 | 파이썬 코드와의 연동을 통한 고급 애니메이션

이번에는 모든 국가의 정보를 한꺼번에 시각화하지 않고 높은 수치를 보이는 10개 국가만을 선택하여 그래프로 시각화하는 방법을 살펴보자. 애니메이션을 사용하지 않는다면 Select Rows 등의 위젯을 사용하면 간단히 해결되지만, 애니메이션을 사용하는 경우에는 각 연도마다 높은 수치를 나타내는 국가가 다르므로 문제가 조금 어려워진다. 약간의 파이썬 코딩을 통해 국방비 예산 상위 10개국의 연도별 변화를 시각화해 보자.

위젯의 구성은 〈그림 9.58〉과 같이 한다. ❶ Transform 카테고리에 있는 Python Script 위젯을 Time Slice 위젯에 연결하고 ❷ Bar Plot 위젯을 Python Script 위젯과 연결한다.

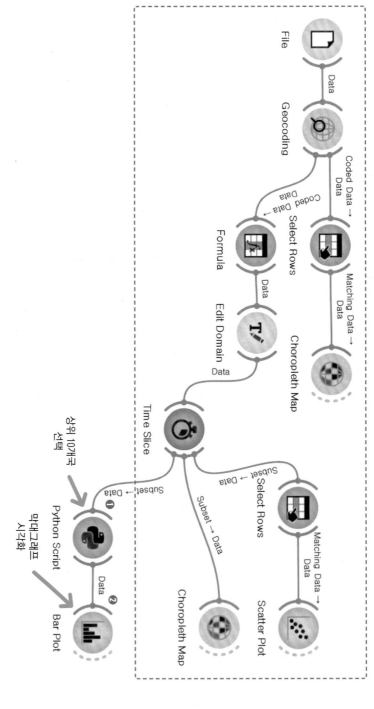

〈그림 9.58〉 파이썬 코드를 활용하는 고급 애니메이션 위젯 구성

〈그림 9.59〉 Python Script 위젯 설정

〈코드 9.1〉 Python Script 위젯에 작성하는 코드

```python
import Orange.data.pandas_compat as p

dfs = in_data.to_pandas_dfs()
xdf = dfs[0]
xdf = xdf.sort_values(by='Military Expenditure', ascending=False)
xdf = xdf.head(10)

ydf = dfs[1].loc[xdf.index]
mdf = dfs[2].loc[xdf.index]
out_data = p.table_from_frames(xdf, ydf, mdf)
```

Python Script 위젯은 〈그림 9.59〉와 같이 구성되어 있다. ❸ 우측 상단에 코드를 입력하는 창이 있으며, 작성된 코드는 실행 버튼을 눌러 테스트해 볼 수 있다. 파이썬 코딩에 익숙하다면, 실행 후의 결과를 우측 하단의 코드 실행 창(Console 창)에서 확인해 보는 것도 가능하다.

파이썬 코딩을 모른다고 걱정할 필요는 없다. 〈코드 9.1〉의 코드를 그대로 타이핑해서 사용하면 되며, 조금만 고치면 다양한 방식으로 바꾸어 볼 수도 있다. 우선, 이 코드는 'Military Expenditure'를 내림차순으로 정렬한 다음, 상위 10개의 국가를 선택하는 기능을 한다. 내림차

순으로 정렬했기 때문에 국방비가 높은 순으로 10개를 선택하는 것이다.[6]

코드 작성이 완료되었다면 실행 버튼을 눌러 실행 창에 에러 메시지가 나타나지 않는지 확인해 본다. Running script: 외의 다른 글이 나타나지 않는다면 에러가 발생하지 않은 것이다. 코드를 입력하는 것이 어렵다면 저자나 출판사의 웹 페이지에서 코드를 내려 받아 사용해 보기 바란다.

Bar Plot 위젯의 설정은 〈그림 9.60〉과 같이 한다. ❼ 먼 저, Values는 Military Expenditure로 하여 국방비 예산을 표시하게 한다. 만약, ❹에서 변수 이름을 변 경하였다면, ❼의 변수 이름도 동일하게 맞추어 주어 야 한다. Group by, Annotations, Color는 각각 ❽ Year, ❾ Country, ❿ Country로 지정한다. 이 세 옵 션은 그래프를 읽기 편하게 만들기 위한 것이다.

〈그림 9.60〉 Choropleth Map 위젯의 설정

Time Slice 위젯을 다시 열어 Play 버튼을 클릭하면, 국방비 예산 상위 10개국의 변화를 Bar Plot에서 볼 수 있다〈그림 9.61〉. 1960년 이후로 현재까지, 미국은 압도적으로 많은 국방비를 매년 지출하고 있다. 2위에서 10위까지 모든 국가의 국방비를 더해도 미국 국방비 예산에 미치지 못하 는 수준이다. 하지만, 이 차이는 최근 중국에 의해 많이 좁혀진 것을 볼 수 있다. 2000년 6위였 던 중국은 2009년부터 영국을 제치고 2위로 올라섰으며, 2020년에는 미국의 약 32% 규모로 발 돋움했다.

우리나라의 경우에는 1992년도부터 국방비 규모 10위에 들어섰으며, 이후 약간의 차이는 있으나 비슷한 수준에서 국방비 규모가 유지되고 있는 것으로 보인다. 다만, 3위에서 10위까지의 국방비 규모가 크게 차이 나지 않는다는 것에 유의하자.

데이터를 해석할 때에 주의해야 할 점은 그 외에도 있다. 이 데이터는 공개된 정보에 의거하여 제 작된 것으로 공개되지 않은 국가의 경우 데이터 누락이 있을 수 있다. 일례로, 소련이나 북한 등 공산권 국가에 대한 정보는 포함되어 있지 않다. 중국의 경우 1989년부터, 러시아는 1993년부터 의 데이터만 공개되어 있으므로 이 부분을 고려하여 해석할 필요가 있겠다.

---

6) 이 코드에서 ❹ 변수 이름을 변경하면 다른 변수에 따른 상위 국가들을 파악해 볼 수 있으며, ❺ 만약, 오름차순으로 정렬한 다면 해당 변수의 값이 낮은 순서대로 국가들을 선택하게 된다. 오름차순으로 정렬하기 위해서는 False로 되어 있는 부분을 True로 바꾸면 된다. ❻ 선택할 국가의 수는 현재 10개국으로 되어 있으나, 이 값을 15, 20 등으로 바꾸어 더 많은 나라들을 선택할 수도 있다.

오렌지로 쉽게 배우는 머신러닝과 데이터 분석

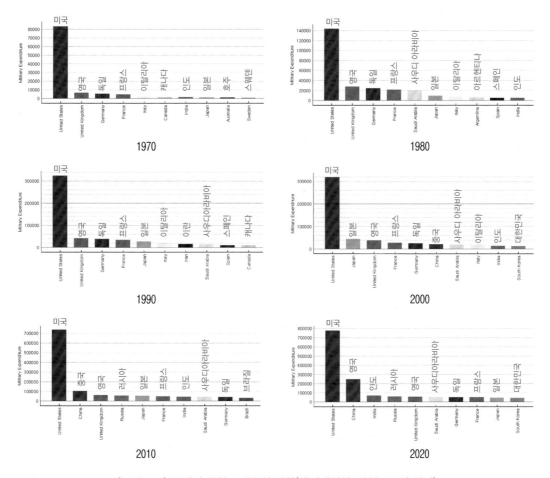

〈그림 9.61〉 국방비 상위 10개국의 변화(애니메이션. 단위: 100만 달러)

1. 우리 주변에서 접할 수 있는 시계열 데이터에는 어떤 것들이 있는지 설명하시오.

2. 이 장에서는 시계열 데이터 분석에 대해 배웠다. 아래에 제시된 위젯은 Time Series 카테고리에 속해 있는 위젯이다. 각 위젯의 이름과 기능을 설명하시오.

3. 시계열 데이터의 추세, 주기, 불규칙성에 대해 설명하시오.

4. 다음 데이터는 어떤 센서에서 1초 간격으로 측정된 시계열 신호 일부다. 이 데이터의 3초 이동평균을 계산하시오.

...	3	8	7	9	6	7	5	3	1	−3	−10	−7	...

5. Yahoo Finance(https://finance.yahoo.com/) 사이트에서 관심 있는 회사의 주식 데이터를 검색하여 내려 받은 다음, 20일 이동평균선, 60일 이동평균선 그리고 120일 이동평균선을 하나의 라인 차트 상에 놓이도록 시각화하시오.

6. 예측 정확도 지표 중 MAE를 계산하는 방법을 설명하시오.

7. 9.3장에서 SuperStore Time Series 데이터를 분석하였다. 여기서 ARIMA 예측 모델의 예측 정확도를 높이는 최적의 파라미터 값을 찾아보시오.

8. ARIMA 예측 모델에서 먼 미래를 예측할수록 오차의 범위가 커지는 이유는 무엇인가?

9. 데이터를 지도상에 나타내기 위해서는 각 데이터에 위도와 경도 정보가 포함되어 있어야 한다. 국가 정보는 있으나 위경도 정보가 없는 경우, 해당 국가의 이름을 사용하여 위경도 정보를 추가해 주는 위젯의 이름은 무엇인가?

10. 9.4장에서 분석한 GapMinder 데이터 셋에 대한 추가 분석을 진행해 보자. 다음의 내용들을 확인할 수 있도록 시각화하시오.

   1) 대한민국, 북한, 일본, 중국 4 국가의 1인당 GDP와 기대수명의 연도별 변화

   2) 기대수명이 높은 상위 10개 국가의 연도별 변화

   3) 1인당 GDP가 높은 상위 10개 국가의 연도별 변화

찾아보기

저자소개

장원두 부산대학교 정보컴퓨터공학부와 컴퓨터공학과에서 학사 및 석사학위를, 일본 Aizu 대학에서 컴퓨터이공학 박사학위를 받았다. 한양대학교 의공학 교실에서 포닥/연구교수로, 몽골국제대학교 IT 학부, 동명대학교 전자 및 의용공학부에서 조교수로 근무하였으며, 현재는 국립부경대학교 컴퓨터 · 인공지능공학부에서 부교수로 재직 중이다. 패턴 인식과 분류 알고리즘의 개발에 관심을 가지고 연구를 수행하고 있으며, 이미지, 생체전기신호, 해상 레이더, 수중 음향 등 다양한 데이터를 다루고 있다(http://pkai.pknu.ac.kr).

황순욱 인하대학교 컴퓨터공학과에서 학사학위를, 고려대학교 전기전자컴퓨터공학과에서 석사학위를 받았으며, 일본 Aizu 대학 정보시스템 학과에서 박사학위 중퇴 후 부경대학교 과학기술정책 학과에서 박사학위를 취득하였다. 현재는 인공지능을 활용하는 데이터 분석 회사인 데이터클래식의 대표로 파이썬, R 등을 통해 데이터를 분석하는 프로젝트를 진행하고 있다. 또한, 동아대학교, 인제대학교 등에서 데이터 과학 프로그래밍, 웹 프로그래밍 등을 강의 중이다.

진예지 동아대학교 컴퓨터공학과에서 학사학위를, 국립부경대학교 인공지능융합학과와 일본 Yamanashi 대학에서 공학석사 학위를 받았으며, 현재는 국립부경대학교와 일본 Yamanashi 대학에서 공동 박사과정을 진행 중이다. 주요 연구 분야는 뇌파 및 생체전기신호에서의 패턴 인식이며, VR을 활용하는 HCI 연구를 함께 진행하고 있다.